ULRICH GRUBER

Nepal

WEST – NEPAL

Ost-Nepal:
hintere
Einband-Innenseite

CHINA

6078 m

Mugu

Gumghari (1800 m)

Sisne Himal
6596 m

Langur-Fluß

Kanjiroba Himal
6883 m

Dolpo
SHEY-
PHOKSUMDO-
NATIONALPARK

Mustang

Jumla (2300 m)

Kagmara-Paß
5110 m

Phoksumdo-See

Tarap

Mustang

6392 m

Munigaon

Dunai

Charka
(4300 m)

NEPAL

Pahar-

5606 m

Dhaulagiri Himal
Dhaulagiri II
7750 m

Muktinath

ANNAPURNA-
NATIONALPARK

Jomosom

8167 m

Dhaulagiri I
8091 m

Annapurna Himal

...ajarkot

DHORPATAN-
WILD-RESERVAT

Annapurna

2537 m

Dhorpatan

Bergland

3583 m

Ghorepani

Gandrung

Beni

Pokhara

Baglung

Kusma

2786 m

M a h a b h a r a t

S i w a l i k s

1818 m

T e r r a i

Tansen

Kali Gandaki

Butwal

Bhairawa i

Lumbini

© Prestel Verlag

Ulrich Gruber

NEPAL

Ein Königreich
im Schatten
des Himalaya

Prestel-Verlag

Frontispiz:

Fünf magische Figurenpaare am Aufgang
zur Nyatapola-Pagode
in Bhaktapur

CIP–Titelaufnahme der Deutschen Bibliothek:

Gruber, Ulrich:
Nepal : ein Königreich im Schatten des Himalaya /
Ulrich Gruber. – München : Prestel, 1991

© 1991, Prestel-Verlag

Prestel-Verlag, Mandlstraße 26, 8000 München 40
Telefon 0 89-38 17 09-0, Telefax 0 89-38 17 09 35

Lithographie:
Brend'amour, Simhart GmbH & Co., München
Satz, Druck und Bindung:
Passavia Druckerei GmbH Passau

ISBN 3-7913-1121-2

Inhalt

ALLE WEGE BEGINNEN
IM KATHMANDU-TAL

Das Tal von Kathmandu 10

Die Geschichte Nepals 20

Die Frühzeit 20
Die Licchavi- und Thakuri-Dynastien 21
Die Malla-Dynastie 25
Die frühe Shah-Dynastie 30
Die Rana-Zeit 33
Der moderne Staat ab 1951 36

Die Religionen 38

Der Hinduismus 41
Der Buddhismus 44
Der Bön 58
Die Schamanen 59

Die Kunst und ihre Zeugnisse 60

Die Architektur 61
Die Holzschnitzerei 65
Die Steinmetzkunst 68
Der Metallguß 70
Die Malerei 73

Feste im nepalischen Jahreslauf 75

Hinduistische Feste 77
Buddhistische Feste 85

VIELE VÖLKER BILDEN DEN STAAT NEPAL

Besiedlung – Lebenserwartung – Bildung – Sprache 90

Die indoarischen Volksgruppen:
Brahmanen und Chetris 92

Die Newars im Kathmandu-Tal 94

Die Tharus im Terai und die tibeto-mongolischen Völker
im mittleren Bergland 96

Die tibetstämmigen Hochgebirgs-Bewohner 110

HOHE BERGE, TIEFE TÄLER –
ÜBERALL LEBEN PFLANZEN UND TIERE

Das Bild der Oberfläche 130

Es grünt und blüht im Himalaya 134

Klima und Pflanzenwelt 134
Wälder und Bäume von der Ebene bis zu den hohen Bergen 137
Blumenvielfalt im Monsun 140
Nutz- und Heilpflanzen 144

Die Tierwelt Nepals – artenreiche Vielfalt 145

Das Terai mit seinen Nationalparks 145
Das untere Bergland 147
Die obere Bergwaldregion 152
Von der Baumgrenze zu den Hochgebirgs-Almen 156
Die Trockentäler im nördlichen Bergland 159
Die Nationalparks im Hohen Himalaya 160
Der Yeti 162

AUSFLÜGE IM KATHMANDU-TAL

Die drei Königsstädte 166

Kathmandu 166
Patan 179
Bhaktapur 195

Die großen Stupas im Kathmandu-Tal 209
Swayambunath 209
Bodnath mit Chabahil und Kopan 212

Heilige Stätten der Hindu-Pilger 215
Pashupatinath 215
Changu Narayan 220
Budhanilkantha und Balaju 224

Von Ort zu Ort – von Tempel zu Tempel 226
Kleinere Siedlungen und Stätten im Kathmandu-Tal 226
Ausflüge an den Rand des Kathmandu-Tals 241

Die unmittelbare Nachbarschaft des Kathmandu-Tals 243

VIELE TREKKINGROUTEN FÜHREN
DURCH DAS LAND —
NEPALS STRASSEN SIND FUSSWEGE

*Die Niederungen des Terai mit Nationalparks und
buddhistischen Ausgrabungsstätten* 254

Nepals ferner Westen 257
Rara-See und Kanjiroba Himal 257
Der Weg durch Dolpo 261

Die zentrale Gebirgsregion 271
Rund um die Annapurna 271

Nicht weit von Kathmandu 289
Das Langtang-Tal, die heiligen Gosainkund-Seen
und Helambu 289

Die Täler und Berge im Osten 295
Zwischen Sun Koshi und Dhud Koshi 295
Ins Khumbu, zum höchsten Berg der Erde 302

NEPAL AUF EINEN BLICK

Reisehinweise von A bis Z   314
Daten zur Geschichte   336
Kleine Sprachhilfe   338
Glossar   340
Literaturverzeichnis   345
Götter- und Personenregister   349
Orts- und Sachregister   353
Abbildungsnachweis   364

KARTEN

Übersichtskarten Nepal
Vordere und rückwärtige Einband-Innenseiten

Übersichtskarte Kathmandu-Tal   12 f.

Trekkingtouren-Karten   258 f., 272 f., 290, 296

Stadtpläne
Kathmandu   168
Patan   182
Bhaktapur   194

Palastbezirke
Kathmandu   170 f.
Patan   183
Bhaktapur   197

Tempelbezirke
Swayambunath   208
Changu Narayan   221

Alle Wege
beginnen im Kathmandu-Tal

Die Darstellungen
zu Beginn jedes Hauptkapitels
zeigen verschiedenartige
Ornamentmuster der nepalischen
Holzschnitt-Kunst.

Das Tal von Kathmandu

»Namaste Sahib – sei gegrüßt, Fremder«, mit freundlichem Lächeln und vor der Brust zusammengelegten Händen wird der Besucher überall in Nepal begrüßt. Die offene Zuwendung, gepaart mit einer arglosen Neugier und einer von tief innen kommenden Fröhlichkeit, bleibt dem Reisenden in Erinnerung, wenn er wieder zu Hause ist und sich Nepal mit seinen unterschiedlichen Bewohnern ins Gedächtnis ruft. Die Nepalesen sind ein altes Handelsvolk und es von jeher gewohnt, Fremden zu begegnen. Wer aber dieses Land mehrfach besucht – in den letzten Jahrzehnten führten mich viele Reisen ins ferne Nepal; 1961 zum erstenmal als Forschungsreisender und in den folgenden Jahren auch als Leiter verschiedener Reisegruppen –, der wird vielleicht wie ich das Gefühl der Heimkehr erleben, wenn beim Landeanflug im Kathmandu-Tal die kleinen, strohgedeckten Häuser, die goldblitzenden Pagoden oder die weiß leuchtenden, kugelförmigen Stupas von Bodnath und Swayambunath auftauchen.

Den besten Überblick über das Tal von Kathmandu genießt man von einem der Berge, die dieses Tal wie ein Kranz umgeben. Wenn man beispielsweise auf dem Phulchoki, dem »Blumenberg«, im Süden des Kathmandu-Tals steht, dann erstreckt sich vor dem Betrachter eine flache Ebene, aus der hohe Pagodendächer und helle Stupas als markante Zeichen aufstreben. Im Westen, Osten und Norden steigt der Talboden wieder zu den Randbergen an, die noch weiter nördlich von mehreren Gebirgsstufen überragt werden. Schließlich gipfelt das ganze Berggewoge in schneeweißen Eisdomen, den Sechs-, Sieben- und Achttausendern des Hochhimalaya. Es fällt nicht schwer, sich vorzustellen, daß in geologischer Vorzeit das unter dem Phulchoki liegende Talbecken von einem See gefüllt war, der von herabstürzenden Bergwässern aus dem Hochgebirge gespeist wurde. Irgendwann muß dann das Wasser ausgelaufen und

Der Stupa von Bodnath beim Landeanflug.

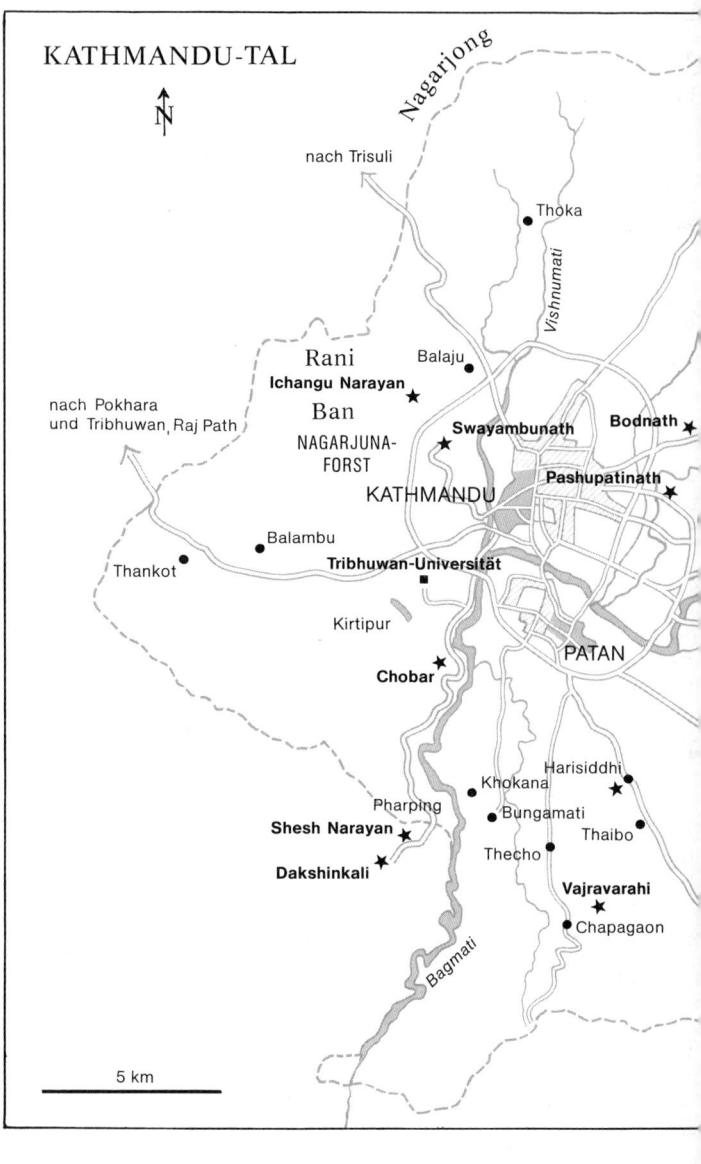

KATHMANDU-TAL

N

Nagarjong

nach Trisuli

Thoka

Vishnumati

Rani

Balaju

Ichangu Narayan ★

Ban

Swayambunath ★

Bodnath ★

NAGARJUNA-
FORST

Pashupatinath ★

KATHMANDU

nach Pokhara
und Tribhuwan, Raj Path

Balambu

Thankot

Tribhuwan-Universität ■

Kirtipur

PATAN

Chobar ★

Harisiddhi ★

Khokana

Pharping

Bungamati

Thaibo

Shesh Narayan ★

Thecho

Dakshinkali ★

Vajravarahi ★

Chapagaon

Bagmati

5 km

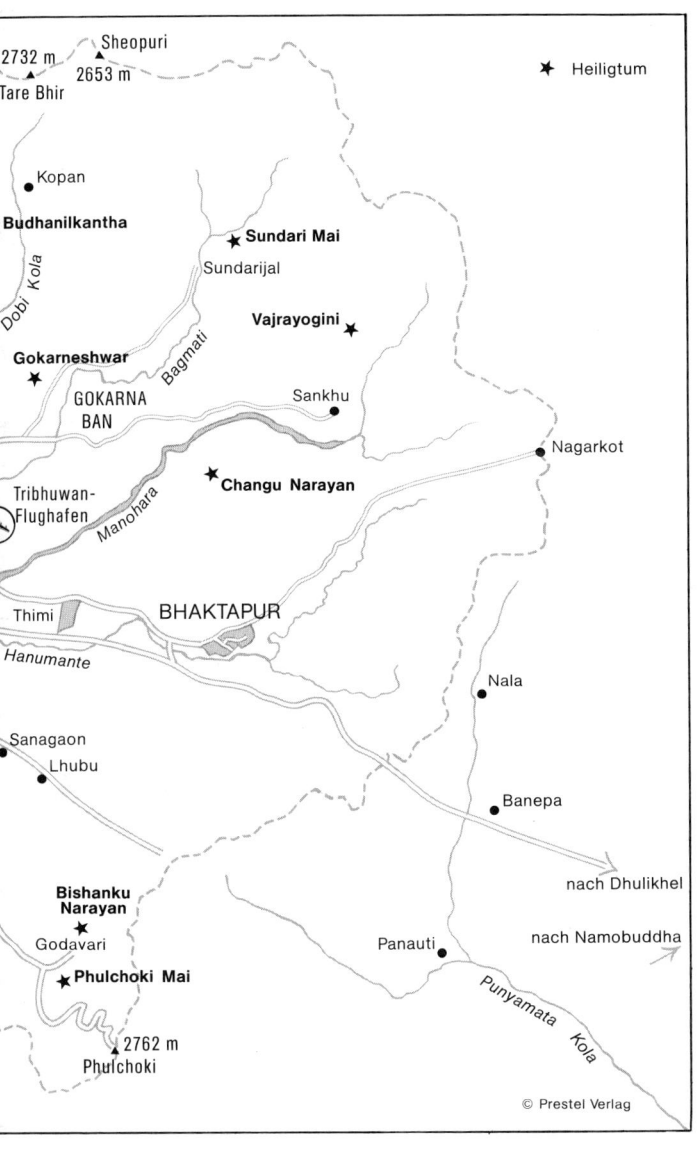

2732 m
Sheopuri
2653 m
Tare Bhir

Heiligtum

Kopan

Budhanilkantha

Dobi Kola

★ **Sundari Mai**
Sundarijal

Vajrayogini ★

Gokarneshwar
★

GOKARNA
BAN

Bagmati

Sankhu

Nagarkot

Tribhuwan-
Flughafen

★**Changu Narayan**

Manohara

BHAKTAPUR

Thimi

Hanumante

Nala

Sanagaon
Lhubu

Banepa

nach Dhulikhel

**Bishanku
Narayan**
★
Godavari
★**Phulchoki Mai**

Panauti

nach Namobuddha

Punyamata Kola

▲2762 m
Phulchoki

© Prestel Verlag

der Seeboden trockengefallen sein. Ein Erdbeben vielleicht? Die Legende um die Entstehung des Kathmandu-Tals erzählt:

»In weit entfernter, mythischer Zeit dehnte sich hier, wo heute das Tal von Kathmandu liegt, ein abflußloser See. In seinem westlichen Teil ragte über das Wasser eine makellose Lotosblüte, in der sich der Adi-Buddha oder Swayambhu – der aus sich selbst Erschaffene – offenbarte. Eines Tages kam der Bodhisattva Manjushri auf einer Pilgerreise aus China an die Ufer des Sees, um Swayambhu zu verehren. Dreimal schritt er um das Gewässer, dann zog er sein magisches Schwert und schlug in die südlichen Randberge eine Kerbe, die Schlucht von Chobar. Durch diese Schlucht konnten die Wassermassen abfließen. An Stelle der Lotosblüte aber erhob sich ein Hügel, auf dem der Stupa von Swayambunath errichtet wurde. Manjushri siedelte sodann auf dem fruchtbaren Seeboden Menschen aus den Bergen an und gründete eine erste Ortschaft zwischen dem Hügel von Swayambunath und dem Heiligtum Guhyeshwari in der Nähe von Pashupatinath.«

Noch heute gilt der Boden des Kathmandu-Tals als einer der fruchtbarsten des Landes und erlaubt mehrere Ernten im Jahr. Wie wichtig die Landwirtschaft für die Bewohner der Städte noch immer ist, zeigt der Umstand, daß die meisten Bürger von Bhaktapur bis heute Stadtbauern sind: Sie gehen morgens auf ihre Felder vor den Toren der Stadt, arbeiten dort tagsüber und ziehen sich abends wieder hinter die Mauern ihrer Häuser zurück.

Die flache Schüssel des Kathmandu-Tals wird von mehreren Flüssen durchzogen, die von den nördlichen Randbergen herunterkommen und sich alle in der Bagmati vereinen, dem größten Fluß des Tals. Wenn man sich von Westen in das Tal begibt, sind es der Vishnumati und die Dobi Kola, von Osten der Hanumante und der Manohara. Die Bagmati als wichtigster heiliger Flußlauf liegt in der Mitte der vier anderen Nebenflüsse. Aber als mehr oder minder heilig werden alle Fließgewässer im Kathmandu-Tal angesehen, und man begegnet an jedem Fluß- oder Bachlauf den Verbrennungsplätzen für die Toten. Schließlich strömt ja auch jedes Wasser dem Ganges und endlich dem Indischen Ozean zu, öffnet somit den Weg der Erlösung für die Seelen der Verstorbenen. Darüber hinaus sind die Flüsse Abflußkanäle, die vor allem in der Monsunzeit Abfälle und Schmutz in gewaltigem Schwall aus dem Tal schwemmen und es auf diese natürliche Weise reinigen.

Zusammenhängende Wälder gibt es im Kathmandu-Tal wohl schon seit Menschengedenken nicht mehr. Lediglich einige Reste haben sich im Gokarna Ban, einem königlichen Forstschutzgebiet und Wildreservat etwas östlich von Bodnath, und im Nagarjuna-Forst an den Hügeln im Westen des Kathmandu-Tals unweit von Swayambunath, erhalten. Die übrigen Hänge, die das Tal begrenzen, sind zumeist mit niedrigem Buschwald bestanden. Sonst gibt es beispielsweise am Rand von Bhaktapur oder in den Parks der ehemaligen Rana-Paläste Baumhaine oder kleine Wäldchen und wie wehende Fahnenbüschel aussehende Bambusbestände, die das so notwendige Gerüstmaterial für alle Baukonstruktionen liefern. Die vielen Bambusmatten und -körbe überall im Land sind aus Bergbambus gefertigt, der in den Wäldern bis hinauf an die Baumgrenze ein undurchdringliches Unterholz bildet. Neben diesen einheimischen Gehölzen begegnet man auch ›Einwanderern‹ aus Übersee, wie dem Weihnachtsstern oder der Bougainvillea, die im Frühjahr rote und violette Blütenkaskaden über manche Mauer fallen lassen.

Ursprünglich zog sich ein Netz von Fußwegen über den Boden des Kathmandu-Tals. Am breitesten und am meisten begangen waren die uralten Handelsrouten, die dieses Transitland kreuzten und auf denen kostbare Waren wie Seide, Spezereien, Wolle oder Schmuck ihren Weg von Indien nach Zentralasien nahmen. Am Anfang unseres Jahrhunderts kamen dann die ersten Autos nach Nepal. In Einzelteile zerlegt wurden sie über die südlichen Himalaya-Berge in das Kathmandu-Tal getragen und hier wieder zusammengesetzt. Zunächst konnten ihre reichen Besitzer, wie etwa die Angehörigen der Rana-Familien, nur auf wenigen Straßen hin und her kutschieren. Es ist ein amüsanter Gedanke, sich vorzustellen, wie ein junger Rana-Fürst mit einem Mercedes oder einem Horchwagen lediglich am Rand des großen Paradeplatzes vor der Stadt Kathmandu auf und ab fuhr, ohne besonderen Zweck oder

festes Ziel. Noch Anfang der sechziger Jahre gehörten Taxis
mit Speichenrädern, offenem Verdeck und Gummiballhupe
zum üblichen Verkehrsbild. Oft mußte der Fahrer mit einer
Handkurbel vorne am Kühler den Wagen anlassen und dann
schnell in den Wagen springen, um das Gaspedal zu bedienen.
Die zahlreichen Kühe und Hunde, die sich auf der Straße
tummelten, sorgten damals noch für einen geruhsamen Ver-
kehrsfluß. Heute hat sich dieses Bild völlig gewandelt: Eine
breite Ringstraße zieht sich weitläufig um die Stadt Kathmandu. Verbindungsstraßen führen aus dem Tal hinaus und
verknüpfen es mit den übrigen Landesteilen. Die meisten Orte
sind an das allgemeine Straßennetz angeschlossen, und es gibt
kaum noch ein Dorf, das man lediglich zu Fuß erreichen kann.
Der starke Autoverkehr – überwiegend Wagen japanischer
Herkunft – hat ein kaum lösbares Lärm- und Smogproblem
verursacht. In Kathmandu stinkt, brummt und hupt es wie
etwa in München, London oder Paris. Aber auch das Fahrrad
wird immer beliebter. Es lohnt sich, als Tourist einen solchen
Drahtesel zu mieten und von Sehenswürdigkeit zu Sehenswürdigkeit zu radeln – vor allem frühmorgens, wenn sich der
Dunst aus den Feldern hebt und die Dächer der Pagoden und
Tempel noch einen Hauch mittelalterlicher Märchenwelt vor
den heller werdenden Himmel zaubern.

Aber neben den technischen Fortbewegungsmitteln darf
man in Nepal niemals vergessen, daß der überwiegende Teil
der Bevölkerung ausschließlich zu Fuß läuft. Und wenn Tausende von bunt gekleideten Frauen, Männern und Kindern in
einem unablässigen Strom zum Shiva-Tempel in Gokarneshwar pilgern, um Shiva stellvertretend für ihre verstorbenen
Väter zu ehren, oder wenn die Bewohner von Patan den
schwankenden Tempelwagen des Gottes Matchhendranath
durch die Gassen ihrer Stadt ziehen, dann wird der Fußmarsch
zum Gottesdienst. Und als während der indischen Handelsblockade im Jahr 1989 das Benzin ausging und kaum mehr
ein Auto fuhr, hörte man in der nepalischen Bevölkerung
immer wieder: »Wir sind ein Bergvolk und gewohnt, zu Fuß
zu gehen; wir laufen eben wieder und lassen uns auf diese
Weise so leicht nicht kleinkriegen.«

Bergbambus am Fuß des Mahtsapuchare.

Das Kathmandu-Tal ist der dichtest besiedelte Teil des Hi-
malaya-Königreichs. Mehr als 600 000 Einwohner leben hier
und drängen sich besonders in den städtischen Siedlungen.
Rund 55 Prozent dieser Menschen gehören zur Volksgruppe
der Newars, die von altersher die Kultur des Tals bestimmen.
Wenn man das Kathmandu-Tal aus der Vogelperspektive betrachtet, kann man die großen Gebäudeansammlungen der
Städte deutlich von den kleineren der Dörfer unterscheiden.
Dazwischen ist der Talboden mit unzähligen Häusern und
Häusergruppen übersät, so als habe sie eine Riesenhand einfach
über das Land gestreut. Die drei größten Ansiedlungen sind die
alten Königssitze Kathmandu nördlich des Bagmati-Flusses,
Patan südlich davon und Bhaktapur im Ostteil des Tals. Ihr
historischer Kern weist jeweils eine charakteristische Gestalt
auf: _Kathmandu_ gleicht einem zweischneidigen Schwert, dessen Griff auf den Zusammenfluß von Bagmati und Vishnumati, die Spitze dagegen nach Nordosten zum Vorort Thabahi
gerichtet ist. Während eine Legende erzählt, daß die Göttin
Mahalakshmi dem König Gunakamadeva bei der Gründung
Kathmandus aufgetragen habe, die Stadt in Form eines
Schwerts bauen zu lassen, bringt eine andere die Gestalt mit
dem weisheitspendenden Schwert des Bodhisattva Manjushri
in Verbindung und interpretiert so die Schwertform im buddhistischen Sinne. Für _Patans_ Stadtkern ist kennzeichnend,
daß er sich um den Kreuzungspunkt zweier bedeutender von
Nordwest nach Südost und von Süden nach Norden verlau-
fender Straßen gruppiert, an deren Anfang und Ende am
Stadtrand jeweils ein uralter sogenannter Ashoka-Stupa steht.
Bhaktapur schließlich ist klar in eine Ober- und eine Unterstadt gegliedert. Die große Hauptstraße zieht sich wie ein
Rückgrat von Westen nach Osten und verbindet die wichtigsten Plätze als Mittelpunkte der einzelnen Stadtteile. Es fällt
allerdings auf, daß der Königspalast mit seinem tempelum-
säumten Platz am nordwestlichen Rand dieser historischen
Siedlungsanordnung bleibt.

Neben den drei Königsstädten erkennt man drei kleinere
städtische Ansiedlungen: _Kirtipur_, auf einem Hügel in der
südwestlichen Nachbarschaft von Kathmandu, _Thimi_, die

Töpferstadt auf dem Weg nach Bhaktapur, und Banepa, den früheren Umschlagsplatz für den Handel mit den östlichen Landesteilen, der allerdings schon etwas außerhalb des eigentlichen Kathmandu-Tals liegt. Die meisten bedeutenden Dörfer sind im südlichen Teil des Tals zu finden, so etwa Khokana, Bungamati, Thecho, Chapagaon, Harisiddhi, Thaibo, Sanagaon oder Lhubu, im nördlichen Teil fallen vor allem Thoka oder Sankhu ins Auge. Viele dieser Orte gruppieren sich um einen zentralen Platz mit einem eindrucksvollen Tempel. Die Silhouette der Königsstädte, zu denen man auch Kirtipur zählen muß, prägen die geschwungenen, goldblitzenden Dächer der Pagoden und Paläste. Besonders auffällig präsentieren sich die großen, weißleuchtenden Stupas von Swayambunath auf dem Hügel westlich von Kathmandu, Bodnath im flachen Nordteil des Tals, oder Chabahil an der Straße von Kathmandu nach Bodnath.

Kein anderer Platz auf der Erde dürfte derart dicht mit Tempeln, Heiligtümern und religiösen Schreinen besetzt sein wie das Kathmandu-Tal. Die Lage vieler dieser Kultstätten trägt Symbolcharakter, wie etwa die fünf mandalaartig − in Form eines kosmischen Meditations-Diagramms − angeordneten Vishnu-Heiligtümer: Bishanku Narayan im Süden des Tals, Shesh Narayan bei Pharping im Südwesten, Ichangu Narayan weiter nördlich in der Nähe von Swayambunath, Budhanilkantha mit der im Wasser liegenden Vishnu-Skulptur am Fuß der nördlichen Randberge und Changu Narayan im Osten auf einem Hügel nördlich von Bhaktapur. Den Mittelpunkt dieser religiösen Stätten markiert Pashupatinath, der bedeutendste Shiva-Tempel Nepals. Er ist zwar nicht dem Vishnu geweiht, doch stand vermutlich in der Nähe die alte, mythische Stadt Visalnagar.

Seit Nepal von 1950 an seine Grenzen geöffnet hat, wandelt sich das ursprüngliche Gesicht des Kathmandu-Tals. Die Stadtsiedlungen und Dörfer dehnen sich aus. Die großen Städte wachsen langsam zusammen. Die Ringstraße zieht eine deutliche Linie um Kathmandu und Patan. Der Tribhuwan-Flughafen setzt einen modernen Kontrapunkt zu der direkt benachbarten, uralten Tempelanlage von Pashupatinath. Moderne

Industrie-, Verwaltungs- und Hotelbauten haben eine neue Architekturlandschaft geschaffen, die zwar meist weder schön noch harmonisch ist, aber doch wenigstens versucht, den Erfordernissen des modernen Lebens und der rasant zunehmenden Bevölkerung mit ihren Ansprüchen an Arbeitsmöglichkeiten und Lebensunterhalt Rechnung zu tragen. Daß dabei historisch gewachsene Strukturen und vieles andere, was den Charme Nepals ausmacht, verlorengeht, ist die Tragik von heute. Bedenklich stimmt allerdings, daß im Kathmandu-Tal immer mehr fruchtbarer Boden, der für die Nahrungsmittelerzeugung dringend benötigt würde, skrupellos und ohne Konzept verbaut wird. Hier mit Überlegung und sinnvoller Planung regelnd einzugreifen, wäre eine vordringliche, wenn auch undankbare Aufgabe für jede nepalische Regierung.

Die Geschichte Nepals

Die Frühzeit

Eine Geschichte Nepals ist in erster Linie eine Geschichte des Kathmandu-Tals. Ihr Ursprung bleibt im dunkeln, und auch die umfangreiche Chronikliteratur, die Vamsavalis, gibt nur ungenau Auskunft über die Frühzeit, zumal sie nicht vor dem Ende des ersten Jahrtausends n. Chr. niedergeschrieben wurde. Die historische Erinnerung reicht allerdings weit zurück in den Bereich der Mythen und Legenden. Sie beginnt, wie bereits erzählt, mit der Legende, daß der **Bodhisattva Manjushri** das Tal geschaffen habe. In den vorgeschichtlichen Bereich gehört auch das Auftreten der allerersten Herrscherdynastien der **Gopalas**, deren Existenz immer noch nicht bewiesen ist, da es keinerlei schriftliche Überlieferung gibt. Später hat dann, aus Osten kommend, fast ein Jahrtausend lang die Dynastie der **Kiratis** mit 29 legendären Königen im Kathmandu-Tal geherrscht. Ihr Regierungssitz lag vermutlich in der Gegend von Gokarna, wo auf einem heute bewaldeten Bergrücken eine mächtige Festung gestanden haben soll. Zu den Kiratis rechnet man die mittlerweile in Ostnepal zwischen dem Arun-Fluß und dem Bergmassiv des Kangchendzönga siedelnden Volksgruppen der Rais und Limbus, aber sicherlich steckt ihr Erbgut auch noch in den Newars.

Während der Herrschaft der Kiratis wurde um das Jahr 563 v. Chr. in Lumbini in der nepalischen Terai-Ebene vor den Bergen der historische *Buddha Gautama Shakyamuni* geboren. Um das Jahr 250 v. Chr. richtete der große indische Religions- und Friedenskaiser *Ashoka* seine Aufmerksamkeit auf das Kirati-Reich. Die Errichtung der fünf Stupas in Patan, von denen vier heute noch im Norden, Osten, Süden und Westen der Stadt zu besichtigen sind, wird mit Ashoka und seiner Tochter *Charumati* in Verbindung gebracht. Ob der Maurya-Herrscher und seine Tochter wirklich im Kathmandu-Tal waren, darf bezweifelt werden. Aber Lumbini hat der Kaiser aufgesucht und dort eine Säule mit einer Inschrift errichten lassen, deren Inhalt bestätigt, daß Seine Majestät der Herrscher Priyadarsin (Ashoka) diesem Ort seine Ehrerbietung erwiesen habe, da hier der erhabene Buddha Shakyamuni geboren worden sei.

Die Licchavi- und Thakuri-Dynastien

Auf die Kiratis folgte mit den **Licchavis** die erste datierbare Dynastie. Sie waren vor dem Druck der Kushanas aus der Gegend der legendären Stadt Vaishali in das versteckt liegende Hochtal von Kathmandu geflohen. Ihre Regierungszeit, in die eine erste Hochblüte der Kunst und Kultur im Tal zwischen Swayambunath und Pashupatinath fiel, dauerte von etwa 200 bis rund 750 n. Chr. Zwei bedeutende Könige stachen besonders hervor: Manadeva I. und Amshuvarman. *Manadeva I.* (464 bis 491 n. Chr.) muß eine sehr enge Beziehung zu seiner Mutter, der Königin *Rajyavati*, gehabt haben. Als deren Gemahl, König Dharmadeva, gestorben war, wollte sie ihm als Witwe auf dem Scheiterhaufen in den Tod folgen. Aber als sie dieses Vorhaben ihrem Sohn Manadeva offenbarte, wehrte dieser voller Bestürzung ab: »Wie soll ich ohne Dich, ohne Deinen erfahrenen, mütterlichen Rat den Thron besteigen, meine Feinde besiegen und mein Volk regieren können?

Bleibe bei mir, Deinem Sohn«, flehte er, »hilf mir bei meinen
Staatsgeschäften. Ich brauche Dich. Eher wollte ich mein eigenes Leben hingeben, als Dich freiwillig in den Tod gehen
lassen.« Die große Liebe und die Bitten ihres noch blutjungen
Sohnes überwältigten die Königin, und so entschloß sie sich,
auf den ehrenvollen Witwentod zu verzichten und ihrem
Sohn zur Seite zu stehen. Beide ließen reiche Opfergaben
an die Brahmanen und die übrige Bevölkerung verteilen,
deutliches Symbol für ihren Willen, weiterhin gemeinsam
an der Spitze ihres Volkes zu stehen. Manadeva war eine
beherrschende Persönlichkeit, voller Tatkraft, Intelligenz und
Lebenslust, mutig und unerschrocken. Zunächst ging er daran,
sein Reich durch Kriegszüge zu vergrößern, im Osten bis zum
Koshi-Fluß und im Westen über den Gandaki-Fluß hinweg.
Danach ordnete er die Verhältnisse im Inneren seines Landes.
Er schuf eine gut funktionierende Verwaltung, installierte eine
vorbildliche Gerichtsbarkeit, ließ Münzen schlagen, förderte
Kunst und Wissenschaft. Als geschickter Diplomat pflegte er
gute Beziehungen zum südlichen Nachbarn, dem indischen
Gupta-Reich. Manadeva war ein frommer Mann, als Hindu-
Fürst ein Verehrer des Gottes Vishnu. Er gründete den Tempelbezirk Changu Narayan im Osten des Kathmandu-Tals, und
in der Figur des steinernen Garuda vor dem Tempeleingang
vermutet man ein Porträt dieses großen Königs. Er war aber
auch tolerant, duldete und förderte andere Glaubensrichtun-
gen wie den Shivaismus oder den Buddhismus. Nach allem,
was man über Manadeva weiß, darf man dessen Herrschaft als
glanzvollen Höhepunkt der Licchavi-Zeit werten.

Als zweiter Exponent der frühen Blüte in der nepalischen
Geschichte agierte vom Ende des 6. bis zum Anfang des 7. Jahrhunderts n. Chr. *Amshuvarman* auf der historischen Bühne. Er
wirkte zunächst für den frömmelnden König Sivadeva (588
bis 606 n. Chr.) als ein in allen Belangen der Administration
versierter und unentbehrlicher Premierminister, der die tat-
sächliche Staatsmacht in Händen hielt. Nach Sivadevas Tod
ließ sich Amshuvarman selbst zum König ausrufen und nannte
sich »Maharajadiraja«, Großkönig der Könige. Die politische
Situation jener Tage forderte von ihm großes diplomatisches

Geschick, da er zwischen dem mächtigen Nachbarn Indien und dem tibetischen Großkönigreich Srongtsen Gampos balancieren mußte. Und weil von Norden her die größere Gefahr drohte, gab Amshuvarman seine Tochter *Brikuti* dem König Srongtsen Gampo zur Frau. Diese verwandtschaftlichen Bande und zusätzliche Tributleistungen sollten friedliche Beziehungen sichern. Die nepalische Prinzessin war überzeugte Buddhistin und brachte in ihrem Gefolge Priester und Gelehrte in das rauhe Hochland Tibets mit. In ihrem Gepäck befand sich auch eine äußerst kostbare und hochverehrte Goldbronze-Statue des Buddha Shakyamuni, der sogenannte kleine Jobo-Buddha, der noch heute im Ramoche-Tempel in Lhasa zu sehen ist. Prinzessin Brikuti machte somit die unzivilisierten Tibeter mit der Friedenslehre des Buddhismus bekannt und initiierte die bis auf den heutigen Tag andauernden kulturellen Beziehungen zwischen Nepal und Tibet.

Wie schon früher Manadeva war auch Amshuvarman ein umsichtiger und beliebter Herrscher. Er fühlte sich als erster Diener seines Volks und war stets um das Wohl seiner Untertanen bemüht. Er erließ den Bauern den größten Teil ihrer Schulden und führte ein Pensionssystem für Staatsbedienstete ein. Seine Verwaltung war vorbildlich, unterstützte sowohl die Landwirtschaft als auch den gewinnbringenden Handel. Daneben blühten während seiner Regierungszeit die darstellenden Künste, die Baukunst und die philosophische Gelehrsamkeit. Er hatte sogar selbst ein enzyklopädisches Werk verfaßt, das ihn als hochgebildeten Gelehrten seiner Zeit auswies. Obwohl Amshuvarman von Geburt Hindu war, brachte er dem Buddhismus große Sympathie entgegen und unterstützte gleichermaßen Hindu-Tempel und buddhistische Klöster.

Mit dem Tod dieses Königs im Jahr 621 oder 625 n. Chr. ging das Goldene Zeitalter der Licchavis langsam zu Ende. Zwar blühte das Reich noch eine Weile unter den Nachfolgern Amshuvarmans, erreichte aber nicht mehr dieselbe Bedeutung und Ausstrahlung. Nur König *Jayadeva II.*, der an der Wende vom 7. zum 8. Jahrhundert regierte, machte sich noch einmal einen Namen als Gönner des Buddhismus im Kathmandu-Tal sowie als Dichter und Gelehrter von hohem Rang.

Danach folgte eine Zeit der Stagnation und des Niedergangs in den materiell wohlversorgten Klöstern des Kathmandu-Tals. Die Mönche waren korrupt und ergaben sich dem Wohl-leben, intensive Studien der buddhistischen Lehre waren weni-ger gefragt als Okkultismus und fragwürdige Geisterriten. Auch mit der Toleranz war es nicht mehr weit her. Die Mön-che waren hochmütig geworden und mißachteten heilige Hin-du-Stätten, warfen Abfälle in den Tempelbezirk von Pashupa-tinath und nutzten andere Tempel für profane Zwecke.

Da erschien an der Wende vom 8. zum 9. Jahrhundert n. Chr. mit *Shankaracharya* (788-820 n. Chr.) ein religiöser Er-neuerer. Er stammte aus Südindien und war mit einer Schar von Gefolgsleuten in das Tal von Kathmandu gekommen, wo er über den Zustand des Tempels in Pashupatinath und die religiöse Schwäche der einheimischen Hindus erschrak. Er setzte nun seine ganze Überzeugungskraft ein, um die Hindu-Religion in Nepal zu reformieren, und hatte Erfolg. Er erneuerte die Verehrung Shivas in Pashupatinath, ordnete die Riten und Zeremonien der Hindus, rief einflußreiche Brahmanenpriester aus Südindien herbei und ebnete den Weg für einen populären Hinduismus, der bis heute von der Bevöl-kerung als Religion akzeptiert wird. Es gelang ihm auch, viele Buddhisten zum Hinduismus zu bekehren; und buddhistische Mönche durften oft sogar ihre Funktion als Priester beibehal-ten, nunmehr allerdings als Tempelvorsteher für hinduistische Götter. Es blieb aber nicht aus, daß fanatisierte Anhänger von Shankaracharya viele Buddhisten zwangsweise zum Hinduis-mus bekehren wollten und mancherorts Gewalt anwendeten. Das Resultat der hinduistischen Reform durch Shankaracharya war eine nachhaltige Neubelebung der Hindu-Religion und ihrer Soziallehre, die bis heute fortbesteht. Seit jenen Tagen ist das Kastensystem fest in der nepalischen Gesellschaft etabliert.

Nach dem Ende der glanzvollen Licchavi-Herrschaft folg-ten bis etwa 1200 n. Chr. die **Thakuris**, deren Dynastie sich wahrscheinlich auf Rajputen aus Nordindien zurückführen läßt. Man weiß wenig über die Zeit zwischen 800 und 1200 n. Chr. in Nepal, da es darüber so gut wie keine schriftlichen Zeugnisse gibt. Auf jeden Fall muß es ein unruhiger und verworrener historischer Abschnitt gewesen sein. Die hoch-entwickelte Stadtkultur der Licchavis zerfiel, neue Städte wur-den gegründet, neue Kulte und Gottheiten hielten Einzug ins Kathmandu-Tal. Auch die buddhistischen Traditionen erstark-ten wieder, vor allem durch die Wechselbeziehungen zwischen den buddhistischen Zentren in Nepal und in Tibet, sowie als Folge der muslimischen Zerstörung buddhistischer Klöster in Nordostindien. Unter den Thakuri-Königen ragte im 10. und 11. Jahrhundert *Gunakamadeva* heraus, der die Stadt Kantipur – das spätere Kathmandu – gründete und auf den die noch heute wichtigen nepalischen Feste Matchhendranath Jatra, Krishna Jatra und Indra Jatra zurückgehen.

Die Malla-Dynastie

Als die Herrschaft der Thakuris 1182 mit dem Tod König *Someshvaradevas* erloschen war, etablierte sich etwa um 1200 n. Chr. die Malla-Dynastie, die man in eine **frühe Malla-Zeit** (1200-1482) und eine **späte Malla-Zeit** (1482-1768) unterteilen kann. Der Anfang dieser Geschichtsperiode präsentiert sich wieder recht verworren. Er war gekennzeichnet durch die Auswirkungen eines verheerenden Erdbebens, das während der Regierungszeit des Königs *Abhaya Malla* im Jahr 1255 das Kathmandu-Tal verwüstet hatte. Ein Viertel der dortigen Bevölkerung kam dabei ums Leben, unzählige Menschen wurden obdachlos. Besonders schwer waren die von Mönchen und Nonnen übervölkerten buddhistischen Klöster betroffen. Es dauerte lange, bis sich das Kathmandu-Tal einigermaßen von dieser Naturkatastrophe erholt hatte.

Das 14. Jahrhundert wird bestimmt durch eine Reihe von Überfällen fremder Herrscher und ihrer Kriegerhorden. Wa-ren diese Eroberer Hindus, so ließen sie zwar die Kultur des Landes mit ihren Tempeln und heiligen Stätten unangetastet, drangsalierten dafür aber die leidgeprüfte Bevölkerung. Gele-gentlich tarnten sie ihre Raubzüge sogar als Pilgerfahrten, opferten und beteten an den Schreinen von Shiva und Vishnu. Der von den Moslems aus Indien vertriebene Herrscher *Hari-simhadeva* von Tirhut brachte 1325/26 die Göttin Taleju mit nach Nepal, wo sie später in vielen Tempeln als Schutzgöttin des Kathmandu-Tals verehrt wurde. Als jedoch der islamische König *Shams ud-din Ilyas* 1349/50 mit seinen moslemischen Kriegern aus Bengalen im Kathmandu-Tal einfiel, wurden Städte, Tempel und Heiligtümer in Schutt und Asche gelegt. Das war ein harter Schlag für die Kultur dieser Region, zumal viele wertvolle Kultfiguren zerschlagen oder fortgeschleppt wurden. Erst mit der Herrschaft *Jayasthiti Mallas* (1372-1395) änderten sich die zerrütteten politischen Verhältnisse im Himalaya-Königreich. Von Bhaktapur aus vereinigte der König die auseinandergefallenen Herrschaftsbereiche des Tals und begründete eine Dynastie, die rund vierhundert Jahre im Herzen des Himalaya regieren sollte. Als strenggläubiger Hindu etablierte er eine konsequente Kastenordnung, die die Rechte und Pflichten jedes Untertans genau vorschrieb. Er verwandelte damit die bislang offene Gesellschaft in Nepal in eine streng gegliederte, die bis heute Bestand hat. Bedeutend war Jayasthiti Malla zudem als Reformer von rechtlichen, sozialen und wirtschaftlichen Grundlagen. Alle Häuser in den Dörfern und Städten des Tals wurden registriert und in bestimmte Kategorien eingeteilt. Eine Landreform wurde durchgeführt. Die Bevölkerung hatte, vor allem durch den Zuzug von Buddhisten aus Indien und aus Tibet, stark zugenommen, und so mußte das wirtschaftlich ertragreiche Land besser eingeteilt und intensiver genutzt werden. Dazu wurde das ausgeklügelte Bewässerungssystem, das Wasser von weit her aus den umliegenden Bergen herbeiführte, verbessert.

Jayasthiti Malla war aber auch ein gebildeter, musischer Mann. Er liebte und förderte die Musik und die schönen Künste, insbesondere Bildhauerei, Bronzeguß und Malerei. Sein Interesse galt überdies der Poesie und der Philosophie, die sowohl in Sanskrit als auch in der Newari-Schrift niedergeschrieben wurde. Man kann die Regierungszeit dieses Königs getrost als das Goldene Zeitalter der Malla-Dynastie bezeichnen und ihn als Schöpfer einer eigenständigen nepalischen Kultur betrachten, die sich gegen diejenige Nordindiens deutlich absetzte. Somit war hier erstmals die Grundlage für eine nepalische Nation geschaffen.

Nach Jayasthiti Mallas Tod brach die politische Einheit des Kathmandu-Tals bald auseinander, denn seine Nachfolger waren schwach. Erst *Yaksha Malla* (1428-1482) brachte die mächtigen Feudalherren erneut unter seine Kontrolle. Er war ein kriegerischer Herrscher und dehnte sein Territorium im Süden bis nach Nordindien, im Westen bis Gorkha, im Norden nach Tibet und im Osten bis an die Grenzen Bhutans aus. Er belebte auch Kunst und Literatur wieder, indem er Künstler und Dichter an seinen Hof holte und den kulturellen Einrichtungen große Geldmittel zufließen ließ. Kurz vor seinem Tod aber fällte Yaksha Malla eine folgenschwere Entscheidung: Er teilte sein Reich unter seine Söhne auf und schuf damit die Voraussetzung für eine erneute Zersplitterung.

Neben kleineren Stadtstaaten wie Kirtipur oder Banepa entstanden jetzt im Kathmandu-Tal drei kleinere Königreiche mit den Hauptstädten Kathmandu, Patan und Bhaktapur. Zwar gab es immer wieder Streit und Reibereien zwischen ihnen, doch führte die Rivalität andererseits zu einer ungeahnten kulturellen Blüte, denn nun wetteiferten die drei Königshöfe um die schönsten Tempel, die malerischsten Städte und die prächtigsten Paläste. Auch Holzschnitz-, Bronze- und Steinmetzkunst sowie Architektur konnten sich glänzend entfalten. Das Kathmandu-Tal erhielt etwa zwischen 1500 und 1768 sein heutiges Gesicht: Paläste mit vergoldetem Bronzeschmuck und schönen Holzschnitzereien, Pagoden mit bunten Stützpfeilern und goldblitzenden Dächern, Patrizierhäuser mit überreich geschnitzten Türstöcken und Fenstergalerien sowie zahlreiche Bronze- und Steinfiguren. Grundlage für diese künstlerische Vielfalt war der Handel, der von Indien über die Städte im Kathmandu-Tal nach Zentralasien lief und beträchtlichen Wohlstand in die Siedlungen dieses Tals brachte.

Die Geschichte des Kathmandu-Tals – und damit auch die Geschichte Nepals – verlief nun auf drei Bahnen, ausgehend von den Hauptstädten Bhaktapur, Patan und Kathmandu. Trotz der ausgeprägten Konkurrenz empfanden sich die drei Königreiche aber auch als Einheit. So mußten an bedeutenden Festlichkeiten alle drei Könige teilnehmen, und ein neuer konnte nur durch einen seiner Bruderkönige eingesetzt wer-

den. Unter den zahlreichen Herrschern sind nur wenige bedeutende Namen. In Bhaktapur war es vor allem *Bhupatindra
Malla* (1696-1722), den man heute als elegante Bronzefigur
auf einer Säule vor seinem Palast knien sehen kann. Er förderte
in besonderem Maß die Baukunst, ließ den Palast der 55
Fenster vollenden und die fünfstufige Nyatapola-Pagode in
der Stadtmitte errichten. Unter seiner Regierungszeit erhielt
Bhaktapur sein heutiges Gesicht.

Unter den Königen von Patan stach *Siddhinarasimha Malla*
(1620-1661) besonders hervor. Er ließ den Krishna-Tempel auf
dem Durbar-Platz von Patan erbauen, an dem in feinster
newarischer Steinmetzarbeit Darstellungen aus den alten
Volksepen ›Ramayana‹ und ›Mahabharata‹ angebracht sind.
Siddhinarasimha Malla galt als gutherzig und freigebig. Und
wie die meisten Malla-Könige war er den schönen Künsten
zugetan, ließ unter anderem den Palast in Patan erweitern und
den Degutale-Tempel restaurieren. Der Tibet-Handel blühte
unter seiner Herrschaft und brachte Wohlstand unter die Kaufleute seiner Stadt. Auch *Yoganarendra Malla* (1684-1705) war
ein König von Format, ein Schöngeist und ein tief religiöser
Mann. Er reihte sich beispielsweise in die Prozession des Roten
Matchhendranath ein und ging im Gefolge des Gottes zu Fuß
bis nach Bungamati. Vor seinem Palast ließ er die Bronzestatue
errichten, die ihn unter dem schützenden Nackenschild der
heiligen Kobra und mit einem kleinen Vogel auf dem Kopf
wiedergibt. Yoganarendra Malla starb in Changu Narayan,
vermutlich an den Folgen einer Vergiftung. Seine 21 Frauen
folgten ihm als Satis auf dem Scheiterhaufen in den Tod. Der
Legende nach soll er kurz vor seinem Hinscheiden gesagt
haben: »Solange der Vogel auf dem Kopf meiner Statue in
Patan nicht fortgeflogen ist, bin ich noch am Leben.« Deshalb
hielt man lange Zeit im Palast von Patan ein Bett bereit und
ließ obendrein ein Fenster offen, weil man auf eine Rückkehr
Yoganarendra Mallas hoffte.

Unter den Königen Kathmandus sind in der Zeit von 1480
bis 1768 drei bemerkenswert. *Ratna Malla* (1484-1520) mußte
sich seine Herrschaft erst durch einen Gewaltakt sichern, indem er zwölf mächtige Thakurs, die als Minister den Befehl

Die Bronzefigur König Bhupatindra Mallas in Bhaktapur.

in der Stadt führten, kurzerhand vergiften ließ. Während seiner Regentschaft durften sich erstmals Moslems in Kathmandu ansiedeln.

Unter *Mahendra Malla* (1560-1574) wurde der Handel mit Tibet wieder besonders gefördert. Äußeres Zeichen dafür waren die Münzen, die er schlagen ließ: Sie trugen auf der einen Seite die stilisierte Stadt Lhasa, auf der anderen Namen, Titel und Emblem des Königs von Kathmandu. Diese Geldmünzen waren anerkanntes Zahlungsmittel im gesamten nepalisch-tibetischen Raum. Mahendra Malla war gleichfalls ein ambitionierter und religiöser Bauherr; er ließ unter anderem den Taleju-Tempel am Palast von Kathmandu errichten.

König *Pratapa Malla* (1641-1674) war tapfer, mutig, gebildet und ebenfalls tief religiös. Er baute die Stadt zu einer glänzenden Metropole aus, erweiterte die bestehenden Tempel und Paläste, baute neue, richtete den Hanumandhoka ein, stiftete den großen Vajra (Dorje) oben am Beginn der Pilgertreppe von Swayambunath und ließ eine Kopie des im Wasser ruhenden Vishnu von Budhanilkantha im Palast von Kathmandu aufstellen. Pratapa Malla verehrte gleichermaßen die Hindu-Götter und die lehrenden Buddhas oder Bodhisattvas. Er hatte vier Söhne, die er probeweise jeweils ein Jahr regieren ließ, um den besten Regenten unter ihnen herauszufinden. Als einer dieser Söhne starb, ließ er den quadratischen Teich Rani Pokhri am nördlichen Ende des Paradegrunds errichten, um die Mutter des Verstorbenen zu trösten.

Die frühe Shah-Dynastie

Einen einschneidenden Wendepunkt in der Geschichte Nepals, dessen Auswirkungen bis heute spürbar sind, bedeutete das Jahr 1768. Eine dynamische Gestalt war auf der historischen Bühne erschienen: *Prithvi Narayan Shah* aus Gorkha in Zentralnepal. Das Herrscherhaus, dem er entstammte, ging auf ein Rajputen-Geschlecht zurück, das vor dem Ansturm der Moslems aus Udaipur in die Berge des Himalaya geflohen war. Nach mehreren Zwischenstationen gelangten diese Rajputen nach Gorkha, eroberten es und bauten es zur Hauptstadt ihres kleinen, wohlgeordneten Fürstentums aus. Rückgrat ihrer Macht war eine zwar zahlenmäßig geringe, aber äußerst disziplinierte Armee.

Prithvi Narayan wurde 1722 in Gorkha als Sohn des Königs *Nara Bhupal Shah* und seiner zweiten Gemahlin, Kausalyabati, geboren. Als junger Prinz wurde er für drei Jahre nach Bhaktapur geschickt, um sich über Handel, Kunst und Administration im Kathmandu-Tal zu informieren. Er benutzte diesen Aufenthalt auch gründlich dazu, Bewohner und vor allem das dortige politische System kennenzulernen, was ihm später bei der Unterwerfung des Tals von Kathmandu sehr zustatten kommen sollte.

Im Jahr 1742 bestieg Prithvi Narayan Shah den Thron von Gorkha. Schon zwei Jahre später, nachdem er die unmittelbar benachbarten Fürstentümer teils unterworfen, teils als Bundesgenossen gewonnen hatte, begann er die hartnäckige und zielstrebige Eroberung des Kathmandu-Tals. Es ist faszinierend, wie er – unbeirrt durch Rückschläge – seinen Plan verfolgte. Im Jahr 1744 besetzte er die Bergfestung Nuwakot am Trisuli-Fluß und besaß damit die Eingangspforte zu den drei Königreichen im Kathmandu-Tal. Es dauerte allerdings geschlagene 25 Jahre, ehe er im Jahr 1768 als Sieger und Alleinherrscher seine Macht im Tal etablieren konnte.

Er erwies sich jetzt als großzügiger und fürsorglicher König, immer auf das Wohlergehen seiner Untertanen bedacht. Er förderte die einheimischen Produkte und sah darauf, daß der Handel zwischen Indien und Tibet weiterhin in nepalischer Hand blieb. Daneben versuchte er, Einflüsse von außen abzuwehren und sich vor allem gegen die übermächtige Kolonialmacht im Süden zu behaupten. Man kann ihn mit Fug und Recht als den Begründer des modernen Nationalstaats Nepal bezeichnen. Durch seine Eroberungszüge erhielt das Land die heutige Gestalt. Im Jahr 1775 starb Prithvi Narayan Shah, nachdem er sein Heer noch bis an die Grenze zu Sikkim geführt hatte.

Unter seinen Nachfolgern dehnte Nepal mit Verhandlungsgeschick und militärischen Erfolgen der tapferen Gorkha-Soldaten seine Grenzen weit nach Westen über Kumaon und

Gharwal bis an die Ufer des Sutlej-Flusses aus. Im Osten wurde Sikkim erobert und dem nepalischen Staat einverleibt. Über die Frage, ob die Währung Nepals auch in Tibet gültig sei, kam es mit den Nachbarn im Norden zum Streit und 1788 zum Krieg. Die nepalischen Truppen gelangten allerdings nur bis Shigatse, wo sie von der Übermacht eines chinesischen Heeres, das den Tibetern zu Hilfe gekommen war, besiegt und bis nach Nuwakot in der Nähe des Kathmandu-Tals zurückgetrieben wurden. Da dem Expansionsdrang Nepals im Norden nun Grenzen gesetzt waren, konzentrierte es sich weiterhin auf seine Ausdehnung nach Westen und Süden. Dadurch kollidierte es mit den Interessen der britischen Kolonialmacht in Indien, und es kam 1814 zu einem heftigen Krieg mit den Truppen der Britisch-Ostindischen Gesellschaft. Das Schlachtenglück schwankte; einmal gewannen die Gorkha-Soldaten und schlugen die Briten in die Flucht, ein andermal wurden nepalische Armeeinheiten besiegt und vernichtet. Schließlich erkannten die Regierenden Nepals die Übermacht der Briten an, die inzwischen selbst – unter ihrem Oberkommandeur General Ochterlony – kriegsmüde geworden waren. So wurde 1816 der Frieden von Segauli geschlossen, in dem sich die Nepalesen in die heutigen Grenzen des Landes zurückzogen, die Engländer ihrerseits auf ein weiteres Vordringen in das Himalaya-Königreich verzichteten. Außerdem wurde vereinbart, daß die Engländer zukünftig einen Residenten in Kathmandu stationieren durften, der die britischen Interessen in Nepal wahrnehmen sollte. Einer der erfolgreichsten unter ihnen war Sir Brian H. Hodgson (1829–1843), der einen erheblichen Teil der nepalischen Abneigung gegen die Engländer abbauen konnte und auf den die bis heute übliche Anwerbung von Gorkha-Söldnern – sogenannte Ghurkas – für die britische Armee zurückgeht. Überdies war dieser Mann ein begeisterter Naturkundler, der bedeutende Tier- und Pflanzensammlungen aus dem Himalaya für das Britische Museum für Naturkunde in London zusammentrug.

Während nun außenpolitisch in Nepal für lange Zeit Ruhe einkehrte, brodelte es im Inneren des Landes. Die Stellung des Königs war schwach, und mehrere Adelsgeschlechter wechselten sich in der Macht ab. Da brach die Herrschaft der **Ranas** an. Diese Regenten, die den Titel eines Premierministers beanspruchten, de facto aber die alleinige Macht im Staat ausübten, begannen ihre Herrschaft mit einem blutigen Handstreich. Königin *Rajya Lakshmi,* außer sich vor Zorn über den Mord an ihrem Liebhaber, ließ alle Adeligen und hohen Würdenträger zu einer Versammlung in den ›Kot‹ genannten Teil des Königspalasts von Kathmandu kommen. Als sich hinter dem letzten Geladenen die Tore geschlossen hatten, ließ *Jung Bahadur Rana* (1846-1877), ein der Königin treu ergebener Rana-Offizier, seine Soldaten im Palast aufmarschieren und alle anwesenden Gäste abschlachten. Dieser Massenmord an der gesamten Führungsschicht des Landes ging im Jahr 1846 als Kot-Massaker in die Annalen der nepalischen Geschichte ein.

Jung Bahadur Rana wurde nach dem Massaker zum Premierminister, kurze Zeit später zum Maharaja von Kashi und Lamjung ernannt und war damit dem König ebenbürtig. Er baute seine Stellung zu einer unbegrenzten Machtposition aus und führte die Erblichkeit des Premierministerpostens ein, der von nun an jeweils vom älteren auf den nachfolgenden Bruder überging. Der König war nur mehr eine Marionette der Ranas. Jung Bahadur Rana war zwar skrupellos, aber auch kühn und mutig und obendrein ein kluger Staatsmann. Längst fällige Reformen in der Rechtsprechung, Verwaltung und Heeresorganisation wurden unter seiner Leitung durchgeführt. Seine Fähigkeiten als Armeeführer bewies er von 1854 bis 1856 in einem siegreichen Feldzug gegen Tibet, als dessen Ergebnis er die Errichtung einer nepalischen Handelsmission in Lhasa, Zollfreiheit für Waren aus dem Himalaya-Königreich und jährliche Tributzahlungen nach Kathmandu erreichte. Um die Engländerfeindlichkeit Nepals zu beenden, eilte er 1857 beim Sepoy-Aufstand in Indien mit seinen Gorkha-Truppen den Engländern zu Hilfe und begründete damit eine langdauernde

Freundschaft mit dem britisch-indischen Kolonialreich. Als Dank dafür wurden ihm Teile des Terai zurückgegeben.

Nach Jung Bahadurs Tod im Jahr 1877 trat die neue Erbfolgeregelung erstmals in Kraft, und die Regierung ging auf dessen Bruder *Udip Singh* über. In der Folge blieb das Premierministeramt als Schaltstelle der Macht bis 1950 immer in der Hand der Rana-Familie. Zwei Amtsinhaber sind besonders hervorzuheben: Chandra Shamsher Rana und Juddha Shamsher Rana. *Chandra Shamsher Rana* (1901-1929) schaffte – allerdings erst im Jahr 1924 – die Sklaverei ab und begann langsam, das Land für moderne Entwicklungen zu öffnen. Der Bau eines Diesel-Elektrizitätswerks im Kathmandu-Tal und einer Lasten-Drahtseilbahn von Indien über die Berge nach Kathmandu waren dafür sichtbarer Ausdruck. Am englandfreundlichen Kurs seines Vorgängers hielt er fest. So machte er 1908 einen Staatsbesuch in London und lud im Gegenzug König George V. drei Jahre später zur Tigerjagd ins Terai ein. Bereits seit 1885 war es den Engländern erlaubt, Ghurkas als Söldner anzuwerben. Im Ersten Weltkrieg kämpften dann 55000 von ihnen auf englischer Seite gegen die Deutschen. Auch mit China pflegte Chandra Shamsher gute nachbarschaftliche Beziehungen. Innenpolitisch erließ er eine wesentliche Neuerung für die kinderreichen Rana-Familien mit ihren vielen Nebenfrauen, indem er die Unterteilung in A-, B- und C-Klassen-Familien schuf. Lediglich die Söhne der A-Klassen-Ranas, die aus der Ehe mit kastengleichen Frauen stammten, konnten beispielsweise kommandierende Generäle werden und somit auch Anspruch auf den Maharaja-Titel erheben. Deshalb wurden später Angehörige der minderprivilegierten C-Klassen-Ranas zu Trägern der Revolte gegen die Vorherrschaft der Rana-Familie.

Juddha Shamsher Rana (1932-1945) versuchte noch stärker, den Agrarstaat Nepal mit seinen feudalen Strukturen zu einem modernen Gemeinwesen auszubauen: Er förderte besonders die Kleinindustrie und plante bessere Verkehrsverbindungen mit Indien. Ein harter Rückschlag für alle Entwicklungen war indessen das schwere Erdbeben von 1933, das viele tausend Menschenleben kostete und gewaltige Schäden im Kath-

Chandra Shamsher Rana, Premierminister von 1901 bis 1929.

mandu-Tal anrichtete. Die Freundschaft mit England war weiterhin ein Grundpfeiler der nepalischen Außenpolitik.

Rund 200 000 Gorkha-Soldaten standen im Zweiten Weltkrieg auf englischer Seite und waren wegen ihres Muts und ihres bedingungslosen Kampfeinsatzes beim Gegner gefürchtet. Juddha Shamsher dankte nach Kriegsende ab und widmete sich fortan einem zurückgezogenen Meditationsleben.

Die Zeit der autoritären Rana-Herrscher war abgelaufen. Daran konnte auch die Tatsache nichts ändern, daß sie das Land isolierten, den König als Symbolfigur in seinem Palast einsperrten und das Volk in Unwissenheit hielten. Der König und revolutionäre Kräfte im Volk fanden zueinander, um gemeinsam die Rana-Herrschaft zu stürzen. König *Tribhuwan* (1911-1955) erhielt Asyl in der indischen Botschaft, und kurz darauf gelang ihm die Flucht nach Indien. Die Unterstützung dieses Landes und Aufstände in Nepal selbst besiegelten das Schicksal der Ranas: *Mohan Shamsher Rana* (1948-1951) dankte ab, und am 15. Februar 1951 kehrte König Tribhuwan auf seinen Thron nach Kathmandu zurück.

Die jüngste Geschichte Nepals ist schnell erzählt und durch Zeitungsmeldungen und Fernsehberichte gegenwärtig. König Tribhuwans gutgemeinter Versuch, mit Riesenschritten aus dem mittelalterlichen Feudalsystem in die Neuzeit zu eilen, das Land mit einer konstitutionellen Monarchie und einem Parteienparlament zu regieren, wurde nach dem Tod dieses populären Regenten von seinem Sohn *Mahendra Bir Bikram Shah* (1955-1972) für gescheitert erklärt, das Parlament und die Regierung am 15. Dezember 1960 aufgelöst, die Verfassung außer Kraft gesetzt und die politischen Parteien verboten. Der Führer der Nepal-Kongreß-Partei, B. P. Koirala, wurde verhaftet und viele Jahre unter Hausarrest gestellt. Alle politischen Entscheidungen bedurften fortan der Zustimmung des Königs, seine Anordnungen besaßen die Gültigkeit von Gesetzen. De facto bedeutete dies die absolute Monarchie. Begründet wurden diese radikalen Schritte mit Korruption und Mißorganisation in Parlament und Regierung sowie dem gefährlichen Einfluß ausländischer Mächte, vor allem Indiens, auf die nepalische Politik.

Im Jahr 1961 proklamierte König Mahendra eine neue Verfassung, die sich auf das sogenannte Panchayat-System stützte, das von Mahatma Gandhi entwickelt worden war und eine Art Gemeinderats- und Distriktverwaltung ohne Parteien darstellte. Aus den Talschaften und Dörfern gelangten Abgeordnete über Distrikts- und Zonenratsversammlungen in die zentrale Nationalversammlung in Kathmandu, die durch ständische und gesellschaftliche Repräsentanten ergänzt wurde. Die Regierung rekrutierte sich teils aus der Nationalversammlung, dem National-Panchayat, teils wurde sie nach dem Willen des Königs und seines Hofs ernannt. Dieses System funktionierte bis Ende der siebziger Jahre, als erste Unruhen und Proteste dessen Endphase ankündigten. Als König Mahendra 1972 überraschend starb, folgte ihm sein 28jähriger Sohn *Birendra Bir Bikram* auf den Thron nach. Als Verkörperung des Hindu-Gottes Vishnu genoß er – wie sein Vater Mahendra und sein Großvater Tribhuwan – im Volk göttliche Verehrung. Seine Krönung 1975 war das märchenhafte Schauspiel einer uralten Hindu-Tradition. König und Königin ritten auf einem Elefanten durch eine jubelnde Menschenmenge; Fenster, Balkone und Dächer entlang der Krönungsprozession waren von Schaulustigen besetzt. Man hoffte, der junge König würde den Wunsch nach Anhebung des niedrigen Lebensstandards, nach technischer und zivilisatorischer Entwicklung des armen Landes erfüllen. Aber dieser Weg verlief zu langsam, mündete in Stagnation, Korruption, ja Unterdrückung. 1979 gab es erste Unruhen bei den Studenten und Arbeitern, Todesopfer waren zu beklagen. Noch einmal bekam der König, nachdem er Verbesserungen versprochen hatte, das Staatsruder in die Hand. Ein Volksentscheid über die Regierungsform fiel relativ knapp zugunsten des Panchayat-Systems aus, aber man munkelte, daß hierbei vielerorts manipuliert worden und die Unwissenheit der Landbevölkerung in den abgelegenen Gebirgstälern dem herrschenden System zugute gekommen sei. Dem Panchayat-System war jetzt nur noch eine Gnadenfrist gegeben.

König Birendra und Königin Aishwarya mit ihren Kindern; in der Mitte Kronprinz Dipendra.

Im Jahr 1989 begann Indien eine Handelsblockade gegen Nepal, das einen auslaufenden Handelsvertrag nicht rechtzeitig erneuert hatte. Nepal wollte die von Indien diktierten Bedingungen nicht akzeptieren, und die Bevölkerung ertrug mit bewundernswerter Gelassenheit und Genügsamkeit die Einschränkungen. Aber es entstanden auch Unruhe, Unzufriedenheit über die schleppende wirtschaftliche Entwicklung, über die ungleiche Verteilung von Reichtum und Armut. Im Frühjahr 1990 brachen dann erneut Unruhen aus, die sich wie ein Lauffeuer über das ganze Land verbreiteten. Gewaltige Demonstrationszüge trafen auf Polizei- und Militärkräfte, es wurde geschossen, und es gab Hunderte von Toten. Das Land drohte in Chaos und Gewalt zu versinken. Doch setzte sich auch jetzt wieder die Friedlichkeit und der Wirklichkeitssinn der Nepalesen durch. Nachdem der König eingelenkt, eine neue Regierung eingesetzt, die politischen Parteien wieder erlaubt, freie Wahlen angekündigt und sogar eine Kommission mit der Vorbereitung einer konstitutionellen Monarchie betraut hatte, beruhigten sich die Verhältnisse in Kathmandu, in Pokhara und an den Brennpunkten des Aufruhrs im Terai sehr rasch. Es scheint so, als hätten die Entwicklungen in Osteuropa und Rußland zu diesem Zeitpunkt auch die Ereignisse in Nepal hervorgerufen und beschleunigt.

Die Religionen

Laute Musik von Flöten, Trommeln, Schalmeien und Trompeten tönte uns entgegen, als wir inmitten eines endlosen Menschenstroms die steilen Treppen zum Stupa von Swayambunath emporkletterten. Eine kleine Musikkapelle nach der anderen begegnete uns. Festlich gestimmt und mit fröhlichen Gesichtern pilgerten die Bewohner des Kathmandu-Tals zum großen Stupa, um das Panchadana, das Fest des Großen Dankopfers, zu begehen. Im Tempelbezirk um den Stupa saßen die Priester, die Vajra Acharyas, mit ihren Familien und nahmen in Körben die Gaben der Pilger entgegen. Man hörte die

Der menschenköpfige Göttervogel Garuda, das Reittier Vishnus.

Rezitationen der buddhistischen Lamas aus dem Tempelinneren, und die Gebetszylinder an der Basis des Stupa klapperten den ganzen Tag, in Bewegung gehalten von unzähligen Händen. Vor dem kleinen Tempel neben dem Stupa aber staute sich eine lange Menschenschlange; Mütter, Tanten, Großmütter warteten geduldig, bis sie ihre Opfergabe mit dem Wunsch für die Gesundheit ihrer Kinder, Neffen oder Enkel vor der Hindu-Gottheit niederlegen durften. Obwohl hier ein buddhistisches Fest gefeiert wurde, bezog man die Hindu-Gottheit ganz selbstverständlich in die Verehrung mit ein.

Dies ist charakteristisch für die religiöse Einstellung der Nepalesen. Zwar sind die Riten verschieden, doch gilt die Verehrung allen göttlichen Wesen, seien es Buddhas, Bodhisattvas oder die Hindu-Götter Shiva, Vishnu und Ganesh. Man kann beobachten, wie Hindus dem Gautama Shakyamuni, dem historischen Buddha, Opfer darbringen, aber auch, wie Buddhisten den Vishnu, den Ganesh oder den Bhairava verehren. Die Nepalesen bekennen sich auch nicht zum Hinduismus oder zum Buddhismus, sondern sprechen von »unserer Religion«.

Dieses den Nepalesen so vertraute und für den Besucher so verwirrende Neben- und Durcheinander von Göttern und Erleuchteten macht es notwendig, sich die Grundzüge der beiden Hauptreligionen – Hinduismus und Buddhismus – klar zu machen und sich vor Augen zu halten, daß die jeweiligen ethischen Forderungen gar nicht so unterschiedlich sind und auch Übereinstimmung in der Vorstellung der ewigen Wiederkehr (Reinkarnation) und der endgültig befreienden Erlösung (Nirwana) besteht. Während sich der Hinduismus stärker auf die kosmischen Gesetzmäßigkeiten und auf bildliche Repräsentation von göttlichen Kräften richtet, konzentriert sich die buddhistische Lehre auf Anweisungen, wie der Mensch selbst durch einen angemessenen Lebenswandel die Vervollkommnung, Erleuchtung und Erlösung erlangen kann. Daß dabei auch die Buddhisten ein vielgestaltiges Pantheon bemühen, hängt mit dem Aspektdenken Asiens zusammen: Jede Figur ist nur das Symbol für einen ganz bestimmten philosophischen Inhalt. Alles hängt in einem gemeinsamen Urgrund zusammen. Wie auf einer Wiese die unterschiedlichsten Blumen blühen und doch zusammen mit den Gräsern und anderen Pflanzen die Wiese selbst bilden, so sind auch die Gestalten der buddhistischen Ikonographie lediglich unterschiedliche Aspekte ein und desselben religiös-philosophischen Substrats.

Im Kathmandu-Tal gibt es für alle philosophischen Lehren der Hindus und der Buddhisten einen Gott, Dämon, Buddha oder Bodhisattva aus Stein, Bronze oder Holz, der plastisch zu den Menschen spricht.

Der Hinduismus

Grundlage des hinduistischen **Götterbegriffs** ist die Trinität von Brahma dem Erschaffer, Vishnu dem Erhalter und Shiva dem Vernichter und zugleich Erneuerer. Während *Brahma* in Nepal weit weniger verehrt wird als vergleichsweise in Indien, spielt *Vishnu* seit altersher eine bedeutende Rolle. Wohl die klarste Aussage zur kosmischen Vorstellung der Hindus findet sich im Tempelhain von Budhanilkantha. Hier ruht eine steinerne, mehr als tausend Jahre alte Vishnu-Figur in einem Teich auf den Körperwindungen der Weltenschlange, deren elf Kobraköpfe als Krone auf dem Haupt des Gottes sitzen. Diese Darstellung symbolisiert den ewigen Kreislauf von Erschaffung, Erhaltung und Zerstörung der Welt. Vishnu ruht sich auf der Weltenschlange aus, nachdem er diesen Kreislauf abgeschlossen hat und bevor er ihn erneut in Bewegung setzt.

Auch *Shiva*, dem dynamischen und letztlich alles verschlingenden Aspekt des göttlichen Weltgesetzes, begegnet man in Nepal häufig. Selbst auf den Berggipfeln thront er; so in erhabener Umarmung mit seiner Gemahlin auf dem Siebentausender Gaurishankar, dem heiligsten Berg des Landes. Am intensivsten aber erlebt man die Begegnung mit diesem Hindu-Gott in Pashupatinath am Bagmati-Fluß, wo die Verbrennungsplätze für Arm und Reich, für Bettler und König, den Transport der sterblichen menschlichen Reste in den heiligen Ganges und schließlich in den endlosen Ozean garantieren. Hier wird Shivas Allgegenwart durch eine große Zahl von Lingams sichtbar gemacht. Dieses Phallussymbol steht auf der

Joni, der Vulva, dem weiblichen Gegenstück zum Attribut des Gottes. In der Ikonographie heißt die Gefährtin Shivas Parvati, wenn sie sanftmütig und friedlich erscheint, Durga oder Kali als vernichtende Göttin des Todes. Der gesamte Kreislauf von Erschaffung, Vernichtung und Wiedergeburt wird schließlich im tanzenden Shiva dargestellt, sei es in der religiösen Tanzkunst Nepals oder als Figur in Bronze, Stein und Malerei. Eine gleichfalls diesem Gott zugeordnete Gestalt ist sein in Nepal häufig verehrter elefantenköpfiger Sohn *Ganesh*. Die Legende erzählt, daß dieser dickbäuchige Geselle infolge eines Mißverständnisses seinem Vater den Zutritt zum Hause der Mutter verweigerte und Shiva ihm dafür im Jähzorn den Kopf abschlug. Um die schändliche Tat jedoch anschließend wiedergutzumachen, erhielt Ganesh bei seiner Wiederbelebung ein Elefantenhaupt.

Zum hinduistischen Pantheon zählen weiter der Sonnengott *Surya*, der Gewitter- und Regengott *Indra*, der Mondgott *Chandra*, der jünglingshafte Frühlingsgott *Krishna* und viele lokale Schutzgötter wie *Bhairava*, *Matchhendranath* oder *Taleju*. Sie alle werden von den Nepalesen mit Opfer- und Anbetungszeremonien – sogenannten Pujas – und mit großen Festen geehrt. Wenn die Männer, Frauen und Kinder dann in unendlichen Pilgerzügen zu bedeutenden Hindu-Stätten wie Dakshinkali oder Budhanilkantha strömen, dann lenken die der erblichen Priesterkaste entstammenden Brahmanen die vorgeschriebenen Rituale.

Das **Kastensystem** ist ein Grundpfeiler der hinduistischen Gesellschaftsordnung, an dessen Spitze die *Brahmanen* stehen. Sie üben nicht nur priesterliche Funktionen aus, sondern spielen auch politisch als Berater der Königsfamilie und des Königs selbst eine wichtige Rolle. Der Herrscher und mit ihm die führenden Adelsfamilien gehören zur zweithöchsten, eher kriegerischen Kaste der *Kshatryias* oder *Chetris*, die auf indische Einwanderer zurückgeht. Die Einteilung der übrigen Bevölkerung Nepals weicht dann allerdings erheblich von dem in Indien üblichen System ab. Diese Eigenentwicklung begann schon an der Wende vom 8. zum 9. Jahrhundert, als der aus Südindien stammende Shankaracharya eine Reformation des

*Ganesh mit dem Elefantenkopf ist der Gott
des Reichtums und des Erfolgs.*

nepalischen Hinduismus in die Wege leitete. Er führte, mit
Hilfe indischer Brahmanenpriester, eine populäre Form dieser
Religion ein, die bis heute Bestand hat. Mit der Hinduisierung
von Verwaltung und Rechtsprechung durch Jayasthiti Malla
im 14. Jahrhundert erhielten schließlich die in Nepal ansässigen
Volksgruppen wie Newars, Gurungs, Magars, Limbus, Rais,
Sunwars, Thakalis und sogar Tamangs oder Sherpas offiziell
den Rang einer Kaste. So fragt man bei Begegnungen während einer Wanderung in den Himalaya-Bergen seinen Ge-
sprächspartner »dabeiko dsaht kye ho? – welches ist Ihre
Kaste?«, meint damit aber die Zugehörigkeit zu einer Volksgruppe.

Es bleibt allerdings die Frage offen, ob die Bewohner des
Dolpo-Gebiets oder die Sherpas in Khumbu über die Einglie-
derung in ein hinduistisches Kastensystem sehr erbaut sind,
denn ihre Religion ist der Buddhismus.

Der Buddhismus

Bis auf den heutigen Tag gilt die Stadt Patan als buddhistische
Hochburg. Betrachtet man die Geschichte des Buddhismus, so
kann man sagen, daß er in Nepal ›geboren‹ wurde, zumindest
innerhalb der heutigen nepalischen Staatsgrenzen. Um das
Jahr 563 v. Chr. kam der historische **Buddha**, *Gautama Shakyamuni*, als Prinz Siddharta in Lumbini im nepalischen Terai
zur Welt. Obwohl er als Sohn eines lokalen Hindu-Fürsten
sorgfältig von allen Schattenseiten des Lebens abgeschirmt
wurde, verschaffte er sich die Begegnung mit Armut, Krankheit, Alter und Tod, auf der seine gesamte spätere Lehre fußte.
Er verließ sein reiches Elternhaus, zog als bettelnder Wander-
prediger mit seinen Jüngern durch Nordindien und starb acht-
zigjährig in Kushinagara.

Seine erste große Predigt im Gazellenhain von Sarnath bei
Benares kann man als ›Bergpredigt des Buddhismus‹ bezeich-
nen. Gautama Buddha hatte das Leid als Antriebsmotor für
das Leben schlechthin erkannt und zeigte nun einen Weg zur
Überwindung dieses Leidens auf. Er ging dabei aus von der
Wahrnehmung der *Vier edlen Wahrheiten*:

1 dem Erkennen des Leidens
2 der Erkenntnis über die Ursachen des Leidens, die in Gier, Haß und
   Verblendung liegen
3 der Erkenntnis, daß das Leiden überwunden werden kann und muß
4 der Erkenntnis über den Weg, der zur Überwindung des Leidens
   führt

und dem *Edlen Achtfachen Pfad*:

1 der klaren Einsicht in das Leiden und seine Überwindungsmöglich-
   keit (vollkommene Einsicht)
2 dem Entschluß, von dieser Möglichkeit Gebrauch zu machen (vollkommene Gesinnung)
3 der Formulierung aller Gedanken in vollkommener Rede
4 vollkommenem Handeln
5 rechtem Leben (vollkommener Lebensunterhalt)
6 rechtem Streben und rechter Anstrengung (vollkommene
   Anstrengung)
7 vollkommener Aufmerksamkeit oder Achtsamkeit
8 vollkommener Sammlung, in der Harmonie des individuellen Lebens mit den universellen Gesetzen (vollkommene Vertiefung).

Aus diesen Erkenntnissen entwickelte Gautama Buddha sodann Verhaltensregeln, die ›*Zehn Gebote*‹ *des Buddhismus:*

1   kein Leben zerstören
2   das nicht nehmen, was nicht gegeben wurde
3   kein falsches Verhalten bei sexuellem Verlangen
4   keine falsche oder unehrliche Rede führen
5   keine verleumderische Rede führen
6   keine grobe und verletzende Rede führen
7   keinem dummen und gedankenlosen Geschwätz folgen
8   Habgier vermeiden
9   andere nicht mit Übelwollen verfolgen
10 Abstand nehmen von falschen Anschauungen, die eine
    Vervollkommnung behindern.

Grundtugenden, die zur Vervollkommnung unerläßlich
sind, sah Gautama Buddha in den *Acht Dharmas*:

1	Vertrauen	4	Ruhe	7	Prüfung jeder
2	Entschlossenheit	5	Achtsamkeit		Erkenntnis
3	Beharrlichkeit	6	Verständnis	8	Gleichmut.

soll wesen das Leben in seiner Gesamtheit
... akzeptiert

Diese Aufzählung zeigt schon, daß es sich bei Buddhas Lehre nicht so sehr um eine Religion mit Mystik und Jenseitsbezug handelt, sondern vielmehr um ethische Verhaltensregeln, die dem Gläubigen helfen sollen, das Leben in seiner Gesamtheit zu akzeptieren und menschengerecht zu führen. Es ging Gautama Buddha immer um den Menschen, kaum um Göttlichkeit oder den Kosmos. Daß sich aus seiner Philosophie schließlich doch eine Religion entwickelte, lag an den Menschen selbst, die sich mit seiner Lehre ihren Wunsch nach Religiosität erfüllten. Dies führte zur allgemein gültigen *Trinität des Buddhismus*, die aus dem *Buddha* (als Vorbild), dem *Dharma* (Lehre des Buddha) und dem *Sanga* (Gemeinschaft seiner Anhänger) besteht.

Wofür aber nun dieses umfangreiche Gebäude von Verhaltensregeln und Tugenden? Es sollte – da war Gautama Buddha Realist – den Menschen nach einem guten Leben ins *Nirwana* führen, dem spannungslosen Zustand unendlicher, unbeschreiblicher Glückseligkeit. Um den vom Buddha aufgezeigten Weg dorthin beschreiten zu können, muß der angehende Buddhist *Bodhicitta* entwickeln, das Verlangen, die Erleuchtung wirklich zu erreichen. Das bedarf vieler Reinkarnationen (Wiedergeburten) und wird festgelegt durch das *Karma*, die Bilanz der guten und schlechten Taten oder Wirkungen im menschlichen Leben.

Die Lehre des bescheidenen Wanderpredigers aus der nordindischen Ebene muß bei seinen Zeitgenossen einen religiösen und gesellschaftlichen Nerv getroffen haben. Nicht zuletzt wohl auch deshalb, weil sich hier ein Weg geboten hatte, die Fesseln des eng gewordenen hinduistischen Kastenwesens zu sprengen, das es für die Jünger des Gautama Buddha nicht gab. Alle Menschen, ohne Ansehen von Herkunft oder Geschlecht, konnten sich der Gemeinde des Buddha anschließen, sich vervollkommnen und nach Erleuchtung streben. Die Anhängerschaft wuchs rasant, es wurden Klöster errichtet, das Lehrgebäude wurde durchorganisiert, es entstand eine neue Volksreligion, der Buddhismus. Er unterteilte sich in das *Kleine Fahrzeug* oder *Hinayana*, in dem der Einzelmensch mit seinem Erleuchtungsbestreben im Vordergrund stand, und in das

Buddha Shakyamuni im großen Tempel von Swayambunath.

Große Fahrzeug oder *Mahayana*, in dem die Erlösung aller lebenden Wesen angestrebt wurde. Diese Erlösungs- und Erleuchtungschance für alle Lebewesen forderte eine besonders liebevolle Zuwendung zu jeglicher Kreatur, und das wiederum führte zum *Bodhisattva-Ideal*. Bodhisattva ist ein Wesen – Mensch oder Gottheit –, das kurz vor der Erlösung im Nirwana steht, aber angesichts des Leidens in der Welt auf diesen letzten, befreienden Schritt verzichtet und freiwillig in den leidvollen Kreislauf der Wiedergeburten zurückkehrt, um seine erlösende Kraft allen anderen Lebewesen zur Verfügung zu stellen.

Im 8. Jahrhundert kamen drei Gelehrte aus Indien und nahmen sowohl in Nepal als auch im benachbarten Tibet entscheidenden Einfluß auf die Entwicklung des Buddhismus: Santarakshita, Padmasambhava und Kamalashila. Ihr Weg führte sie durch das Himalaya-Königreich, wo sie vor allem im Kathmandu-Tal, aber auch an einigen anderen inzwischen vergessenen Orten lebten und lehrten, ehe sie in das tibetische Hochland weiterreisten. Padmasambhava wirkte am nachhaltigsten. Er machte den Buddhismus in Tibet und in den angrenzenden Himalaya-Regionen zur Volksreligion und wird bis heute als erleuchteter Buddha und Patriarch der orthodoxen Rotmützen-Schule verehrt. Er gründete einige kleine Klöster im Norden Nepals und baute Bodnath mit seinem uralten Stupa zu einem buddhistischen Zentrum aus.

1   *Bunte Gebetswimpel flattern am Pyramidendach des Stupa von Bodnath, der zu den wichtigsten buddhistischen Heiligtümern des Kathmandu-Tals gehört.*

2   *Der Durbar-Platz von Patan mit dem Königspalast rechts, dem Cyasilim-Deval-Mandir im Shikhara-Stil links und dahinter den Pagodendächern des Harishankar-, Vishvanath- und Bhimsen-Tempels.*

3   *Wächter-Elefant aus Bronze vor einem der zahlreichen Tempel in Patan.*

4   *Die Göttin Taleju im Tympanon des Goldenen Tors am Königspalast von Bhaktapur.*

5   *Der Degutale-Tempel am alten Königspalast in Kathmandu vor der Taleju-Pagode im Hintergrund.*

Gegen Ende des ersten Jahrtausends unserer Zeitrechnung war es wiederum Nepal, das dem *Dritten Fahrzeug* des Buddhismus – dem *Vajrayana* oder *Tantrayana* – eine Heimstatt ermöglichte und es nach Tibet weitervermittelte. Dieses Fahrzeug bietet durch ganz spezielle Meditationspraktiken, die *Tantras*, einen direkten Weg zur Erlösung, die somit in einem einzigen Leben erreicht werden kann.

Der Buddhismus wird vor allem in der Volksgruppe der Newars im Kathmandu-Tal seit altersher gepflegt. Gelegentlich geriet er zwar in Konkurrenz zum strenger ausgelegten Hinduismus, konnte sich jedoch immer als eigenständige Religionsrichtung behaupten. Im Verlauf des Mittelalters und bis in die Zeit der Ranas hinein mußten sich die newarischen Buddhisten zwar formal der hinduistischen Hauptreligion des Landes anpassen, blieben aber stets den ethischen Grundregeln der Acht Dharmas verpflichtet.

In den Dörfern und Gompas der nördlichen Bergregionen Nepals werden die buddhistischen Rituale und Rezitationen nach tibetischem Vorbild vollzogen, Kirchensprache und -schrift sind tibetisch, und die dort lebenden Menschen verehren den Dalai Lama als eine ihrer höchsten geistlichen Autoritäten. Vorherrschend ist die orthodoxe Schulrichtung der *Rotmützen*, der *Nyingmapa*. Mit der Flucht ganzer südtibetischer Klosterbelegschaften vor den Chinesen sind Anfang der sechziger Jahre in dieser Gegend auch Zentren der sogenannten *Gelbmützen*, der ausgesprochen philosophisch ausgerichteten *Gelukpas*, entstanden. Der Auszug der buddhistischen Geistlichkeit aus Tibet hat sicherlich dem Buddhismus in Nepal neue Impulse verliehen. Viele tibetische Lamas, Mönche aus den später durch die chinesische Kulturrevolution zerstörten Klöstern, haben in den nepalischen Klöstern Aufnahme gefunden. Swayambunath und Bodnath, die beiden Großstupas

6 *Textilfahne mit den acht buddhistischen Glückssymbolen im Hof des Kwa Bahal in Kathmandu.*

7 *Steinfigur des Gautama Shakyamuni Buddha in Balambu. In diesem Dorf verläuft das Leben noch in mittelalterlichen Bahnen.*

im Kathmandu-Tal, wurden Mittelpunkte der geflüchteten tibetischen Buddhisten; die wichtigsten Orden Tibets wie Gelukpa, Shakyapa, Kargyüpa und auch Nyingmapa haben hier Klosterbauten errichtet. Die Ausstrahlung dieser Zentren reicht bis in die westliche Welt: Die Äbte reisen nach USA, Europa oder Australien; Angehörige dieser Länder kommen zu Meditationsstudien nach Bodnath und Swayambunath. Es ist anzunehmen, daß die Renaissance des tibetischen Buddhismus im Exil auch zu einem neuen Selbstbewußtsein der Buddhisten in Nepal geführt hat. Nach den politischen Unruhen im Frühjahr 1990 und der Zustimmung des Königs zu einer neuen, demokratischen Ordnung mit einem Parteienparlament sind in der nepalischen Presse zum erstenmal Stimmen laut geworden, die eine Trennung von Staat und Religion, aber auch eine stärkere Berücksichtigung des buddhistischen Bevölkerungsanteils fordern.

Der Bön

Eine dem Buddhismus sehr ähnliche, wenngleich in den Himalaya-Ländern und in Tibet viel ältere Religion ist der Bön. Er geht mit seinen Wurzeln auf die vorbuddhistischen, animistischen Rituale und Traditionen in diesem Gebiet zurück. Um sich neben der immer stärker werdenden jüngeren Hochreligion behaupten zu können, hat er buddhistische Rituale, Buddhas oder Schutzgottheiten übernommen und abgewandelt. Selbst Heilige werden oft mit den gleichen Attributen dargestellt wie ihre buddhistischen Gegenstücke. So trägt beispielsweise der Bön-Patriarch *Sherab Gyaldsen* ebenso Buch und Schwert auf der Lotosblüte wie der tibetische Reformator und Gründer des Gelbmützen-Ordens *Tsongkapa*. Der uneingeweihte Beobachter kann allerdings Bön-Anhänger nur daran erkennen, daß sie – entgegen der buddhistischen Sitte – Stupas oder andere Heiligtümer nicht im Uhrzeigersinn, sondern gegenläufig links herum umwandeln. Neben solchen Äußerlichkeiten sind die Verehrung von Naturgottheiten und die enge Beziehung zum Schamanentum Kennzeichen dieser altertümlichen Religionslehre.

Die Schamanen

Als ich einmal Anfang September mit einer Reisegruppe nach Nagarkot am Nordrand des Kathmandu-Tals hinaufgefahren war, hörten wir aus dem Tal dumpfe, gleichmäßige Trommelschläge. Über verschiedene Bergpfade kamen weißgekleidete Männer, die eine Pfauenfederkrone auf dem Kopf trugen und eine große Trommel in der Hand hielten, auf die sie mit einem gebogenen Schlegel im Rhythmus ihres Schritts schlugen. Ihnen folgten Männer, Frauen und Kinder, offensichtlich Angehörige der weißgekleideten Trommler. Es handelte sich um Schamanen der Tamangs, sogenannte *Djakris*, die zu einem großen Schamanentreffen unterwegs waren, in dessen Verlauf nachts eine Quellengottheit verehrt werden sollte. Später sahen wir, wie zwei Schamanen nahe der Ortschaft Dhulikhel auf einem bergab führenden Weg zum Rhythmus ihres Trommelschlags an einem kleinen Heiligtum vorübertanzten. Am selben Tag verehrte ein Tamang-Schamane in der Stadt Bhaktapur mit ekstatischem Tanz die in der fünfstufigen Nyatapola-Pagode beheimatete Gottheit. Er war von einer dichten Menschentraube umgeben und bemerkte nicht einmal, wie wir ihn vorsichtig fotografierten. Als er nach Beendigung seines Tanzes aus der Trance erwachte, richtete er seinen nunmehr klaren Blick auf uns und nickte freundlich mit dem Kopf.

Aufgabe der Schamanen ist es, zu heilen und die Verbindung zwischen den Menschen und der Welt der Geister oder Dämonen zu knüpfen. Krankheiten werden unter Verwendung von Heilpflanzen und mit besonderen Praktiken wie Schröpfen oder Massieren kuriert; zusätzlich wird der Kranke mit eindringlichen Beschwörungen behandelt. Westliche Forscher nennen die Schamanen deshalb oft ›Geistheiler‹. Voraussetzung für ihr Amt ist die Fähigkeit, sich in zitternde Trance versetzen zu können. Außerdem müssen sie, ehe sie praktizieren dürfen, nach einer mehrjährigen Lehrzeit eine Initiations-Prüfung bestehen. Neben der Heilung von Krankheiten und dem Abwenden von Unheil gehören schließlich auch Orakel-Zeremonien zu den Obliegenheiten eines Schamanen.

Dem westlichen Betrachter, der mit einem zuverlässigen Grundwissen über Hinduismus, Buddhismus, Bön und Schamanentum ausgestattet ist, wird sich der Reichtum erschließen, den die Nepalesen ›unsere Religion‹ nennen. Man wird intuitiv verstehen, was die junge Mutter bewirkt, wenn sie am Morgen den Hindu-Gott an der Straßenecke mit einem Blumenopfer begrüßt oder in welche Welten der alte Lama entrückt ist, der mit schlurfendem Schritt den Stupa von Bodnath umkreist, dabei die Gebetszylinder in ratternde Drehung versetzt und unentwegt sein »Om Mani Padme Hum« murmelt.

Die Kunst und ihre Zeugnisse

Als ich zum ersten Mal über den Durbar-Platz vor dem Königspalast von Kathmandu schlenderte, wähnte ich mich in die Welt der Märchen und Legenden versetzt. Wie Berggipfel standen die Tempeldächer über- und hintereinander. Ihre vergoldeten Spitzen schienen die Wolken am blauen Himmel aufspießen zu wollen. Und über allem erhob sich die königliche Taleju-Pagode auf einem künstlichen Hügel aus gemauerten Ziegelsteinen. Über der vergoldeten Tempeltür erkannte ich eine Bronzeplatte mit goldenen Götter- und Dämonenfiguren; die Stützbalken der Dächer zierten vielarmige, streng blickende Gottheiten; von den nach oben geschwungenen Dachkanten hingen Wimpel aus Bronze. Ich hatte dann in Patan, Bhaktapur oder Kirtipur noch oft die Empfindung, mich in einem riesigen Freiluftmuseum zu bewegen. Aber die Tempel, Schreine und Götterfiguren in Nepal sind mit pulsierendem Leben erfüllt. Die Kultur des Himalaya-Landes ist keine museale Kulisse, sondern lebendige Wirklichkeit, durchdrungen von der hingebungsvollen Religiosität der Nepalesen.

Die Kunst Nepals ist auch kein Wert an sich, sondern ein Werkzeug der Religion, das die Verbindung zwischen den Menschen und der Welt der Götter, der spirituellen Kräfte, der Buddhas und Bodhisattvas schaffen soll. Kein Nepalese bewundert eine Shiva- oder Buddha-Figur nur wegen ihrer Schönheit, sondern verehrt sie aus tiefster, religiöser Überzeugung. Auf der anderen Seite setzen genaue ikonographische Vorschriften die sorgfältige und gekonnte Arbeit des Künstlers voraus, wodurch eine gewisse Qualität gewährleistet ist. Die Kunst Nepals umfaßt traditionellerweise die Bereiche Architektur, Holzschnitzerei, Steinmetzarbeit, Metallguß und Malerei, und viele nepalische Künstler waren Meister auf mehreren Gebieten.

Die Architektur

Typisch für die Baukunst des Himalaya-Königreichs sind die Tempel, Paläste und Häuser der wohlhabenden Bürger im **Pagodenstil**, der vermutlich in Nepal entwickelt wurde und sich von hier aus über ganz Asien verbreitet hat. Die Geschichte des Baumeisters Aniko im 13. Jahrhundert ist beispielhaft dafür, wie begehrt nepalische Künstler in den Nachbarländern waren. Auf Wunsch des Mongolen-Kaisers Kubilai Khan in China reiste der blutjunge Nepalese an der Spitze einer Delegation aus Zimmerleuten, Holzschnitzern, Bronzegießern und Malern an den Kaiserhof nach Peking. Unterwegs errichtete er mit seinen Begleitern in Tibets Hauptstadt Lhasa eine goldene Pagode, die seinen Ruf als meisterlicher Architekt verstärkte. In China stieg Aniko zum obersten Direktor der kaiserlichen Kunstmanufakturen auf und wurde berühmt für die anmutige Schönheit seiner Pagodenbauten. Als er 1306 starb, wurde er für seine Verdienste um die Kunst am Hofe Kubilai Khans noch posthum mit dem Titel eines Herzogs von Liang geehrt.

Die nepalische Pagode entstand sicherlich aus dem Wohnhausbau, mit übereinandergeschachtelten Erkern, ziegelgedeckten Satteldächern und an den Ecken aufgebogenen Dachkanten. Sie ist ein turmartiger, nach oben sich verjüngender Ziegelbau über quadratischem oder rechteckigem Grundriß; ihre Dächer tragen Flachziegel oder vergoldete Messing- oder Kupferplatten.

Das Balkenwerk der Dachstühle, die Tür- und Fensterstöcke bestehen meist aus Salholz und sind mit Schnitzwerk

Typus der nepalischen Dreistufen-Pagode.

reich verziert. Gelenkige Götter, grinsende Dämonen und phantastische Fabelwesen, alle bunt bemalt, scheinen sich in einem unaufhörlichen Tanz zu bewegen. Über den Eingangstoren findet man Tympana aus Bronze oder Holz, die prachtvollen Figurenschmuck tragen. Die Spitze der Pagode ziert ein vergoldetes Türmchen in Glockenform, das ›Gajura‹. Der Eingang der Tempel wird von Löwen, Elefanten, Dämonen oder Titanen aus Stein und Bronze bewacht. Diese strenge Turmform der Pagode zeigen beispielsweise der Taleju-Tempel in Kathmandu, die Tempelbauten in Patan, die heilige Pashupatinath-Pagode oder der fünfstufige Nyatapola in Bhaktapur.

Daneben trifft man gelegentlich auf hausförmige Gebäude im Pagodenstil, deren Unterbau ausladender ist. In diesen offenen Hallenbauten mit großen Räumen, wie etwa dem Kasthamandapa in Kathmandu, versammeln sich Bürger zur Beratung, zum Musizieren und zu religiösen Gesängen. Sie dienen aber auch durchreisenden Kaufleuten oder Pilgern als Unterkunft und bieten schließlich den Göttern in einer Cella Wohnung. Ähnliche Mehrzweckgebäude sind der Dattatraya- und der Bhimsen-Tempel in Bhaktapur im Stadtteil Tachapal. Sie alle besitzen im Erdgeschoß Hallen, die von Holzpfeilern getragen werden, und sind in den oberen Stockwerken mit kunstvoll geschnitzten Holzgittern gegen die Straße abgeschirmt.

Auch die ebenfalls im Pagodenstil errichteten alten Paläste und Häuser der wohlhabenden Bürgerfamilien sind mit üppigen Schnitzereien ausgestattet; Balkone, Erker, überkragende Dächer – alles ist in Ornamente und Figuren aufgelöst und erhält dadurch eine heitere Leichtigkeit. Allerdings sind all diese Gebäude aus Holz und Ziegeln in einem Land mit feuchtem Monsunklima relativ raschem Verfall preisgegeben. Immer wieder müssen sie restauriert oder erneuert werden, eine Tätigkeit, die zum baumeisterlichen Alltag Nepals zählt. Astrologisch bestimmte religiöse Zeremonien begleiten ein solches Unternehmen und sorgen dafür, daß es auch bei den Göttern Zustimmung findet.

Neben dem Pagodenbau trifft man im Kathmandu-Tal den aus Indien stammenden **Shikhara-Tempel** an. Er besteht ganz aus Stein und ist im Erdgeschoß, manchmal noch im zweiten und dritten Stockwerk, von einer Pfeilerhalle umgeben. In Nepal hat sich dieser Typ, den Pagoden entsprechend, zu einem echten Turmtempel entwickelt, der durch Säulengänge, reichlichen Figurenschmuck, stupaförmig nach oben gezogene Dächer und vergoldete, glockenförmige Turmspitzen leicht und elegant wirkt. Die bedeutendsten sind der mehrstufige Krishna-Mandir in Patan, der Vatsala-Tempel in Bhaktapur und der Matchhendranath-Tempel in Bungamati.

Sind Pagoden und Shikhara-Tempel heute überwiegend Wohnstätten von Hindu-Göttern, so vermittelt ein dritter Typ von religiösen Bauten einen eher metaphysischen Eindruck. Es ist der buddhistische **Stupa**, der vermutlich als Reliquienschrein zuerst im alten Indien entstanden ist, dann aber in Nepal eine ganz eigene Form entwickelt hat. Dieses Pilgerziel, das man im Uhrzeigersinn umwandert, wirkt in seiner ausgewogenen, massigen Form wie eine religiöse Mahnung an die Menschen. Der nepalische Stupa besteht aus einem halbrunden Unterbau, auf dem ein Kubus sitzt, dessen vier Seiten die

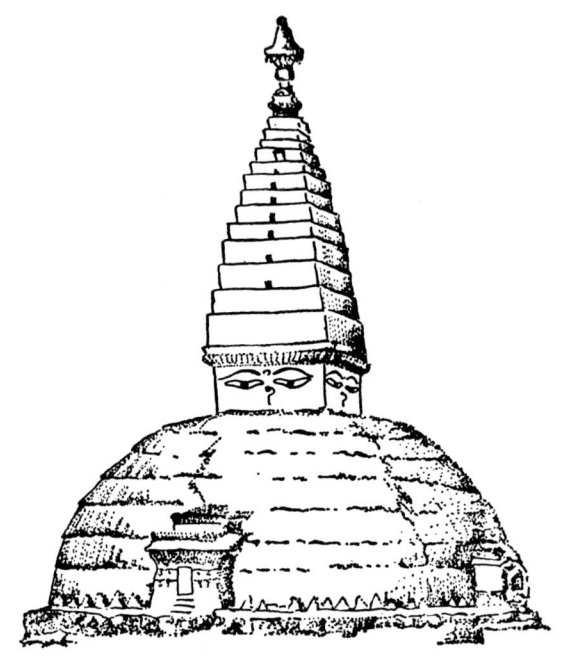

Grundschema des nepalischen Stupa.

allwissenden Augen Buddhas aufweisen. Über diesem Kubus
folgt wie ein hoher Hut ein Pyramidenaufbau aus dreizehn
Stufen, die in Bodnath oder Chabahil viereckig geformt sind
und in Swayambunath aus golden blinkenden, runden Mes-
singscheiben bestehen. Den Abschluß bildet ein vergoldetes
Spitzentürmchen, das von einem runden Ehrenschirm beschattet wird. Die Baukonzeption des Stupa entspricht einem
Mandala-Diagramm der fünf transzendenten Meditationsbuddhas. Diese Buddhas werden in kleinen Nischen, die sich nach
den vier Himmelsrichtungen öffnen, am Rand des Unterbaus
aufgestellt: im Osten der blaue Akshobhya auf einem Elefanten
mit der Erdanrufungs-Geste (Bhumisparsamudra), im Süden
der gelbe Ratnasambhava auf einem Pferd mit der Segnungs-
Geste (Varadamudra), im Westen der rote Amitabha auf einem

Pfau mit der Meditations-Geste (Dhyanamudra) und im Norden der grüne Amoghasiddhi auf einem Garuda-Vogel mit der Furchtlosigkeits-Geste (Abhayamudra). Die weiße Figur Vairochanas auf einem Löwen mit der Geste des Lehrens (Dharmachakramudra), die eigentlich im Zentrum des Stupas stehen sollte, hat ihren Platz rechts neben Akshobhya im Osten. Um die großen Stupas von Swayambunath und Bodnath führt außerdem eine Kette von eingelassenen Nischen, in denen auf Armhöhe je fünf drehbare, kupferne Gebetszylinder hängen, die von den Pilgern in ständig rasselnder Bewegung gehalten werden. Die Stupas, die in den von tibetstämmigen Volksgruppen bewohnten Hochtälern an Nepals Nordgrenze stehen, wie beispielsweise jene vor dem buddhistischen Kloster Thengpoche, werden Tschörten genannt.

Die Holzschnitzerei

Von der Architektur kaum zu trennen ist die Schnitzkunst. Holz ist ein Material, das nepalischen Künstlern früher, als es hier noch unerschöpfliche Wälder gab, in größerem Maße zur Verfügung gestanden hat als heutzutage. Aufgrund seiner Vergänglichkeit hat sich jedoch kein einziges Stück erhalten, das älter als sechshundert Jahre ist. Eine Hochblüte nepalischer Holzschnitzkunst dauerte jedenfalls vom Mittelalter bis zum 18. Jahrhundert. In dieser Zeit wurde ein bunter Reigen von Göttern, Nymphen, Dämonen und Fabelwesen geschaffen, die mit ihrer tänzerischen Anmut und ihrer burlesken Dynamik vor allem über die Stützbalken der Tempel- und Palastdächer, Eingangstore und Fenstereinfassungen wirbeln. Vielfach besteht auch das **Tympanon** über den Tempel- und Palasteingängen aus Holz. Seine Gestaltung folgt einem immer wiederkehrenden streng ikonographischen Plan, das als *Garuda-Naga-Makara-Girlande* bezeichnet wird: In der Mitte ist eine Hauptgottheit dargestellt, die von einem Figurenhalbkreis umgeben ist, an dessen Spitze der Garuda-Vogel sitzt. Aus seinem Schnabel und seinen Fängen hängen seine traditionellen Feinde, die Schlangengottheiten, die Nagas; Schlangenkörper winden sich nach unten und führen beiderseits zu

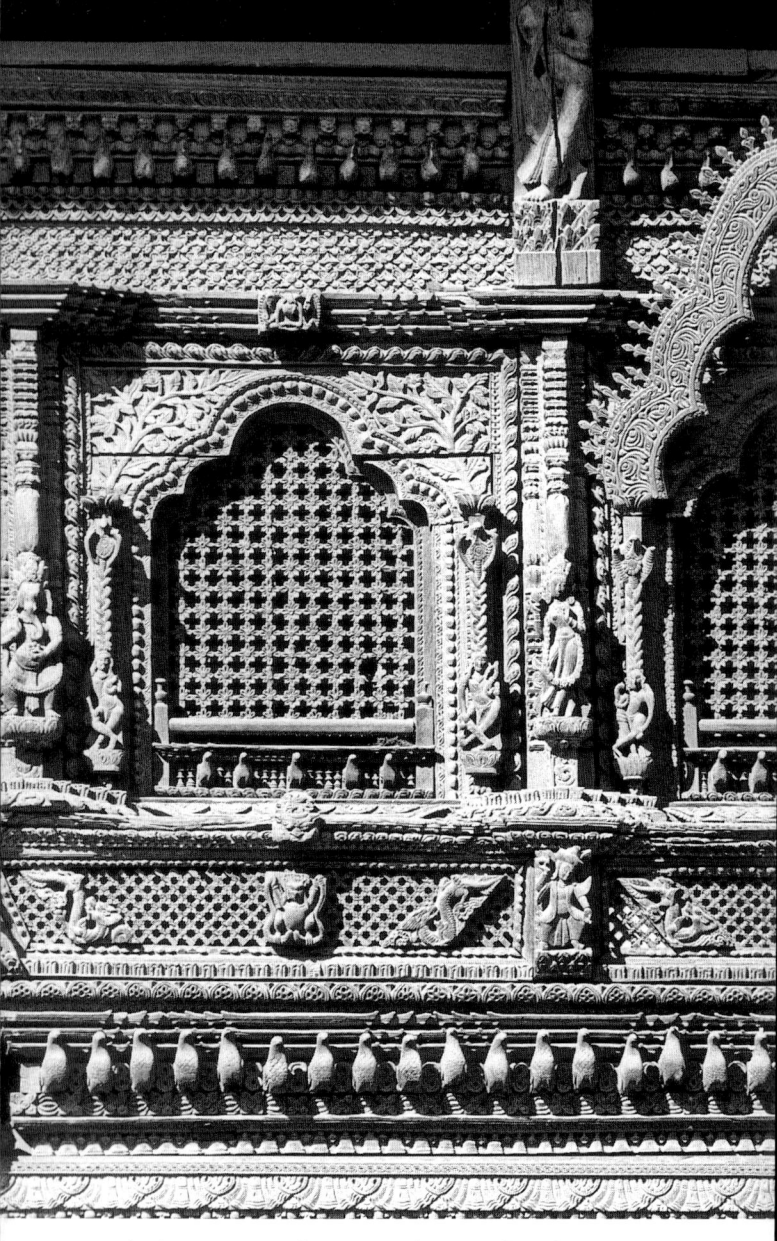

Holzschnitzereien am alten Königspalast in Kathmandu.

einem Fabelwesen mit Krokodilsrachen, dem Makara. Auch die Figurenanordnung an den **Stützbalken** der Dächer, meist in einem Neigungswinkel von sechzig Grad, folgt einem *dreiteiligen Schema*: Es beginnt unten mit einem kleinen quadratischen Feld, in dem ein Gnom, ein Dämon oder ein Tier hocken; bisweilen ist sogar eine erotische oder Höllen-Szene dargestellt. Darüber steht hoch aufgerichtet eine große Figur, vielleicht eine Nymphe, eine zwei- oder mehrarmige Gottheit oder ein Drache. Ganz oben kommt dann wieder ein kleines Feld, das mit den Zweigen eines Laubbaums ornamental ausgefüllt ist. Die hölzernen Figuren und Ornamente sind ähnlich wie die Steinskulpturen glatt poliert, wodurch der Charme der Darstellungen noch gesteigert wird. Ein berühmtes Beispiel nepalischer Holzschnitzkunst ist das Pfauenfenster am Pujari Math in Bhaktapur, bei dem aus einem Gewirr von Schnitzornamenten ein großer Pfauenvogel auf den Betrachter heruntersieht.

Die Steinmetzkunst

Die ältesten Steinmonumente im Kathmandu-Tal gehen in die Zeit der Licchavi-Fürsten – 4. bis 8. Jahrhundert – zurück. Bevor man, von Bhaktapur kommend, den Tempelhof von Changu Narayan erreicht, stößt man auf eine Ansiedlung von Häusern, in die häufig uralte Steinbalken und Säulenbruchstücke eingebaut sind. Es handelt sich hierbei um Reste von Tempeln und Palästen aus der Licchavi-Zeit mit halbverwitterten Figuren, Ornamenten und dämonischen Tieren; sogar ein geflügelter Löwe ist unter ihnen. Besser erhalten sind ein Chaitya, ein Kleinstupa, mit stehenden Buddhas in Swayambunath oder der zur Hälfte im Straßenpflaster versunkene Garuda nördlich des Taleju-Tempels in Kathmandu, den man als Prototypen aller späteren Stein-Garudas in Nepal bezeichnen könnte. Besonders schön unter den **Götterdarstellungen** sind die Vishnu-Figuren von Changu Narayan, unter denen der auf dem menschenköpfigen Garuda reitende Vishnu Garudasana hervorsticht. Der vierarmige Hindu-Gott ist hier mit seinen Attributen – der Keule, dem Diskus, der Meeresschneckenschale und dem Lotossamen – dargestellt.

Shiva ist ebenfalls auf vielen steinernen Bildwerken zu sehen, erkennbar am Dreizack und dem Phallussymbol Lingam.
Wohl eines der künstlerisch hervorragendsten Shiva-Lingams
steht gegenüber dem großen Pagodentempel in Pashupatinath; es trägt einen einzelnen Shiva-Kopf in vollendetem
Ebenmaß. Mehr als tausend Jahre Monsunklima sind an der
Figur spurlos vorübergegangen, haben ihrer zeitlosen Schönheit nichts anhaben können. In der Nähe erinnert eine wunder-
schöne Steinstatue des stehenden Gautama Buddha an die Zeit,
als der direkt benachbarte, inzwischen verschwundene Ort
Deopatan ein Zentrum des nepalischen Buddhismus war. Die
Figur ist bis zu den Knien im Erdboden versunken; ihr schlan-
ker Körper mit dem durchscheinenden, kaum erkennbaren
Gewand scheint sich in einem Zustand der Schwerelosigkeit
zu befinden.

Um das 12. Jahrhundert beginnt das Zeitalter der höfischen
Kunst, die später, an der Schwelle zur Neuzeit, in geradezu
barocke Form- und Stilelemente übergeht. Die Anmut der
steinernen Darstellungen bleibt erhalten, wenngleich sie sich

Zwei » Wächtertiere« vor einem Tempel
in Patan.

manchmal ins Manierierte steigert. Eine Fülle von Skulpturen sind Zeugen dieses Schaffens in den Bauhütten und Werkstätten der Steinmetzen. Nicht nur die Hauptgötter Shiva und Vishnu oder Gautama Buddha spielen eine Rolle, sondern auch andere Gottheiten wie Surya, Ganesh, Hanuman, Parvati, Kali, Bhairava oder zahlreiche Buddhas und Bodhisattvas aus dem tantrischen Religionsbereich. Schließlich gehörte seit altersher die Anfertigung der steinernen **Wächterfiguren** vor den Tempeleingängen, der Elefanten, Löwen, Riesen und Dämonen, wie endlich der später eingeführten **Stifterfiguren** an heiliger Stätte zu den künstlerischen Aufgaben der Steinmetze. Sie haben diese eher erdgebundenen Gestalten mit der gleichen Lebendigkeit erfüllt und mit der gleichen Liebe zum Detail geschaffen wie die Skulpturen der großen, erhabenen Götter, Buddhas und Bodhisattvas. Erst mit der Herrschaft der Ranas und dem Anbruch der Neuzeit ging das Wissen und die Kunstfertigkeit der Steinmetzen zurück. Trotz neuer Impulse aus Restaurierungsprogrammen und dem Tourismus ist die alte Meisterschaft nie mehr erreicht worden.

Der Metallguß

Wenn man an nepalische Kunst denkt, dann meint man aber auch goldglänzende Bronze- und Weißgußplastiken von erlesener Schönheit. Man begegnet ihnen überall im Kathmandu-Tal, als Königs- oder Garuda-Figuren vor den Tempeln, als Figurenschmuck an den Toreinfassungen und metallschweren Türstürzen, als Götter in den Hindu-Tempeln und als Kleinskulpturen auf den Altären buddhistischer Klöster. Diese handwerkliche Tradition ist so alt wie die Erfindung des Metallgusses und der Metallegierung. Während Steinmetzen und Holzschnitzer in den großen Bauhütten arbeiteten, befanden sich die Metallgußwerkstätten in den Händen von Familien. Vielleicht ist dies der Grund, weshalb das Wissen und die Fertigkeit

Ein Makara-Fabelwesen mit Krokodilsrachen am Metallguß-Tympanon des Palastportals in Patan.

um den Metallguß, weitergegeben vom Vater an den Sohn
und von diesem an den Enkel, niemals abriß und die hohe
künstlerische Qualität dieses Handwerks durch die Jahrhunderte bis heute erhalten blieb und hochbegehrt ist. Die Plasti-
ken werden nach der Methode der verlorenen Form angefertigt: Über einem Tonkern wird ein Wachsmodell geformt,
das man mit einem Gußmantel aus Ton und Formsand umgibt.
Danach wird das Werkstück erhitzt, so daß die Wachsschicht
abschmilzt und ausläuft. Dann wird flüssige Bronze, flüssiger
Metallguß oder flüssiges Kupfer in den leeren Raum zwischen
dem Kern und der als Negativ ausgeformten Hohlform gegos-
sen. Schließlich läßt man das Ganze abkühlen, schlägt den
äußeren Tonmantel ab und behandelt die rohe Figur so lange
nach, bis sie ihr endgültiges Aussehen hat. Viele Statuen werden abschließend vergoldet. Die Künstler des Bronze- und
Metallgusses haben indessen nicht nur in Nepal gewirkt, sondern auch als Fachleute in den Nachbarländern. So sind viele
von ihnen beispielsweise nach Tibet gegangen und haben sich
in Shigatse, Gyantse oder Lhasa niedergelassen, wo sie einen
wesentlichen Einfluß auf die Ikonographie des tibetischen
Buddhismus genommen haben.

Neben den im Ganzen gegossenen Kleinplastiken werden
auch große Metallfiguren angefertigt, die aus einzeln gegossenen Teilstücken zusammengesetzt sind. Besonders eindrucksvoll sind die golden schimmernden **Herrscherfiguren** auf ihren
Stiftersäulen: In Kathmandu sitzt Pratapa Malla mit seiner
ganzen Familie in ehrfurchtsvoller Haltung vor dem Degutale-Tempel; in Patan nehmen diesen Platz, die Hände zur
Verehrung zusammengelegt und von je einer Kobra be-
schirmt, Yoganarendra Malla und sein ältester Sohn ein; in
Bhaktapur kniet vor dem Königspalast der große Bauherr
dieser Stadt, Bhupatindra Malla, Schild und Schwert auf den
Knien und beschattet von einem runden Ehrenschirm.

Eines der schönsten Beispiele nepalischen Metallgusses ist
das ›Goldene Tor‹ am Palast der 55 Fenster in Bhaktapur, das
Sundhoka – Goldtür – genannt wird. In der Mitte des üppigen
Tympanon steht Taleju, die mächtige Schutzgöttin des Kathmandu-Tals, mit vier Köpfen und acht Armen, wie in einem

magischen Tanz erstarrt. Sie wird flankiert von den Flußgöttinnen Ganga auf dem Fabelwesen Makara und Yamuna auf der Schildkröte. Der Bogen des Tympanon ist der traditionellen Ikonographie entsprechend mit dem Garuda an der Spitze, den Schlangen und den Makaras rechts und links besetzt. Hinter den beiden Wächterlöwen ziehen sich an den Seitenpfosten fünf Figurenpaare von unten nach oben: zwei Schutzgottheiten, zwei geweihte Vasen als Glückssymbole, die Schutzgötter Bhairava und Bhagvati, die beiden göttlichen Brüder Ganesh und Kumar und schließlich die Gottheiten des Totenreichs, Chamunda und Mahakala. Die Torflügel sind ebenfalls aus Bronze und bis auf den letzten Zentimeter mit Ornamenten bedeckt; dadurch scheint ihre metallene Schwere wie aufgehoben. Der heiteren Beschwingtheit des Goldenen Tores und seiner Harmonie kann sich kein Besucher entziehen; es gehört ganz einfach zu einem Ausflug nach Bhaktapur, sich vor dieses Portal zu setzen und es zu bewundern. Keines der anderen Tore aus Metallguß im Kathmandu-Tal schreibt so eigenwillig Kunstgeschichte wie dieses hier.

Die Malerei

Die Malerei hatte in Nepal nie eine große Bedeutung. Und da Farben außerordentlich vergänglich sind, wissen wir auch nicht, in welchem Maß Paläste oder andere Repräsentationsräume während der vergangenen Jahrhunderte mit Wandmalereien ausgestattet waren. Lediglich im obersten Geschoß des Königspalasts von Bhaktapur ist ein solcher Repräsentationssaal mit Originalwandmalereien aus dem 17. Jahrhundert zu besichtigen. Die hier präsentierten Bildgeschichten erzählen von Königinnen, Prinzen und Prinzessinnen, von kämpfenden Kriegern und Göttern. Die Darstellungen gehen auf indische Vorlagen zurück; die Gesichter sind meist im Profil gemalt, mit einem großen, nach vorne gerichteten Auge, manchmal aber auch in flächenhafter Vorderansicht. Malereien an buddhistischen Tempeln, etwa am Tharumula Bahal in Kathmandu, berichten mit Vorliebe Begebenheiten aus dem Leben des Gautama Buddha. Im Inneren sind die Wände oft lückenlos bedeckt mit Darstellungen von Buddhas, Bodhisattvas, Schutzgottheiten, tantrischen Erscheinungsformen der Buddhas, Patriarchen und Heiligen. Zwischen ihnen tummelt sich eine unübersehbare Schar von kleineren Gestalten, die immer in einer geistigen oder magischen Beziehung zu den Hauptfiguren stehen. In noch ausgeprägterem Maße begegnet man dieser Malkunst an den Tempelwänden der buddhistischen Klöster im tibetstämmigen Bereich an der Nordgrenze Nepals. Links und rechts vom Eingang stehen für gewöhnlich in der Vorhalle die Wächter der vier Himmelsrichtungen; oft findet sich hier auch eine Darstellung des Lebensrads, des Bhavachakra. Im Tempelinnern ziehen sich die Wandmalereien rund um den Raum, zeigen den ganzen ikonographischen Reichtum des tibetischen Buddhismus, zu dem sich neben den zahlreichen figürlichen Gestalten nun noch die graphischen Abbildungen der Mandalas, der kosmischen Diagramme, gesellen.

In den kleinen Kunst- und Andenkenläden am Makantol-Platz nördlich der Taleju-Pagode in Kathmandu oder am Westrand des Durbar-Platzes in Patan hängen die Wände voller **Thankas**, Tempel- oder Meditations-Rollbilder. Ihre Qualität ist hier meist schlecht, trotzdem gehören sie zu den begehrtesten Souvenirs. Ursprünglich sind Thankas ausschließlich für den religiösen Gebrauch bestimmt, dienen dem Meditierenden als Vorlage und Konzentrationshilfe oder verleihen den Ritualen im Tempel besondere Weihe. Die Bilder, die strengen ikonographischen Vorschriften unterliegen, werden mit pflanzlichen, mineralischen und heute auch chemischen Farben auf Leinwand gemalt, die mit einem Gemisch aus Kreide oder Ton und Leim grundiert ist. Nach dem letzten Pinselstrich wird das Gemälde mit Brokat eingefaßt und durch Holz- oder Bambusleisten am Ober- und Unterrand straff gespannt und zusammengerollt.

Obwohl mit dem zunehmenden Tourismus und der damit verbundenen Nachfrage der künstlerische Wert der Thankas stark nachgelassen hat, gibt es auch heute noch fähige Künstler-Lamas, die echte Thankas nach den traditionellen Regeln malen können, die den hohen Preis rechtfertigen.

Feste im nepalischen Jahreslauf

Den Jahresverlauf der Nepalesen begleitet eine nicht abrei-
ßende Kette von Festlichkeiten. Beinahe jeden Tag wird irgendwo im Himalaya-Königreich ein Fest gefeiert, das un-
trennbar mit dem religiösen Leben verbunden ist. Ihre Reihen-
folge bestimmt ein alljährlich wiederkehrender Festekalender,
und auch die jeweilige Dauer ist geregelt. Ihr genaues Datum
muß indessen jedes Jahr von den priesterlichen Astrologen
aufs neue bestimmt werden. Dabei ist es besonders wichtig,
den glückverheißenden Augenblick für ihren Beginn astrologisch festzulegen. Es kann dann geschehen, daß die festlich
gestimmte Menschenmenge stundenlang mit für uns Europäer
unfaßbarer Geduld auf den Auftakt wartet, bis der Astrologe,
der sich streng nach dem Mondkalender richtet, endlich das
erlösende Zeichen gibt. Es ist jedoch unmöglich, die vielen
Anlässe zum Feiern in Nepal auch nur annähernd aufzuzählen;
deshalb werden hier lediglich die wichtigsten vorgestellt.

Alle Festlichkeiten in Nepal zeichnet eine ursprüngliche,
aus tiefster Seele kommende Heiterkeit aus. Selbst uns grausam
erscheinende Rituale, wie das Köpfen von Opfertieren am
Dakshin-Kali-Tempel oder das Herausreißen des noch zucken-
den Herzens aus einem lebendigen Ferkel, werden durch diese
Grundstimmung gemildert. Musik ist ein wichtiger Teil nepalischer Feste; ebenso wesentlich sind Prozessionen und Um-
züge, die oft über weite Strecken führen, und schließlich das
gemeinsame Mahl, das fast immer dazu gehört. So dienen
diese Zeremonien und Feierlichkeiten nicht nur der Verehrung
der Götter, sondern erfüllen auch einen sozialen Zweck: Sie
schließen enge Bande um Familien, Kasten, Clane, ja ganze
Dorf- und Talgemeinschaften.

Hinduistische Feste

Beginnen wir den Reigen mit dem *Vasant-* oder *Shripanchami-Fest*, das **Ende Januar/Anfang Februar** stattfindet und den Frühlingsbeginn einläuten soll. Sarasvati, die Göttin der Bildung und des Wissens, wird vor allem in Swayambunath und Lazimpath verehrt.

Im **Februar** wird zu Ehren der Hauptgottheit Shiva und dessen Hochzeit mit Parvati *Shivaratri* gefeiert. Die Straßen Kathmandus sind um diese Zeit voll mit Pilgern, Saddhus aus Indien und festlich gestimmten Gläubigen, die den Hindu-Gott mit Gebeten, Hymnen, Blumen- und Früchteopfern in Pashupatinath verehren.

Ende Februar/Anfang März folgt das *Holi-Fest*. Es empfiehlt sich, während dieser Tage alte Sachen zu tragen, da es Brauch ist, sich gegenseitig mit rotem Zinnoberpulver zu bestäuben oder mit rot gefärbtem Wasser zu bespritzen. Besonders Jugendliche machen sich einen Spaß daraus, Passanten über und über rot zu besprühen. Dieses Fest beginnt mit der Aufstellung eines mit farbigen Bändern geschmückten Mastes vor dem Basantapur Durbar in Kathmandu. Der Legende nach versteckte der Frühlingsgott Krishna die Kleider von göttlichen Kuhhirtinnen, die er nackt beim Baden überrascht hatte, in einem Baum und gab sie erst heraus, nachdem die Frauen eine Besänftigungszeremonie im Wasser vollführt hatten. Am Ende des einwöchigen Festes wird der Mast verbrannt.

In einer Wagenprozession wird während des viertägigen *Sheto Matchhendranath Jatra* im **März** der Weiße Matchhendranath, der bereits Anfang Januar in einer eindrucksvollen öffentlichen Zeremonie gebadet und mit Opfergaben verehrt worden war, durch einen Teil von Kathmandu geführt.

Wer den Monat **April** im Kathmandu-Tal verbringt, sollte sich das mehrtägige *Bisket Jatra* in Bhaktapur, dessen Beginn

Links: Auf langen Kupferhörnern spielt man die Begleitmusik zu den Tänzen des Mani-Rimdu-Festes.

Folgende Doppelseite: Indische Pilger nehmen in Pashupatinath während des Shivaratri-Festes ein rituelles Bad.

auf den nepalischen Neujahrstag fällt, nicht entgehen lassen.
In pagodenförmigen Prozessionswagen werden die Götter
Bhadrakali und Bhairava von Bewohnern der Stadt durch die
engen Gassen gezogen. Das Unternehmen beginnt mit einem
turbulenten Seilziehen, bei dem die Männer der Ober- und
der Unterstadt unter großem Geschrei versuchen, den Wagen
Bhairavas jeweils in ihren Stadtteil zu ziehen. Der in heiterer
Stimmung begonnene Wettkampf kann, vornehmlich wenn
der Prozessionswagen beschädigt wird, spätnachts in einer
regelrechten Straßenschlacht enden. Höhepunkt des Fests ist
die Ankunft des Wagens am Hanumante-Fluß, wo dem Bhairava und der Bhadrakali Tieropfer dargebracht werden.

Eine der berühmtesten und spektakulärsten Veranstaltungen
im Kathmandu-Tal ist das *Fest des Roten Matchhendranath*,
dessen Tempel im Stadtteil Ta Bahal steht und der als Schutzgott Patans, zugleich aber auch als Regengott verehrt wird.
Das Fest wird **Ende April oder Anfang Mai** mit vorbereitenden
Zeremonien eingeleitet. Dann begibt sich ein riesiger Tempelwagen in Form einer Pagode mit dem Standbild des Roten
Matchhendranath, gefolgt von dem kleinen Wagen des Minanath, von Pulchok aus, nahe dem westlichen Ashoka-Stupa,
auf eine lange Prozession. Manchmal müssen sogar elektrische
Leitungen abmontiert werden, damit der hohe Wagen unge-
hindert seinen Weg nehmen kann. Er fährt auf einer festgeleg-
ten Route durch verschiedene Stadtteile von Patan, in seinen
Etappen immer abhängig von der astrologischen Voraussage,
und endet schließlich nach mehreren Wochen in der Nähe des
Stadtteils Jaulakhel, unweit des Flüßchens Nakhu Kola. Die
Fahrzeuge werden mit Seilen von einer großen Menge festlich
gestimmter andächtiger Menschen gezogen. Nach der ab-
schließenden Zeremonie in Jaulakhel wird der Rote Matchhendranath in einer vergoldeten Sänfte zum Tempel des Dorfes Bungamati getragen, von wo er erst nach mehreren Mona-
ten zu seinem Stammtempel in Ta Bahal zurückkehrt.

Harishayani Ekadasi, eine Feier für die Verehrer Vishnus,
fällt in den **Juli**. Der Hindu-Gott verfällt an diesem Tag in
einen viermonatigen Schlaf, weshalb seine Anhänger zu den
großen Vishnu-Heiligtümern des Kathmandu-Tals pilgern.

Ein weiterer Festtag, *Ghantakarna*, liegt ebenfalls in diesem Monsunmonat Juli. Tagsüber stellt man überall im Land Strohpuppen des Dämons Ghanta Karna auf, die dann abends in einer Art Dämonenaustreibung am Flußufer verbrannt werden.

Für die Bewohner Nepals besitzen Schlangen göttliche Kräfte, weshalb sie ein eigenes Fest der Schlangengottheiten, das *Nagpanchami*, zelebrieren. Den Nagas, unterirdisch lebenden Wassergottheiten in Schlangengestalt, kann man an vielen Stellen des Kathmandu-Tals begegnen, vor allem an den gemauerten Wasserstellen in den Städten Patan und Bhaktapur. Da an diesem Tag gegen Juli-Ende die Schlangengötter als Glücksbringer verehrt werden, schmückt man die Hauseingänge mit kleinen Votivbildern der Nagas.

Kurz nach dem Vollmond im **August** wird das *Gai Jatra* begangen, eine Art Gedächtnisfeier für verstorbene Verwandte. Familien, die von Todesfällen im vergangenen Jahr betroffen sind, begeben sich auf eine Prozession, deren Spitze eine Kuh oder ein als Kuh verkleideter Junge einnimmt. Sie ziehen zu Tempeln und heiligen Plätzen, an denen kurze Andachten gehalten werden, und die Hauseigentümer entlang des Prozessionswegs spenden kleine Opfergaben oder Geld. Am späten Nachmittag wird die zunächst eher verhaltene Stimmung ausgelassen. Die Menschen kostümieren sich ähnlich wie im europäischen Karneval oder Fasching, treiben Spott mit wirtschaftlichen, sozialen und politischen Mißständen und werden dafür in den Tagen des Gai Jatra nicht verfolgt. Dieses Unmutsventil wurde auch in Zeiten strengster Diktatur einmal im Jahr geöffnet. Außerdem werden während des Gai Jatra an bestimmten Plätzen traditionelle Maskentänze religiösen Inhalts aufgeführt.

Am letzten Tag vor Neumond in der zweiten Augusthälfte wird das *Gokarna Aunshi*, das Fest der Vaterverehrung, gefeiert. An diesem Tag gehen Söhne und Töchter mit einem Geschenk aus gekochten Eiern, Früchten, Süßigkeiten und Blumen zu ihrem Vater, erweisen ihm ihre Ehrerbietung und erbitten seinen Segen. Wer keinen Vater mehr hat, pilgert hinaus nach Gokarneshwar, nimmt im Bagmati-Fluß ein ritu-

elles Bad und opfert im dortigen Tempel Shiva als dem Stell-
vertreter für alle toten Väter. Tausende festlich gekleideter
Menschen wandern am Morgen, von allen Seiten herbeiströ-
mend, zur Shiva-Pagode in Gokarneshwar und erledigen dort
in festesfroher Stimmung das vorgeschriebene Ritual.

Etwa um die gleiche Zeit findet das *Teej* statt, das große
Fest der Frauen Nepals. Es dauert drei Tage und ist eine
einzigartige Darbietung weiblicher Anmut und Schönheit.
Am ersten Tag gibt es ein üppiges Festmahl und Schmuck
oder bunte Haarbänder als Geschenke für die Frauen. Dabei
entzünden die Frauen und Mädchen unzählige Lichter, singen
und tanzen bis Mitternacht. Am zweiten Tag muß ein strenges
Fastengebot beachtet werden. Die Frauen wandern zu Fuß
hinaus nach Pashupatinath, wo sie am Bagmati-Fluß rituelle
Waschungen vornehmen und anschließend im Shiva-Tempel
für das Wohlergehen und ein langes Leben ihrer Ehemänner
und Söhne beten. Die Männer übernehmen an diesem Tag
Hausarbeit und Kinderbetreuung. Am Morgen des dritten
Feiertags ehren die Frauen ihre Männer mit einem besonderen
Gericht und versammeln sich anschließend zu Opferzeremo-
nien, die von Brahmanenpriestern geleitet werden.

Anfang **September** findet eines der größten Feste im nepalischen Jahresverlauf statt, das *Indra Jatra*, das sich über acht
Tage erstreckt. In seinen Wurzeln geht es auf die Verehrung
des Götterkönigs Indra und Bhairavas, der Schutzgottheit des
Kathmandu-Tals, zurück. Holz- und Metallmasken der beiden
Gottheiten werden während der gesamten Festdauer vor vielen Tempeln oder an geweihten Plätzen zur Schau gestellt und
von der Bevölkerung verehrt. Das Gitter vor der prächtigen,
vergoldeten Maske des Sveta Bhairava am alten Königspalast
von Kathmandu ist in dieser Zeit hochgezogen, und gelegentlich fließt › wundertätiger ‹ Tschang, Reismost, durch ein Rohr
aus dem Mund der Maske. Am frühen Abend des dritten und
vierten Indra-Jatra-Tags finden die beiden Kumari-Prozessio-
nen statt. Zuvor hat sich das diplomatische Corps auf einem
Balkon des Palastes versammelt, um zusammen mit dem nepalischen Königspaar den Umzug zu beobachten, und eine riesige Menschenmenge hat sich auf den Tempelstufen, am Stra-

ßenrand und sogar auf den Dächern der umliegenden Häuser eingefunden. Bei Einbruch der Dämmerung wird die Königs-kumari, die lebende Kindgöttin, auf die Straße hinausgetragen und in ihren pagodenartigen Prozessionswagen gesetzt. Ge-folgt von ihren Begleitern Ganesh und Bhairava, zwei reich geschmückten Knaben, und unter den Klängen einer Blas-kapelle werden die drei unförmigen Prozessionswagen von den Gläubigen über das holprige Pflaster der Gassen Kathman-dus gezogen, zunächst durch die südlichen, dann durch die nördlichen Stadtteile. Genau am zentralen Indra-Jatra-Tag eroberte König Prithvi Narayan Shah im Jahr 1768 die Stadt Kathmandu und ließ sich von der Kumari mit einem Tika, dem Zeichen religiöser Pflichterfüllung, die zukünftige Herr-schaft der Shah-Dynastie bestätigen. Dieser Brauch hält sich bis heute. Das eindrucksvollste Erlebnis während des Indra-Jatra-Fests ist jedoch die unbeirrbare Gläubigkeit der Men-schen. Ohne auf den sie umbrausenden Verkehr zu achten, hocken Frauen unter einem Holzgestell mit der Maske Indras vor langen Reihen von brennenden Öllämpchen, beten voller Andacht und vollführen Opferrituale.

Zehn Tage dauert Anfang **Oktober** das mit dem europä-ischen Weihnachtsfest vergleichbare *Durga Puja* oder *Dassein-Fest*. Es ist der Göttin Durga, einem furchterregenden Aspekt der blutrünstigen Kali, gewidmet, die man andererseits aber als allmächtige Muttergottheit verehrt. Ihr zu Ehren werden während dieses Festes Tausende von Wasserbüffeln, Schafen, Ziegen, Hähnen und Enten geschlachtet, ein willkommener Anlaß zu ausgedehnten Festmahlen. In Patan tanzen während der ersten Nächte die Astramatrikas, die acht Muttergotthei-ten, dargestellt von maskierten Tänzern, durch die engen Gas-sen. In der siebenten Nacht werden in einem Innenhof des Hanumandhoka-Palasts in Kathmandu und an vielen anderen Tempeln Tiere geopfert. Diese Rituale werden am nächsten Tag fortgesetzt und gipfeln schließlich am neunten Dassein-Tag in der großen, öffentlichen Opferung von Büffeln und Ziegen am Kot-Platz im alten Königspalast von Kathmandu, an der sich alle hochgestellten Persönlichkeiten des Staats betei-ligen. Am Ende der Feiertage, am Tika Puja, besucht man

Eltern und Großeltern, Vorgesetzte, Lehrer oder andere Respektspersonen, um sich ein Tika aus rotem Pulver, Reis und Joghurt auf die Stirn drücken zu lassen. An einem Vollmondtag geht dann das Durga Puja oder Dassein-Fest zu Ende.

In manchen buddhistischen Landesteilen, beispielsweise im Sherpa-Land, wird zur gleichen Zeit in den Tempeln eine Art *Erntedankfest* mit Opfern aus Getreide, Kartoffeln, Früchten, Blumen und Getränken begangen. Man sagte mir einmal, daß dies ein Protest der Buddhisten gegen die Massenschlachtung von Tieren sei, die der Lehre Buddhas widerstrebt. In den Dorftempeln von Junbesi, Paphlu und anderen Sherpa-Siedlungen findet sich oft die gesamte Dorfbevölkerung ein und feiert eine ganze Nacht lang, wobei die Opfergaben, immer wieder unterbrochen durch Rezitationen und Gebetszeremonien, an Ort und Stelle bei einem ausgedehnten Mal verzehrt werden.

Ende Oktober oder Anfang November wird *Divali*, das Fest der tausend Lichter, gefeiert. Es dauert fünf Tage, an denen die Häuser und Tempel des Kathmandu-Tals mit Girlanden aus kleinen Lämpchen geschmückt sind. An jedem der ersten vier Divali-Tage wird eine andere Tiergruppe als Inkarnation einer Gottheit verehrt: am ersten die Krähen, am zweiten die Hunde, am dritten die Kühe und am vierten die Stiere. Am fünften und letzten Tag ehren dann die Schwestern ihre Brüder, erhalten von diesen den Segen und ein Tika auf die Stirn gedrückt. Glücksspiele sind in Nepal nur an diesen fünf Festtagen offiziell zugelassen, gleichzeitig werden in dieser Zeit alle Geldgeschäfte eingestellt.

Zum *Haribodhini Ekadasi*, das meist in der **ersten Novemberhälfte**, vier Tage vor Vollmond, begangen wird, erwacht nach der Legende Vishnu aus seinem viermonatigen Schlaf, um die Sünden der Menschen zu vergeben. Zu Ehren dieses Gottes wird an diesem Tag streng gefastet. Nur ›reine‹ Nahrung, bestehend aus Früchten, Süßigkeiten und Milchprodukten, wird gegessen; Reis- und Fleischmahlzeiten werden völlig gemieden. Man pilgert zu den Vishnu-Heiligtümern, vor allem nach Budhanilkantha, um den Gott mit Gesängen, Blumen- und Früchte-Opfern zu verehren.

Das *Balachaturdasi*, eine Art Totengedächtnisfest, findet **Ende November/Anfang Dezember** statt. Die Gläubigen pilgern an diesem Tag nach Pashupatinath, umrunden in einer Wallfahrt den Hügel von Mrigasthali und werfen geweihte Reiskörner auf die dortigen Schreine. Es wird erzählt, daß gelegentlich eine der Reis ausstreuenden Frauen an einer bestimmten Ganesh-Statue stehenbleibt, diese heftig schüttelt und ihr ins steinerne Ohr schreit: »Sag meinem verstorbenen Vater, daß ich hier war und ihn mit Reiskörnern verehrt habe.« Sie tut dies, weil gerade dieser Ganesh, der als stocktaub angesehen wird, eine direkte Verbindung zu den Toten haben soll und man sich auf diese Weise einen besonderen Segen erhofft.

Buddhistische Feste

Im Vergleich zu den lauten, farbenprächtigen Festen der Hindus sind die der Buddhisten eher verhalten. Bei Neumond, **Ende Februar/Anfang März**, wird *Losar* gefeiert, das buddhistische Neujahrsfest Zentralasiens. Besonders eindrucksvoll erlebt man es am Stupa von Bodnath, wenn unzählige buddhistische Pilger, Tibeter und tibetstämmige Menschen aus den Hochtälern im Norden des Landes in ununterbrochener Kette um den Stupa ziehen, die Gebetszylinder in den Mauernischen drehen und unablässig die Gebetsformel »Om Mani Padme Hum« murmeln. Wenn in diesen Neujahrsnächten die Pilger und Lamas mit Lichtern in den Händen um den Stupa gehen, dann führen sie stets das Bild des Dalai Lama unter einem Ehrenschirm mit sich.

An einem Vollmondtag im **Mai** wird *Buddha Jayanti*, der Geburtstag des historischen Gautama Shakyamuni Buddha, gefeiert. Das Zentrum dafür ist der Stupa von Swayambunath, der mit Blumen und bunten Gebetsfahnen geschmückt wird und um den ein dichter Pilgerstrom kreist. Aus den Tempeln tönen die Rezitationen der Lamas und die Klänge von Pauken, Metallbecken und Schalmeien. Durch die Straßen von Kathmandu und Patan werden jetzt Buddha-Figuren und Gebetsfahnen getragen. Auch am Stupa von Bodnath bewegt sich eine Prozession, die die Statue des Erleuchteten auf dem Rükken eines Elefanten mit sich führt. In den buddhistischen Tälern des Berglands wird der Geburtstag Buddhas ebenfalls feierlich begangen, in Junbesi oder Paphlu im Sherpa-Land ebenso wie etwa in Marpha oder Tukuche am Kali-Gandaki-Fluß. In Marpha geht eine Prozession rund um das Dorf, bei der die 108 Bände des Kanjur, der heiligen Schrift des tibetischen Buddhismus, mitgetragen werden. Selbst Touristen ist es gestattet, teilzunehmen und dabei ein Buch zu tragen.

Ein weiteres bedeutendes Fest der nepalischen Buddhisten ist *Panchadana*, das meist in den Monat **August** fällt. Die Gläubigen pilgern an diesem Tag zu den buddhistischen Tempeln und Stupas, um dort Opfer aus Reis, Früchten, Blumen und Geld zu bringen. Schon in der Morgendämmerung wälzt sich ein dichter Pilgerstrom, begleitet von kleinen Musikkapellen, zum Stupa von Swayambunath hinauf. Vor den Häusern im Westen des Heiligtums sitzen die Vajra Acharyas, buddhistische Priester der Newars, dicht an dicht in einer Reihe hinter ihren Opferkörben und nehmen die Gaben entgegen. Jeder vorbeikommende Pilger wirft eine Handvoll Reiskörner, Weizenkörner, einige Geldstücke oder Früchte in die Körbe. Panchadana soll den Menschen bewußt machen, daß Spenden und Schenken wichtige Bestandteile buddhistischer Lebensauffassung sind.

Im **November** findet bei den buddhistischen Volksgruppen in den nördlichen Himalaya-Tälern das *Mani Rimdu* statt. Segnungsgottesdienste werden abgehalten, und die Mönche führen in den Bergklöstern mit Masken religiöse Tanzpantomimen, die Tscham-Tänze, auf. Das Mani Rimdu beginnt mit einem Opfergottesdienst, dem ›Hom‹. Danach folgen zwei Tage mit Maskentänzen, die den Kampf der guten Mächte gegen das Böse symbolisieren. Die Klänge von langen, alphornähnlichen Baßhörnern, Pauken, Becken und Schalmeien bestimmen den Rhythmus. Die Tänzer, in kostbare Brokatgewänder gekleidet, sind als dämonische Gottheiten,

Die Schwarzhutmagier weihen mit ihrer Tanzpantomime
während des Mani-Rimdu-Festes den Festspielplatz.

Skelettgestalten und buddhistische Heilige maskiert – allen
voran der hochverehrte Padmasambhava. Zwischen den ern-
sten Tanzpantomimen bringen Affen oder Kobolde das Publi-
kum mit derben Späßen zum Lachen. Einen sehr wichtigen
Platz innerhalb der Szenenfolge nehmen die Schwarzhutmagier ein. Sie tragen keine Masken, sondern breitrandige, pelz-
verbrämte Hüte, und ihre Tänze markieren im Verlauf des
Tanzfestes tantrisch geprägte Höhepunkte. Der vierte Tag ist
schließlich einer Segnungszeremonie, dem Om oder Ong,
gewidmet, bei der alle Festteilnehmer ein geweihtes rotes oder
weißes Glücksbändchen erhalten.

Im Jahr 1961 habe ich als einer der ersten Europäer und als
Ehrengast die Tscham-Tänze des Mani Rimdu im Kloster
Bigu in Ostnepal erlebt. Ich war derart gefesselt von der
intensiven Atmosphäre der Vorführungen, daß ich oftmals
vergaß, sie zu fotografieren. Man hatte das Gefühl, daß Yama,
der Herr des Totenreichs, leibhaftig auf der Tanzfläche stand,
und die Schwarzhutmagier mit ihren konzentrierten Bewegungen wirklich existierende, böse Dämonen vertrieben. Als
der letzte Tänzer mit einem Satz in den Kulissen am Tempel
verschwunden war, stimmte ich in den erlösenden Jubel der
Zuschauer ein; die Dämonen waren unterworfen worden,
die buddhistische Lehre hatte den Sieg über die Mächte der
Unterwelt errungen.

Mani Rimdu kann man auch in Helambu, nördlich des
Kathmandu-Tals, in Bragha und Manang im oberen Mars-
yandi-Tal, in Marpha, Tukuche und anderen Ortschaften des
Kali-Gandaki-Tals sowie in den Klöstern der Landschaften
Dolpo und Mugu erleben.

Im Kloster Thami im Khumbu-Gebiet wird ein Mani
Rimdu im Monat Mai abgehalten. Die grundsätzliche Cho-
reographie der Tscham-Tänze ist an allen diesen Orten ähnlich, wenngleich es im Detail lokale Unterschiede geben kann.
Immer jedoch siegt am Ende das Gute über das Böse, und
die Nepalesen werten dies als hoffnungsvolles Omen für ihr
eigenes Leben.

Viele Völker
bilden den Staat Nepal

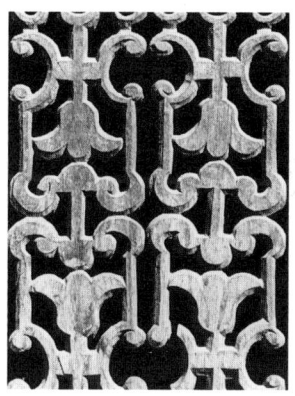

Besiedlung – Lebenserwartung
Bildung – Sprache

Nepal ist ein Vielvölkerstaat – das Ergebnis einer anhaltenden, in immer neue Räume vorstoßenden Besiedlung. Straßenbau, moderne Kommunikationsmittel und nicht zuletzt der Tourismus verändern darüber hinaus kontinuierlich das Bevölkerungsbild.

Zunächst einige eher trockene Daten als Voraussetzung für das Verständnis Nepals und seiner Bevölkerung. In diesem Land leben gegenwärtig etwa sechzehn Millionen Menschen, davon rund 34 Prozent im Terai und fünf bis sechs Prozent allein im Kathmandu-Tal. Es gibt nur wenige Städte im Land. Lediglich sechzehn Ortschaften weisen mehr als fünftausend Einwohner auf, und zwölf davon werden von mehr als zehntausend Bürgern bewohnt. Das sind neben Kathmandu, Patan und Bhaktapur im Kathmandu-Tal sowie Pokhara in Zentralnepal die Stadtsiedlungen Dharan, Biratnagar, Janakpur, Birganj, Hetauda, Bhairawa, Butwal und Nepalganj im Terai. Die Siedlungsdichte schwankt stark, je nachdem, ob es sich um das Terai, das Kathmandu-Tal, das mittlere Bergland oder das Hochgebirge handelt. Für die durchschnittliche Bevölkerungsdichte wird zwar ein Wert um neunzig Personen pro Quadratkilometer angegeben, aber diese Angabe kann in Kathmandu, Patan oder Bhaktapur auf mehr als 70 000 pro gleicher Fläche hochschnellen. Die durchschnittliche Lebenserwartung eines Nepalesen betrug noch vor kurzem rund 35 Jahre, heute ist sie auf 45 bis 50 Jahre gestiegen. Einer Geburtenrate von vier bis fünf Prozent steht eine Sterbeziffer von zwei bis drei Prozent gegenüber – ein beängstigend rasches Bevölkerungswachstum mit einem Übergewicht in den jüngeren Altersstufen. Die Kindersterblichkeit ist nach wie vor hoch, vor allem wegen mangelnder Hygiene und unzulänglicher Krankenversorgung. Moderne und differenzierte Arbeitsplätze sind rar im Himalaya-Königreich, deshalb verdienen etwa neunzig Prozent der Nepalesen ihren Lebensunterhalt in der Landwirtschaft. Das Bildungswesen hat sich in den letzten dreißig Jahren merklich verbessert. Waren früher mehr als achtzig Prozent der Männer und über neunzig Prozent der Frauen Analphabeten, so haben heute überall im Land die meisten Jungen und ein erheblicher Teil der Mädchen die Möglichkeit, eine wenn auch einfache Schule zu besuchen. Zuverlässige Zahlen zum Schulbesuch sind allerdings kaum zu erhalten. Gerade im Schulbildungswesen zeigt sich indessen mit der deutlichen Bevorzugung von Jungen eine Schwäche des nepalischen Gesellschaftssystems. Mädchen werden häufig als Arbeitskräfte im häuslichen Anwesen benötigt oder sogar ausgenutzt, jedenfalls oft vom Schulbesuch ferngehalten. Es gibt Ansätze, dies zu ändern, aber es wird wohl noch lange dauern, bis die dazu notwendigen Reformen auch in den abgelegenen Landesteilen greifen.

Wie bei seinen Landschaften, seiner Tier- und Pflanzenwelt liegt auch in der Vielfalt seiner Bewohner ein Reiz Nepals. Die nepalische Bevölkerung verteilt sich auf zwei Großgruppen: einerseits die Bevölkerungsteile indoarischer Herkunft, die aus dem Süden kamen und vorwiegend im Terai leben, andererseits jene, mongolisch-zentralasiatischen Ursprungs, deren Vorfahren aus dem tibetischen oder tibetisch-burmesisch-chinesischen Raum stammen und die heute überwiegend im mittleren bis hohen Bergland wohnen. Zwischen diesen beiden großen Gruppen kommt es zu Mischungen, aus denen viele eigenständige und reizvolle Menschentypen hervorgehen. Generell lassen sich die beiden Gruppen nach ihrer Sprache unterscheiden. Die indisch geprägten Volksgruppen, vor allem Brahmanen und Chetris, sprechen das Indoarische, das heute überall im Land geläufige und zur Staatssprache erhobene Nepali, das mit dem nordindischen Hindi verwandt ist und auf der Sanskritschrift basiert. Die Bevölkerungsgruppen zentralasiatischer Herkunft bedienen sich eigener, oft deutlich voneinander abweichender Sprachen, die man zur tibetoburmesischen Sprachfamilie rechnet. Soweit diese überhaupt geschrieben werden, wie das Tibetische oder das Newarische, wird die sogenannte Devanagari-Schrift verwendet.

Die indoarischen Volksgruppen:
Brahmanen und Chetris

In der gesellschaftlichen Rangordnung, wie auch im wirtschaftlichen und politischen Leben an oberster Stelle stehen die **Brahmanen** oder »Bahun«, wie sie volkstümlich bezeichnet werden. Es sind schlanke, hochgewachsene Menschen mit ebenmäßigen Gesichtszügen. In der Hindu-Gesellschaft üben sie die Priesterfunktion aus, die in der männlichen Linie erblich ist. Ihr ursprüngliches Herkunftsland ist Indien, von wo aus sie im Laufe des vergangenen Jahrtausends eingewandert sind, vor allem im Mittelalter im Gefolge der vor den Moslems flüchtenden Rajputen-Fürsten. Die Brahmanen waren, als politisch führender Stand, maßgeblich an der Einführung des Kastensystems in Nepal beteiligt. Ihr tägliches Leben ist mit vielen Tabus belegt. Da sie sehr strenge, religiös begründete Vorschriften zur Reinheit befolgen müssen, sind ihnen eine ganze Reihe von Dingen nicht erlaubt, beispielsweise Reinigungsarbeiten und die Einnahme von Mahlzeiten, die nicht von Angehörigen ihrer Kaste zubereitet wurden. Sie leben vorwiegend in den Städten der südlichen Landesteile und, soweit sie in der Landwirtschaft tätig sind, in den tieferen Berglagen bis etwa 2000 Meter. Überdies gehören sie, vor allem als Landbesitzer und Geldverleiher, zu den wohlhabenden Schichten Nepals. Ihre Bauernhäuser wirken allerdings, gerade wegen der Tabus, oft ein wenig vernachlässigt.

In bezug auf Herkunft, Rasse und gesellschaftliche Stellung gilt für die Volksgruppe der **Chetris** ähnliches wie für die Brahmanen. Sie leiten sich aus der Kriegerkaste der nordindischen *Kshatryias* her und kamen vor allem, Zuflucht suchend, als Rajputen in die Himalaya-Täler. Auch sie unterliegen strengen Regeln und Tabus; Essen allerdings dürfen sie nicht nur von den eigenen Kastenangehörigen, sondern auch von den höhergestellten Brahmanen annehmen. In der Gesellschaftsordnung Nepals bekleiden die Chetris viele einflußreiche Regierungsposten und hohe militärische Ränge, haben sich neuerdings aber auch im Tourismusbereich als fähige

Manager erwiesen. Aus der Untergruppe der *Thakuris* kamen hochrangige Adelsfamilien und eine Reihe von Königen, wie etwa Amshuvarman im 6./7. oder Gunakamadeva im 10. Jahrhundert. Auch die Angehörigen des Rana-Clans, hundert Jahre lang absolute Herrscher über das Himalaya-Land, und der heute amtierende König Birendra entstammen hochadligen Chetri-Geschlechtern. Doch gibt es bei den Chetris nicht nur Adlige, Landbesitzer und erfolgreiche Manager, sondern vielfach auch einfache Bauern, die in den Siedlungen der unteren Berglagen wohnen. In der Gegend um Pokhara beispielsweise findet man reine Chetri-Dörfer, in Westnepal bilden sie sogar den Hauptanteil der Bevölkerung. Hier werden sie *Matwali Chetri* genannt und sind vermutlich aus der Vermischung von Kshatryias und ansässigen Bergbewohnern tibetomongolischen Ursprungs hervorgegangen. Die Religion der Matwali Chetris ist bestimmt durch eine Verknüpfung von dominierendem Hinduismus und ausgeprägtem Schamanenkult, in den sogar tibetische Elemente Eingang gefunden haben. So fällt in der Gegend zwischen Jumla und dem Rara-See auch auf, daß die Häuser der Chetri-Dörfer durchweg flache Dächer besitzen, ähnlich den Gebäuden in den tibetstämmigen Gebieten weiter nördlich. Chetris sind stolze Menschen, die offen und selbstbewußt auf Fremde zugehen. Sie sind sehr fromm und erzählen gerne Geschichten. Auf einer Wanderung zum sogenannten Annapurna Sanctuary war Chetrabahadur, ein hochgewachsener Chetri-Bauer, unser erster Träger. Abends am Lagerfeuer pflegte er Märchen und Legenden vorzutragen. Mit dunkler Stimme und ausdrucksstarker Mimik erweckte er Prinzen und Prinzessinnen zum Leben, ließ Götter auf die Erde niedersteigen und sich in Tiere verwandeln, ließ Wesen des Himmels und Dämonen der Unterwelt um die Herrschaft über die irdische Kreatur kämpfen. Wir alle – Träger, Sherpas und einige Europäer – hingen wie gebannt an seinen Lippen und ließen uns von ihm verzaubern.

Die Newars
im Kathmandu-Tal

Die Newars sind bedeutende Kulturträger im Himalaya-Königreich und pflegen seit altersher hochentwickelte, künstlerische Traditionen. Ihnen vor allem ist das heute noch existierende historische Bild der Siedlungen im Kathmandu-Tal zu verdanken. Neben einer Stadtarchitektur, die jedem Besucher große Bewunderung abnötigt, haben sie ein hochdifferenziertes, aber oftmals reichlich verwirrendes Sozialsystem entwickelt. Die Newars vereinen mongolische mit indoarischen Volkselementen und besitzen eine tibeto-burmesische Sprache mit eigener Devanagari-Schrift, die auf Sanskritwurzeln zurückgeht. Sie gehören sicherlich zu den ältesten Bevölkerungsgruppen Nepals, und man könnte meinen, der Bodhisattva Manjushri persönlich habe sie im Kathmandu-Tal angesiedelt, nachdem er die Wasser des alten Sees zum Abfließen gebracht hatte. Ihre komplexe Gesellschaftsstruktur reicht vom Stadtbauern über kleine Landbesitzer, Handwerker bis zu Großkaufleuten, Architekten, Künstlern, Gelehrten und sogar Priestern, die sowohl dem Hinduismus als auch dem Buddhismus dienen. Die hinduistischen Priester der Newars heißen *Deo Brahmanen*, die buddhistischen *Vajra Acharyas*. Es ist charakteristisch für die Newar-Gesellschaft, daß sich hier die beiden Hochreligionen aufs engste mischen, daß Hindu-Götter und buddhistische Schreine gleichermaßen mit Pujas – religiösen Zeremonien – verehrt werden. Eine weitere Besonderheit sind die *Guthis*, städtische Genossenschaften, die religiöse sowie soziale Belange regeln und die Tempelanlagen in den Städten des Kathmandu-Tals verwalten. Kathmandu ist heute auf westlich-zivilisatorische Weise verstädtert; rein traditionelle Kleidung ist immer weniger zu sehen. Wer dagegen Patan oder Bhaktapur durchstreift, dem fallen die Frauen in schwarzen, mit einem roten Rand versehenen Saris auf, deren Hand- und Fußgelenke meist reich tätowiert sind. Die Männer tragen eine weiße, eng geknüpfte Hemdenjacke mit einem Gürtelband und einer Weste darüber. Es sind *Jyapus*, Stadtbauern,

Im Kathmandu-Tal werden Lasten auch an
langen Tragebalken transportiert.

die eine bäuerliche Sonderentwicklung des Kathmandu-Tals darstellen – sie wohnen in der Stadt, während ihre Äcker außerhalb liegen. Die Newars sind die feierfreudigsten Einwohner Nepals. Laufend finden sie sich zu meist religiösen Festen zusammen, wobei immer großer Wert auf eine reichhaltige Tafel mit Reis, Büffelfleisch, Gemüse, Pickles, Joghurt sowie erhebliche Mengen von Tschang und Rakschi, vergorenem Getreidemost und klarem Schnaps, gelegt wird. Besondere Erwähnung verdient der Heiratsritus: Die Mädchen werden im Alter von sieben bis neun Jahren symbolisch mit einer göttlichen Bel-Frucht vermählt, die als Erscheinungsform Vishnus gilt. Diese Ehe mit einem Götterwesen gilt als unauflöslich und erleichtert später nach der Heirat das Schicksal der Frau, wenn sie möglicherweise geschieden oder gar Witwe wird, denn sie bleibt ja weiterhin mit der Bel-Frucht verheiratet. Im übrigen ist die Newar-Frau als besonders selbständig und selbstbewußt bekannt. Nach der Hochzeit nimmt die junge Ehefrau schnell ihren Platz in der Familie ihres Ehemannes ein und setzt sich in der neuen Umgebung durch.

Die Tharus im Terai
und die tibeto-mongolischen Völker
im mittleren Bergland

Verläßt man das Kathmandu-Tal und folgt den Höhenabstufungen vom Terai über das mittlere Bergland bis zum Fuß der Gletscher im Norden, trifft man auf die unterschiedlichsten Völkerschaften. Im Terai siedeln Nordinder und Bergbewohner nebeneinander und mischen sich sogar bisweilen – Ergebnis der Umsiedlung von Bergbauern in die Terai-Zone. Unter der ursprünglichen Bevölkerung dieses früher dicht bewaldeten Flachlandes sind einige Minoritäten von Interesse. Die größte stellen die **Tharus** mit etwas mehr als 400 000 Angehörigen im mittleren und westlichen Terai. Diese dunkelhäutigen Menschen weisen indische und mongolische Einflüsse auf.

Durch ihre lange Siedlungszeit in den einst malariaverseuchten Dschungelgebieten des Terai scheinen sie eine gewisse Immunität gegen diese Krankheit entwickelt zu haben. Es sind überwiegend Bauern, die in großen Familienverbänden in geräumigen, einstöckigen Lehmhäusern wohnen. Ihre Häuser sind strohgedeckt und im Innern peinlich sauber. Viele dieser Kleinbauern stehen heute in starker Abhängigkeit von Großgrundbesitzern und Geldverleihern, sogenannten *Zemindars*, die bis nahe an die Leibeigenschaft gehen kann. Die Großfamilien der Tharus sind streng hierarchisch gegliedert. Der älteste Vater sowie die älteste Mutter dominieren den Clan. Am untersten Ende der Skala stehen die jüngsten Söhne und Schwiegertöchter. Heute macht sich in der Tharu-Gesellschaft ein deutlicher Umbruch bemerkbar. Gebildete junge Tharus durchbrechen die strengen Familienregeln, ergreifen moderne Berufe, ändern ihre Eßgewohnheiten, reformieren die religiösen Praktiken und führen eine freiere Erziehung ein. Es wurde sogar eine Tharu-Wohlfahrtsgesellschaft gegründet, die Reformen innerhalb dieser Volksgruppe fördert und eine Schule für Tharu-Jungen und -Mädchen in der Stadt Birganj unterhält.

Weitere — wenn auch sehr viel kleinere — Splittervölker, die große Ähnlichkeit mit den Tharus aufweisen, sind die **Danuwars**, die in unmittelbarer Nachbarschaft der Tharus leben, die stark indisch geprägten **Dhangars** im östlichen Terai und die noch weiter nach Osten siedelnden **Satars**.

Wenn man die Siwalik-Berge hinter sich läßt und über die Mahabharat-Kette hinweg das mittlere Bergland Nepals erreicht, kommt man zu den Bergvölkern tibeto-mongolischer Herkunft. Sie teilen sich in größere und kleinere Gruppen auf, denen zwar ihre zentralasiatische Abstammung gemeinsam ist, die sich aber in Sitten, Lebensgewohnheiten und Sprache oftmals deutlich unterscheiden. Die stärkste dieser Gruppen sind die **Tamangs**. Ihr Siedlungsgebiet erstreckt sich unmittelbar um das Kathmandu-Tal und reicht im Osten bis über das Sun-Koshi-Tal hinaus, im Westen bis an das Tal des Buri Gandaki heran. Sie weisen oft deutlich tibetische Züge auf, obwohl die Zeit, als ihre Vorfahren erstmals in die Täler der südlichen Himalaya-Abdachung vordrangen, schon sehr lange zurückliegen muß. Es gibt eine hübsche Legende, die von der Einwanderung des Tamang-Volks in sein heutiges Wohngebiet erzählt: »Vor unendlichen Zeiten lebte weit hinter den hohen Schneebergen eine große, weiße Kuh. Diese Kuh hatte drei Söhne, Thenggu, Lunggu und Tulgu. Als die drei Brüder eines Tages auf einer Almwiese standen, kam ein Windstoß und trug Tulgu davon, weit über die Eisberge, bis auf den Südhang des Ganesh Himal. Dort wurde Tulgu niedergesetzt; er heiratete ein Menschenmädchen, und seine Nachkommen wurden die Tamangs. Sie sind dann später in viele Nachbartäler gezogen und haben ihr heutiges Siedlungsgebiet in Besitz genommen.«

Die Tamangs sind Bergbauern mit recht eigenwilligem Charakter, aber großer Ergebenheit denjenigen gegenüber, die sie als Freunde erkannt haben. Sie sprechen eine eigene tibeto-burmesische Sprache, haben aber keine eigenständige Schrift. Zur Kleidung der Männer gehört eine gewalkte Wolljacke mit kurzen Ärmeln und Fransen am hinteren unteren Rand. Diese Jacke ist sehr kleidsam und im Monsunregen äußerst praktisch, da die nicht entfettete Wolle wasserabstoßend ist. Jeder Tamang-Mann trägt um die Hüfte ein weißes Baumwolltuch, in dem der traditionelle Kukri, ein gebogenes Haumesser und Allzweckgerät, steckt.

Die Häuser der Tamang-Bauern sind solide gebaut, zweistöckig, mit einer Vorveranda als erweitertem Wohnraum ausgestattet und mit Holzschindeln oder Steinplatten gedeckt. Im unteren Stockwerk wird gekocht, gegessen, geschlafen und gewohnt, das obere dient der Aufbewahrung der Ernte und von Gerätschaften. Besonders stattlichen Tamang-Häusern, mit gepflasterten Höfen und kunstvoll geschnitzten Fensterstöcken, begegnet man am oberen Trisuli-Fluß in der Gegend um Dhunche. Hier wird oben gewohnt, während sich unten Stallungen und Vorratsräume befinden.

Die Tamangs sind als Buddhisten Anhänger der orthodoxen, rotmützigen Nyingmapa-Richtung des tibetischen Buddhismus. In ihren Dörfern stehen einfache Gompas im Stil der Bauernhäuser, in deren Tempelräumen die Lamas ihre

Die Bergbauern schleppen schwere Lasten am Stirntrageband.

Rezitationen vortragen und tantrische Rituale abhalten. Aber nicht nur diesen Priestern, sondern auch den Djakris, den Schamanen, vertrauen die Tamangs ihre Beziehungen zum Reich der magischen Kräfte und Dämonen an.

Die Gemeinschaft der Tamangs ist in Familien-Clane unterteilt, die unter anderem die Hochzeitsregeln bestimmen. So darf innerhalb eines Clans nicht geheiratet werden, wohl aber zwischen Angehörigen verschiedener Clane. Ehe, Scheidung und außereheliche Beziehungen werden recht locker bewertet, nicht zuletzt ein Zeichen für die selbstbewußte, verhältnismäßig freie Stellung der Frau in der Tamang-Gesellschaft. Frauen halten die Fäden in Familie und Haushalt fest in Händen und scheuen sich nicht, ihre Meinung auch gegenüber den Männern energisch durchzusetzen. Der Tourismus hat vielen Tamang-Männern neuerdings einen zusätzlichen Broterwerb beschert: den Trägerberuf. Tamangs sind ausgezeichnete Lastenträger, stark und zuverlässig. Sie werden vorzugsweise auf Trekkingtouren und Bergsteigerexpeditionen eingesetzt, und viele von ihnen haben es schon zum persönlichen Begleiter, Koch oder gar Sirdar gebracht. Auf meinen Wanderungen durch das nepalische Bergland bin ich immer gerne mit Tamangs unterwegs gewesen, die ich als verläßliche Gefährten voller Humor und Freude am Singen kennenlernte. Unvergeßlich werden mir zwei Tamang-Träger bleiben, die bei einer Trekkingtour zum Fuß des Achttausenders Makalu einen kranken Teilnehmer drei Tage lang abwechselnd in einem Bambuskorb auf dem Rücken zu Tal trugen. Viele Stunden lang schleppten sie die schwere Last über Almen und Wälder. Ihre Zehen krallten sich wie Saugnäpfe an das glitschige Gestein, wenn sie über kleine Felsstufen hinabkletterten. Und schließlich war niemand erleichterter als diese beiden Tamang-Träger, nachdem sich der Kranke in tieferen Lagen wieder erholt hatte.

In jüngster Zeit entwickeln die Tamangs ein größeres Selbstbewußtsein. Sie wollen nicht länger als rückständige Bergbauern gelten, sondern beweisen, daß sie aus eigener Kraft wirtschaftliche und soziale Fortschritte erzielen können. Mit der Gründung des Relief Trust, dessen Präsident ein Ta-

mang ist, haben sie eine Organisation geschaffen, die Dorfent-
wicklungsprojekte fördert und dazu beiträgt, die Lebensbedingungen der oft mittellosen Dorfbewohner zu verbessern.

An den Südhängen des Annapurna-Massivs, des Lamjung
Himal und des Himalchuli siedelt die Volksgruppe der **Gurungs**. Es sind kräftig gebaute Bergbewohner mit ovalen Gesichtern, auf denen gern ein breites Lächeln erscheint. Auch
wenn ihre mandelförmigen Augen eine tibeto-burmesische
Herkunft bekunden, bleibt das erste Auftreten dieses Volkes
in Nepal im Dunkel der Geschichte verborgen. Die Gurungs
sind in allererster Linie Bauern, die unzählige Terrassenäcker
um ihre Dörfer bearbeiten und Schafe züchten. Große Herden
werden alljährlich im Sommer von den Gurung-Hirten auf
die Hochalmen unter der Gletscherregion getrieben und in
der kälteren Jahreszeit in den tieferen Lagen der Felder und
Wälder gehütet. Zum Dassein-Fest werden viele dieser Tiere
geschlachtet und für das Festmahl zubereitet. Die Wolle wird
meist selbst von den Frauen verarbeitet. Auf einem einfachen,
in den Boden des Hofs vor dem Haus gesteckten Rahmen
weben sie lange Stoffbahnen, aus denen dann Decken oder
wärmende Jacken hergestellt werden. Die Gurung-Dörfer,
wie etwa Ganpokhara, Siklis, Landrung oder Gandrung, liegen hoch an den Berghängen, oft sogar direkt auf den Bergrücken. Es sind Haufendörfer aus mehrstöckigen, solide ge-
bauten Häusern, die mit Holzschindeln oder Stroh gedeckt
sind und stets eine die gesamte Front einnehmende Veranda
besitzen. Eine altertümliche Form des Gurung-Hauses ist der
ovale Rundbau, der allerdings heute zunehmend aus der Mode
kommt. Die Religion der Gurungs kann man als Mischung aus
Hinduismus, Buddhismus und Schamanentum beschreiben,
wobei hinduistische Elemente heutzutage überwiegen. Die
Schamanen spielen jedoch bei den Beziehungen zur Welt der
Dämonen und magischen Naturkräfte die Hauptrolle. Die
Gurung-Gesellschaft ist in ebenso vielfältige und kompliziert
gegliederte Clane unterteilt wie die der anderen Volksgruppen
im Bergland. Dabei werden zwei Hauptgruppen unterschie-
den: die höher gestellten Charjat-Clane und die als geringer
angesehenen Sorajat-Clane. Heiraten zwischen diesen beiden

Gruppen sind sehr selten. Charakteristisch ist ein Totenbrauch, der frühestens ein Jahr nach der Beerdigung stattfindet und Pa-ye heißt. Dabei wird eine »Pla« genannte große Stoff- oder Tonpuppe hergestellt, die den Verstorbenen darstellen soll. Nachdem man sie in die Kleider des Toten gehüllt und mit Schmuck behängt hat, feiert man ihr zu Ehren ein Fest mit Hammelfleischessen, alkoholischen Getränken, Gesang und Tanz. Solche Totengedenkfeiern sind sehr teuer, weshalb oftmals mehrere Familien zusammen das Pa-ye begehen, nachdem sie einige Jahre dafür gespart haben. Eigenartig ist eine Tanztradition der Gurungs, bei der zwei unverheiratete junge Mädchen einen tranceartigen Tanz vor großer Zuschauerkulisse aufführen. Schließlich gibt es in den Gurung-Dörfern eine spezielle Art der Jugendbetreuung, Rodi genannt, in der gleichaltrige Jugendliche – nach Geschlechtern getrennt – von einem erwachsenen Mann (Neva Ava) oder einer älteren Frau (Neva Ama) beaufsichtigt werden: Sie arbeiten miteinander auf den Feldern, besuchen andere Rodis, vor allem die Jungen solche der Mädchen, verbringen die Abende mit Erzählungen und Gesang im Kreis der Freunde und bleiben in diesen Organisationen, bis sie mit siebzehn oder achtzehn Jahren das heiratsfähige Alter erreichen.

Man könnte die Gurungs als eine Volksgruppe mit bescheidenem Wohlstand bezeichnen, insbesondere, da die Männer als Söldner gute Verdienstmöglichkeiten haben. Das Gurung-Volk stellt den größten Anteil der berühmten Ghurka-Soldaten, die in der indischen und britischen Armee dienten und immer noch dienen. Viele von ihnen haben im Ersten oder Zweiten Weltkrieg gekämpft. Heute werden sie vielfach als UNO-Soldaten in Krisengebieten eingesetzt. Mit dem Sold, den sie nach der Pensionierung in ihre Heimatdörfer mitbringen, ermöglichen sie sich und ihren Familien ein finanziell relativ sorgenfreies Leben.

Im Süden und Westen der Gurung-Region schließt sich das Siedlungsgebiet der **Magars** an, das sich weniger weit ausgedehnt darstellt als die Heimat der Gurungs. Diese recht große Bevölkerungsgruppe liefert in ihrer wirtschaftlichen und kulturellen Zusammensetzung ein eher vielschichtiges Bild. Wie

Gurungs und Tamangs sind die Magars ein Volk zentralasiatischen Ursprungs mit einer tibeto-burmesischen Sprache. Über ihre Herkunft ist so gut wie nichts bekannt. Vom Mittelalter bis zum 17. Jahrhundert gab es allerdings ein ausgedehntes und mächtiges Magar-Königreich im Westen Nepals, das über die Täler um die Stadt Palpa herrschte und die Nachbarregionen mit kriegerischen Eroberungszügen heimsuchte. Später verbündeten sich die Magars mit den Kshatryias, und in der Armee Prithvi Narayan Shahs bildeten die Magar-Einheiten die Kerntruppe bei der Eroberung des Kathmandu-Tals. Auf den ersten Blick kann man einen Magar kaum von einem Gurung unterscheiden. Die meisten Angehörigen dieser Volksgruppe sind Bauern; allerdings findet man unter ihnen auch geschickte Handwerker, Maurer, Schreiner, Zimmerleute oder Steinmetzen. Ihre Häuser sind in der Regel doppelstöckig mit Veranda und einem Dach aus Holzschindeln, Steinplatten oder Strohbündeln.

Die Gesellschaft der Magars ist wiederum in viele Clane unterteilt, innerhalb derer ein striktes Heiratsverbot herrscht. Durch den engen Kontakt mit hinduistischen Brahmanen und Chetris hat der überwiegende Teil der Magar-Familien die Hindu-Religion übernommen, im nördlichen Siedlungsgebiet hingegen werden buddhistische Riten und Traditionen befolgt. Eine wichtige Rolle spielen indessen auch hier die Schamanen. Der deutsche Wissenschaftler Michael Oppitz hat die *Djakris* der Magars intensiv erforscht und in einem Film sowie einem Buch eindrucksvoll dargestellt. Besonders fesselnd beschreibt er die Initiation einer jungen Schamanin, die sich ihre Trommel selbst herstellen und viele Stunden auf einer an der Spitze eines Baumstamms befestigten Plattform ausharren muß, um dem vermeintlichen Angriff böser Geister zu widerstehen. Auch die Magars haben sich, wie die Gurungs, als Söldner bei Indern und Briten verdingt; noch heute dienen sie in den indischen und britischen Ghurka-Regimentern.

Im oberen Kali-Gandaki-Tal, vom Oberrand der Schlucht bis zur Grenze des ehemaligen Fürstentums Mustang bei Kagbeni, lebt eine Volksgruppe, die sich durch Tatkraft und Unternehmungsgeist auszeichnet: die **Thakalis**, deren Heimat das

Thakkola ist. Entlang dem Kali Gandaki wohnen sie in Dörfern, die etwa in Tukuche oder Marpha Stadtcharakter annehmen. Die Häuser sind eng aneinandergebaut, in Khanti oder Sokung verläuft die Straße sogar tunnelartig unter ihnen hindurch. In Marpha ist die Hauptstraße mit Steinplatten gepflastert und wird von einem kanalisierten Bach begleitet, der Kühlung bringt und Schmutzwasser fortschwemmt. Die stattlichen Thakali-Häuser sind in Atriumbauweise errichtet, oftmals mit gepflasterten Innenhöfen; Tür- und Fensterstöcke sind mit Schnitzwerk verziert. Die Dächer sind flach, äußeres Zeichen für die nach Norden zu immer trockener werdende klimatische Übergangszone im Tal des Kali Gandaki. Im Inneren werden die geräumigen Häuser mit Tischen, Stühlen, Truhen, Regalen und Hausrat gut ausgestattet. Die Religion der Thakalis ist eine Mischung aus Hinduismus, Buddhismus und Schamanentum, wobei manchmal die eine, manchmal die andere Hochreligion bevorzugt wird. Gegenwärtig erfreut sich die Lehre Gautama Buddhas großen Zuspruchs, und die Gompas im Thakkola sind lebendige Religionsmittelpunkte. Es gehört zu den eindrucksvollsten Erlebnissen einer Reise in das Kali-Gandaki-Tal, wenn man im Sommer das Reiterfest im Wallfahrtsort Muktinath erlebt oder im November die Tyokapsi-Feiern in Marpha mit ihren religiösen Maskentänzen im Hof der Dorfgompa. Die Thakalis sind begabte Händler und Kaufleute. In ihren Händen lag bis zur Schließung der tibetischen Grenze der Salzhandel mit dem Nachbarland. Tukuche war der größte Umschlagplatz für das Salz aus dem Norden, für Getreide und Stoffe aus dem Süden. Heute haben die reichen Kaufleute das Städtchen verlassen und neue Handelskontore in Kathmandu eröffnet. Ihre schönen Bürgerhäuser schienen dem Verfall preisgegeben, werden inzwischen jedoch als Touristenunterkünfte wieder instand gesetzt, zumeist betreut durch ärmere Verwandte der ursprünglichen Besitzer oder Exiltibeter. Die Bewohner des mittleren Kali-Gandaki-Tals befriedigen ihren wirtschaftlichen Tatendrang aber nicht nur durch den Handel, sondern auch durch den Betrieb von kleinen Hotels, Restaurants und Lodges. Überall entlang der vielbegangenen Trekkingrouten um die Anna-

Die Thakalis: gewiefte Geschäftsleute und gute Bogenschützen.

purna und selbst in Pokhara oder Kathmandu haben sie Hotels und Gästehäuser, sogenannte Bhattis, eröffnet. Neben diesen Aktivitäten müssen indessen auch die Felder und Obstgärten um die Siedlungen bestellt werden. Dies erledigen die Dorfbewohner, vor allem die selbstbewußten Thakali-Frauen, entweder selbst, oder sie beschäftigen Hilfsarbeiter aus den Nachbarregionen, die vorzugsweise im Sommer in den reichen Dörfern des Kali-Gandaki-Tals als Erntearbeiter unterkommen. Um möglichst vielen Angehörigen der eigenen Volksgruppe die finanziellen Mittel für unternehmerische Aktivitäten zu verschaffen, haben die Thakalis das Dhigur-System frei verfügbarer Geldsummen entwickelt: Aus einer Gruppe von Freunden oder Verwandten stellt jeder einen Geldbetrag von mehreren hundert bis tausend Rupien zur Verfügung, die den Geschäftsverbindungen eines einzelnen Mitglieds ein Jahr lang zugute kommen. Es kann diesen Betrag dann nach Gutdünken verwenden, muß ihn nicht zurückzahlen und keine Rechenschaft darüber ablegen. Im nächsten Jahr kommt ein anderer an die Reihe und so fort, bis jeder einmal in den Genuß dieser Subvention gekommen ist und sich die Dhigur-Gruppe auflöst. Auf dieses gut funktionierende System kann man sicherlich einen großen Teil des wirtschaftlichen Erfolgs der Thakkola-Bewohner zurückführen. Die Thakalis sind über ihren Geschäftssinn hinaus auch zielstrebige Organisatoren, wenn es um die Entwicklung ihrer Heimatdörfer geht. So besitzt Marpha ein wohldurchdachtes System der Feldbewässerung und der Brennholznutzung; außerdem wurden hier wie in anderen Siedlungen ertragreiche Obstplantagen angelegt. Neuerdings hat man an den Flanken des Annapurna-Massivs einige kleine Wasserkraftwerke installiert, die jeweils eine Gruppe von mehreren Dörfern mit Strom versorgen, so daß man inzwischen sogar Elektrokochtöpfe verwenden kann. In Jomosom ist eine Abwasserkanalisation geplant, die auch als Vorbild für andere Dörfer gelten soll.

Am Rand der großen Volksgruppen im mittleren Bergland, vor allem in Ostnepal östlich des Flusses Sun Koshi, leben kleinere Gemeinschaften in eigenständigen Siedlungsgebieten. Während die **Thamis** in der Gegend zwischen Bigu und dem größeren Charikot näher mit den Tamangs verwandt sind, gleichen die **Jirels** und **Sunwars** in der Region um Jiri und Ramechap bis zum Distrikt Okhaldunga eher den Magars. Ihre Häuser kann man von denen der Tamangs oder Magars nicht unterscheiden; sowohl im Aussehen als auch in der Art, die Felder zu bestellen, in Lebensweise, -gewohnheiten, Sprache und Religion sind sie ihren volkreichen Nachbarn sehr ähnlich. Relativ häufig scheinen auch Mischehen zwischen diesen dicht beieinander siedelnden Volksgemeinschaften vorzukommen.

Im Osten Nepals, vom Dhud Koshi über den Arun-Fluß bis an die Grenze zu Sikkim, leben drei Gruppen, die zu den ältesten Bergvölkern im Himalaya-Königreich gehören: die Rais, die Limbus und als kleine Splittergruppe in der Gegend von Tehrathum die Yakhas. Sie werden unter dem Namen *Kiratis* zusammengefaßt. Im 2. Jahrhundert n. Chr. wurden sie wohl von erobernden Machthabern aus dem Kathmandu-Tal nach Osten in unzugänglichere Berggebiete abgedrängt. Der letzte König der Kiratis regierte über ein kleines Reich bei Bijaypur in Ostnepal und wurde von den Shah-Königen am Anfang des 19. Jahrhunderts unterworfen. Die Ruinen seiner Hauptstadt sind auf einem Hügel östlich von Dharan heute noch zu sehen.

Die **Rais** sind wie die Limbus ein mongolisch aussehendes Volk mit einer tibeto-burmesischen Sprache. Sofern sie noch ihrer überkommenen Lebensweise folgen, pflegen sie eine *Bambuskultur*. Die Gerätschaften und Gegenstände des täglichen Bedarfs werden soweit wie möglich aus diesem Material hergestellt: Körbe, Gefäße, Matten, Tabletts, Hocker, Bürsten, Kämme, Siebe und sogar Musikinstrumente. Ursprünglich waren die Häuser der Rais, vor allem am oberen Arun, Pfahlbauten, für die man ebenfalls Bambus als Baumaterial verwendete. Die Wände und die Plattform, die auf den Pfählen ruht, bestehen aus einem Bambusgeflecht, das mit Lehm verputzt wird; das Dach wird mit Bambusmatten und Stroh abgedeckt. Man erreicht die Wohnfläche über einfache Leitern aus Baumstämmen mit Trittkerben. Solche Pfahlhäuser werden allerdings immer seltener, da man sie zunehmend durch einfach zu bauende, rechteckige Steinbauten ersetzt. Die Außenwände der Gebäude sind zum Schmuck und zur Abwehr bedrohlicher Kräfte mit Ornamenten bemalt. Die Rais sind Bergbauern, die ihre Terrassenfelder vor allem mit Reis, aber auch mit Getreide, Mais, Hülsenfrüchten, Buchweizen, Senf und Hirse bestellen; rings um die Behausungen gibt es Gärten mit Gemüse, Obst und Chilipflanzen. Kleidung wird aus Wolle und Baumwolle weitgehend selbst geschneidert. Alle Männer und Knaben ab zehn Jahren tragen im Gürteltuch den gebogenen Kukri. Die bäuerliche Subsistenzwirtschaft führt zu einer großen Unabhängigkeit dieser Bergbauern. Die Errungenschaften der heutigen Zeit, vor allem der Straßenbau, lassen allerdings in zunehmendem Maß die traditionellen Pfahlhäuser und die unabhängige, selbstversorgerische Lebensform verschwinden.

Die Religion der Rais ist wiederum eine Mischung aus Hinduismus, Buddhismus und Schamanentum, mit Schwerpunkt auf dem Ahnen- und Dämonenkult. In einer Ecke jedes Rai-Hauses hängt ein Tontopf, in dem der Hausgott, der Khamang, verehrt wird. Die Rais bilden ebenfalls Clane, die Thar genannt werden und jeweils ein ganzes Tal oder eine Gruppe von Dörfern einschließen. Diese größeren Einheiten bringen es mit sich, daß Ehen innerhalb des eigenen Thars üblich sind, sofern sie eine direkte Familienverwandtschaft ausschließen. Drei Heiratsformen führen zur Gründung einer neuen Familie: die durch die Eltern arrangierte Hochzeit, der in Übereinkunft beider Partner durchgeführte Brautraub mit anschließender Vermählung und die Liebesheirat eines Paares. Das Verhältnis zwischen unverheirateten Männern und Mädchen ist recht freizügig, und es gibt reichlich Gelegenheit, bei gemeinsamer Arbeit oder bei Festlichkeiten zueinanderzufinden. Kinder werden sehr geliebt; man kann oft sehen, daß ältere Brüder und Schwestern ihre jüngeren Geschwister den ganzen Tag mit sich herumschleppen. Ein ausgesprochenes Großfamiliensystem wie etwa bei den Tharus im Terai gibt es bei den Rais nicht; und jedes junge Paar hat das Bestreben, nach einigen Jahren des Zusammenlebens im Elternhaus seinen eigenen Hausstand zu gründen.

Das Aussehen der **Limbus** und ihre Sprache deuten ebenfalls auf eine tibeto-mongolische Herkunft hin. Ihr Siedlungsraum liegt noch etwas weiter östlich als derjenige der Rais; er wird ›Limbuwan‹, Land der Limbus, genannt. Die Strukturen der Dorf- und Familiengemeinschaften ähneln denen der Rais, und die Clanbezeichnung lautet gleichfalls Thar. Dorfvorsteher und andere hochgestellte Persönlichkeiten führen den Titel ›Subba‹. Wenn man einem Limbu schmeicheln will, ist es üblich, ihn auch ohne offizielle Funktion als Subba anzusprechen. Die Häuser im Limbuwan sind solide Steinbauten mit einem Schindel- oder Strohdach. Die Wände werden rot oder weiß verputzt und mit Ornamenten bemalt; Tür- und Fensterstöcke sind dunkel gefärbt und oft mit Schnitzwerk verziert. Die Häuser wohlhabender Limbu-Familien sind mehrstöckig und tragen im ersten Stockwerk einen hölzernen Umlaufbalkon. Die meisten Limbus sind Bauern mit den gleichen Methoden der Feldbestellung und den gleichen landwirtschaftlichen Produkten, wie man sie von den Rais kennt. Allerdings haben sie keine ausgesprochene Bambuskultur entwickelt. Viele Männer verschaffen sich in der ruhigen, kalten Jahreszeit einen Zusatzverdienst durch Saisonarbeiten in den nahen Städten wie Dharan, Biratnagar, Jhapa oder Darjeeling in Nordindien. Bei einigen ihrer Nachbarn gilt die Limbu-Volksgruppe als stolz und abweisend. Vielleicht ist diese Zurückhaltung jedoch nur das Ergebnis eines lange währenden und historisch bedingten Rückzugs in die Einsamkeit unzugänglicher Gebirgstäler. In ihrer Religion verschmelzen hinduistische und buddhistische Elemente mit der üblichen Verehrung von Naturgottheiten. In jedem Haushalt werden Ahnengötter wie Singbungba, der Gott des Waldes, Lungbungba, der Gott der Steine, und Khangbungba, der Gott der Erde, angebetet. Die Priester werden Fedangma genannt und üben bei der Zwiesprache mit den Gottheiten oder bei der Heilung von Krankheiten auch Schamanenfunktion aus. Junge Limbu-Männer und -Frauen genießen erhebliche Freizügigkeit. Die Hochzeit, die ihren Höhepunkt im Aufdrücken des Tika auf die Stirn des Brautpaares erreicht, wird mit einem großen Fest und zahlreichen Hochzeitsgästen begangen; musiziert und getanzt wird dann die ganze Nacht hindurch. Manchmal führen junge Männer und Mädchen einen improvisierten Wechselgesang auf, der an Spott und Deftigkeit nichts zu wünschen übrig läßt und erst endet, wenn einem der Teilnehmer keine Antwort mehr einfällt. Häufig beginnen auf diese Weise die ersten Liebesbeziehungen. Die Limbus bestatten ihre Toten in einer Erdgrube. Der Fedangma-Priester vollführt die Totenzeremonie und ruft am Ende aus: »Dies soll der toten Seele den Weg ins Jenseits weisen und die Lebenden vor den Totengeistern bewahren.«

Die tibetstämmigen Hochgebirgs-Bewohner

Steigt man in die höchsten und abgelegensten Bergregionen des Himalaya hinauf, so trifft man nahe der tibetischen Grenze auf die dritte Gruppe der tibetstämmigen Bergvölker Nepals. Sie verbindet eine enge sprachliche, religiöse und kulturelle Verwandtschaft mit ihren nördlichen Nachbarn. Es bestehen intensive wirtschaftliche Beziehungen zum tibetischen Hochland, die, der Annexion Tibets durch China und der chinesischen Kulturrevolution zum Trotz, heute noch in wenngleich reduziertem Maß andauern. Die bekannteste Gruppe unter diesen tibetstämmigen Völkern bilden die **Sherpas**. Vor rund 450 Jahren wanderten ihre Vorfahren aus Osttibet in die Täler südlich des Mount Everest ein. Sie ließen sich zunächst im *Khumbu* direkt am Fuß der Achttausender nieder, zogen jedoch später weiter in die Landschaft *Pharak* östlich und westlich des Dhud-Koshi-Flusses und schließlich nach *Solu*, in eine liebliche und sanfte Waldgegend. Hier entstanden die großen Sherpa-Dörfer, hier etablierten sich die vier ältesten und angesehensten Clane der Minyagpa, Thimmi, Chakpa und Serwa. Heute kann man das Khumbu-Gebiet als Eingangspforte zum Sherpa-Land, die Landschaft Solu aber als das eigentliche Kernland der Sherpas ansehen. Einige Sherpa-Gruppen ließen sich allerdings noch weiter westlich nieder, im Rolwaling, in der Gegend um das Kloster Bigu und in Helambu nördlich von Kathmandu.

Die Sherpa-Dörfer bestehen aus stattlichen Häusern, etwas kleiner im Khumbu-Gebiet, groß und mehrstöckig im Solu. Mit Ausnahme der Newars besitzen die Sherpas wohl die schönsten Häuser aller nepalischen Volksgruppen. Im untersten Stockwerk eines solchen Hauses befinden sich Stallungen und Räume für landwirtschaftliche Geräte, darüber wird gewohnt. Eine Besonderheit der Sherpa-Häuser, die bei den anderen Volksgruppen fehlt, sind einfache Klosetts, die dem Wohnbau angefügt werden und in denen man menschliche Exkremente mit Laub vermischt als Dünger sammelt. Der Küchen- und Gemeinschaftsraum, hinter dem meist die Hauskapelle liegt, befindet sich im obersten Stockwerk. Er erstreckt sich fast über den gesamten Grundriß des Hauses. In einer mit Lehm ausgekleideten Vertiefung des Holzfußbodens brennt das offene Herdfeuer, der Rauch zieht frei durchs Dach und imprägniert das Balkenwerk der Decke gegen Ungeziefer.

Blank geputztes Geschirr im Regal und das Buttertee-Mischrohr bezeugen den Wohlstand in vielen Sherpa-Häusern.

An der Feuerstelle steht die niedrige, breite Sitzbank für den Hausherrn und seine Gäste. Entlang der Wände ziehen sich Stellagen für Truhen und verzierte Holzregale, auf denen blitzendes Kupfer- und Messinggeschirr vom Wohlstand der Besitzer künden. In der Regel wird im großen Wohnraum auch geschlafen. Während eines Festes stellen sich Hauseigentümer und Gäste in dem großen Gemach zum Stampftanz auf, die Männer auf der einen, die Frauen und Mädchen auf der anderen Seite. Bis in die frühen Morgenstunden trommeln die Filzstiefel zum Takt des Gesangs dröhnend auf den Boden, so daß die Wände beben und der Staub aufwirbelt. In den Pausen geht die Tschang-Schale von Mund zu Mund. Sherpas genießen es, zu singen und zu tanzen. Ihre Gastfreundschaft ist sprichwörtlich, und wenn man in ein Sherpa-Haus gebeten wird, nimmt man ganz selbstverständlich am Leben der Familie und an allen Feierlichkeiten teil.

Die Sherpas sind traditionellerweise Ackerbauern, Viehzüchter und Händler. Da sie in Höhenlagen zwischen 2200 und mehr als 4000 Meter siedeln, beschränken sich die geernteten Feldfrüchte meist auf Gerste, Weizen und Kartoffeln, wobei die Kartoffeln eine ganz wichtige Stellung einnehmen. Die Hauptnahrung besteht allerdings, wie in Tibet, aus Tsampa, einem grob geschroteten Mehl, das aus vorher in heißem Sand gerösteten Weizen- oder Gerstenkörnern gemahlen wird.

8 *In Budhanilkantha liegt auf einem Schlangenbett die uralte Steinfigur des Gottes Vishnu, den die gläubigen Hindus mit Opfern aus Blumen und heiligem Farbpulver verehren.*

9 *Die Tänzer mit den Masken der acht Muttergottheiten erwarten während des Dassein-Festes auf dem Durbar-Platz von Kathmandu ihren nächsten Auftritt.*

10 *Dem schwarzen Kala Bhairava, Schutzgott des Kathmandu-Tals, bringt man während des Dassein-Festes Opfer dar.*

11 *In Bungamati steht der alte Votivstupa (Chaitya) mit den Darstellungen der vier transzendenten Meditations-Buddhas.*

Dazu trinkt man gesalzenen Buttertee, der mit Milch und einem tüchtigen Stück Butter versetzt als dampfende Bouillon serviert wird. Ein weiteres wichtiges Getränk im Sherpa-Leben ist Tschang, ein aus vergorenem Getreide hergestellter, leicht alkoholhaltiger Most. Er wird nicht nur bei Festlichkeiten und Tanzvergnügen gereicht, sondern ist auch mit einer Reihe von Riten verbunden. So wird die Vorhochzeit, die das junge Paar auf die spätere Vermählung vorbereiten soll, Dem-Tschang genannt, und die Überreichung einer großen Holzflasche mit Tschang stellt die zentrale Handlung dieser Feier dar.

Das wichtigste Haustier der Sherpa-Bauern ist der langhaarige und äußerst genügsame Yak, der in diesem Gebiet mit einem Bergrind gekreuzt wird. Die Sherpas betreiben eine ausgeprägte Almwirtschaft. Ein Teil der Familie verbringt den Sommer ständig bei den Yaks auf den Hochalmen unterhalb der Gletscher und Schneefelder. Man lebt dort in einfachen Hütten, die aus Trockensteinmauern errichtet und mit Bambusmatten oder Planen aus Yak-Haaren abgedeckt sind. Auf den Almböden weidet das Vieh, wird gemolken, die Milch wird gebuttert, und auch Feste feiert man dort. Erst im Lauf des Oktober treibt man die Herden wieder zu Tal.

12 *An den hinduistischen Pilgerstätten begegnet man oft Saddhus – wandernden Asketen – aus Indien.*

13 *An hohen religiösen Festtagen drängen sich die Hindus am Bagmati-Ufer in Pashupatinath zur rituellen Waschung.*

14 *Das mit Opfergaben geschmückte Lingam ist ein Symbol für die Schöpferkraft des Gottes Shiva.*

Die Religion der Sherpas ist der tibetische Buddhismus, vermischt mit Elementen des Bön-Glaubens und mit Schamanenriten. Friedlichkeit und Mitgefühl, das sich auch im Umgang mit Tieren zeigt, sind Ausdruck der buddhistischen Lebensphilosophie. Ursprünglich bekannte sich die gesamte Sherpa-Bevölkerung zur orthodoxen Richtung der Nyingmapa, der sogenannten Rotmützen-Schule. Nach der Besetzung Tibets durch die Chinesen haben indessen viele ›Gelbmützen‹ – Gelukpa-Lamas – in den Sherpa-Dörfern Zuflucht gefunden und in neuerer Zeit das religiöse Leben dort beeinflußt. Damit die alten Riten und Zeremonien der angestammten Sherpa-Religion nicht völlig in Vergessenheit geraten, wurde vor kurzem mit finanzieller Hilfe der deutschen Partnergesellschaft ›Freunde Nepals e. V.‹ in der Nähe des Ortes Junbesi eine Klosterschule gegründet, in der junge buddhistische Mönche neben den allgemeinen Fächern auch in den traditionellen Lehren und Ritualen unterwiesen werden. Jedes Dorf im Sherpa-Land besitzt seine Gompa, seinen Dorftempel. Daneben gibt es große Klöster, die durch Bergsteigerexpeditionen und Touristenberichte bis in die westlichen Länder bekanntgeworden sind, wie etwa die Gompas von Bigu, Tschiwong, Mobung, Thami und vor allem Thengpoche im Khumbu am Fuß des Everest-Massivs. Das Haupt- und Tempelgebäude dieses Klosters ist durch Unachtsamkeit im Umgang mit elektrischem Strom im Januar 1989 abgebrannt, wurde jedoch bald danach mit internationaler Finanzhilfe, vor allem von großen Bergsteiger-Organisationen, wieder aufgebaut. Es gehört zu den eindrucksvollsten Erfahrungen einer Wanderung im Siedlungsgebiet der Sherpas, wenn man in einer Gompa am Gottesdienst mit dem dunklen Chorgesang der Rezitationen und den dröhnenden Klängen des aus Bekken, Schalmeien und Pauken bestehenden Orchesters teilnehmen darf oder wenn man gar die prachtvollen Maskentänze des Mani-Rimdu-Festes miterlebt.

Die Sherpas sind tolerant und duldsam, in ihren Liebesbeziehungen locker und freizügig; voreheliche Verbindungen sind gang und gäbe, selbst eheliche Untreue und Scheidungen werden mit großer Nachsicht behandelt. Es scheint, als sei

*Der Gebetszylinder ist ein Hinweis auf die
buddhistische Religion der Sherpas.*

Eifersucht in der Sherpa-Sprache ein Fremdwort. Das unge-
zwungene Verhältnis zwischen Männern und Frauen hat die
Selbständigkeit der Frau in der Sherpa-Gesellschaft wesentlich
gefördert. Sogar wirtschaftlich bewahren sie Unabhängigkeit,
denn eine Sherpa-Frau behält zeitlebens ihr in die Ehe einge-
brachtes Vermögen und verliert es auch nach einer Scheidung

nicht. Wie bei allen Bergvölkern werden Kinder innig geliebt. Es gilt bei den Sherpas als große Sünde, ein Kind zum Weinen zu bringen oder gar zu schlagen. Durch ihren Einsatz als Sirdars, als Köche, persönliche Begleiter und Bergführer im Trekkingtourismus haben sich die Sherpas eine neue Berufschance eröffnet. Begonnen hatte diese Entwicklung, als die ersten Bergsteigerexpeditionen für ihren Weg zu den höchsten Eisgipfeln Angehörige des Sherpa-Volks als Hochträger und Seilgefährten engagierten. Mit ihrer Zuverlässigkeit, ihrer Intelligenz und ihrer unglaublichen Leistungsfähigkeit in großen Höhen wurden sie zu unentbehrlichen Gefährten auf jeder Hochgebirgsexpedition im Himalaya. Später eröffneten ihnen die gleichen Eigenschaften bevorzugte Positionen bei der Begleitung von Trekkinggruppen, und heute ist eine Trekkingtour ohne die hilfsbereite und aufopferungsfreudige Teilnahme von Sherpas kaum mehr denkbar. Die Arbeit für solche Gruppen hat überdies den Vorzug, daß sich die Sherpa-Männer nicht mehr so häufig den Gefahren einer extremen Bergbesteigung aussetzen müssen; viele junge, einsatzfreudige Hochträger kamen bei Bergsteigerexpeditionen in der Vergangenheit zu Tode. Allerdings bleiben sie nach wie vor für die Vorhaben in großen Höhen unersetzlich.

Was hier über die Sherpas berichtet wurde, gilt in ähnlicher Weise für alle tibetstämmigen Völker in Nepals nördlichen Himalaya-Tälern. Manche, wie die zu den *Lhomi* gehörende Splittergruppe der **Khombos** am oberen Arun-Fluß in Ostnepal, leben noch nach alten magischen Vorstellungen. Schamanen helfen ihnen, sich gegen die Macht der Dämonen und Geister zu behaupten. Wenn die Bewohner der Dörfer Navagaon und Tashigaon im Sommer zu ihren Hochalmen im oberen Barun-Tal ziehen, kommen sie an den heiligen Seen am mehr als 4100 Meter hohen Barun-Paß vorüber und verehren dort die Lus, die unberechenbaren Wassergeister. Auf der Alm Neha zu Füßen des Achttausenders Makalu, wo nur eine einzige Hütte steht, befindet man sich im Zentrum des von den Khombos beanspruchten magischen Bergbereichs. Hoch oben in den Felsen sieht man zwei Höhlen, aus denen je eine Quelle hervorsprudelt und in einem dünnen Wasserfallfaden ins Tal herabfällt. Dorthin steigt man, wenn man ein Kind erwartet und wissen will, ob es ein Mädchen oder Junge wird. Die Welt der Khombos ist eng begrenzt, und sie haben sich in ihrem Lebensraum mit all ihren Bedürfnissen so eingerichtet, daß sie mit den Naturgottheiten in Frieden leben und sich selbst versorgen können.

Die Situation der sogenannten **Langtang-Sherpas**, die lange Zeit in ihrem abgelegenen Hochtal unter ärmlichen Verhältnissen existieren mußten, hat sich etwas gebessert, seit ihre Heimat ein beliebtes Ziel für Trekkinggruppen geworden ist. Weiter westlich stößt man am oberen Buri Gandaki hinter dem Achttausender Manaslu auf die **Larkyapas**. Von den Bewohnern der Dörfer zwischen Prok und Larkya Basar weiß man wenig, denn nur selten verirrt sich jemand hierher. Anders ist das im oberen Marsyandi-Tal hinter dem Annapurna-Massiv. Über die großen Dörfer Pisang, Bragha und Manang verläuft eine der meistbegangenen Trekkingrouten in Nepal. Die Bewohner dieser Manangbhot genannten Gegend – die **Manangpas** – sind teils Bauern und Viehzüchter, teils Händler mit internationalen Beziehungen, deren Kontore sich in Kathmandu, Kalkutta, Bangkok, Singapur und Hongkong befinden. Wenn diese Kaufleute in ihre Heimatdörfer zurückkehren, sieht man ihnen ihren Reichtum nicht an. Sie laufen einfach gekleidet, ja manchmal verwahrlost herum wie ihre ärmeren Bauernnachbarn und scheuen sich nicht, Viehherden zu beaufsichtigen oder beim Pflügen der Felder mitzuhelfen. Eine etwas zweifelhafte Berühmtheit haben manche Manang-Bewohner als Goldschmuggler erlangt, vor allem, wenn wieder einmal eine dieser Gruppen den Zöllnern am Flughafen in Kathmandu ins Netz gegangen ist.

Die Religion der Bergbewohner in Manangbhot ist ebenfalls der tibetische Buddhismus. Hoch über dem Dorf Bragha steht eine bedeutende Gompa mit drei Tempeln, die auf den tibetischen Dichterheiligen Milarepa zurückgeführt wird. Zu festlichen Gottesdiensten versammelt sich hier die gesamte Dorfbevölkerung, manchmal finden im geräumigen Haupttempel sogar religiöse Maskentänze statt. Die Gastfreundlichkeit der Manang-Bewohner kann der Wanderer in den zahlrei-

chen Teestuben und Lodges genießen, die infolge des zunehmenden Tourismus im oberen Marsyandi-Tal entstanden sind.

In der weitläufigen Talschaft des westlich benachbarten Mustang-Gebiets siedelt eine tibetstämmige Volksgruppe, die von
altersher intensiv mit dem Salzhandel beschäftigt war. Die
Hauptstadt dieses früheren kleinen Fürstentums heißt Mustang
oder bei der lokalen Bevölkerung Manthang und liegt im
nördlichsten, Lo genannten Gebietsabschnitt. Deshalb nennt
man die Volksgruppe in der Mustangregion auch **Lopas**. Diese
Lopas tragen tibetische Tracht, das Haar der Männer ist zu
einem langen Zopf geflochten, und an ihren Ohren baumeln
dicke Türkisohrringe. Die Frauen tragen buntgestreifte Wollschürzen um die Hüften und Ketten aus glückbringenden
Steinen. Sie sprechen einen tibetischen Dialekt, ihre Religion
ist der Buddhismus tibetischer Prägung. Die Lopas wohnen
in kleinen Dörfern am Rand von Flußoasen am obersten Kali-
Gandaki-Ufer. Ihre künstlich bewässerten Felder sind in der
braunen Halbwüstenlandschaft die einzigen grünen Flecken.

Manthang ist eine richtige kleine Stadt mit Flachdachhäusern, Gompas, einem Fürstenpalast, Tschörten und Gebetsfahnen, vollständig umgeben von einer hohen Stadtmauer aus
Lehm. Nur ein einziges Tor führt in die mittelalterlich befestigte Siedlung. In der politisch unruhigen Zeit Mitte der
siebziger Jahre wurde die Manthang-Region wegen der hier
versteckten tibetischen Guerillas zum Sperrgebiet erklärt. Obwohl die bewaffneten Tibeter inzwischen abgezogen sind, ist
das Gebiet weiterhin gesperrt. Nachrichten über das Leben
seiner Bewohner dringen nur selten nach außen.

Begibt man sich von Manthang weiter nach Westen, so
gelangt man in die Landschaft Dolpo, Heimat der **Dolpopas**.
Neben dem Sherpa-Land ist dies das größte durchgehend von
tibetstämmigen Menschen besiedelte Gebiet in Nepal. Die
Dolpopas, etwa im Tarap-Tal, im Tal zwischen Shey und
Samling oder in den Tälern von Panzang und Namgung,
leben heute noch in einer bäuerlichen Gesellschaftsform, wie
sie vor hundert oder zweihundert Jahren im benachbarten
Südtibet geherrscht haben dürfte. In ihrer kahlen, baumlosen
Heimat betreiben sie Bewässerungsfeldbau und Viehzucht mit

Yaks und Schafen. Lediglich Gerste, Grannenweizen und Kartoffeln können im Frühjahr in die zuvor gedüngten und bewässerten Äcker gesät oder gesetzt werden.

Die Dolpopas wohnen in Höfen, die an Burgen erinnern, häufig einen Innenhof einschließen und wegen der zeitweise heftigen Stürme nur winzige Fenster besitzen. Das flache Dach dient zusätzlich als Wohn- und Arbeitsfläche, auf der vor allem das Getreide getrocknet und gedroschen wird. Im Inneren dieser Häuser ist es dunkel, Licht fällt lediglich durch die Fensterluken und das Rauchabzugsloch über der offenen Feuerstelle. Dort wird in erster Linie Yakmist und Schafdung verbrannt, da Holz rar und teuer ist. Die Gompas im Dolpo gleichen von außen den Wohnhäusern, sind jedoch innen mit schönen Wandmalereien und figurenreichen Altären ausgestattet. Lamas der buddhistischen Nyingmapa-Schule oder der Bön-Religion rezitieren, musizieren und meditieren in den Tempeln. Es gibt eine ganze Reihe von Bön-Klöstern und - Tempeln im Dolpo-Gebiet, und im Dorf Charka ist mit einer neugegründeten Klosterschule sogar ein richtiges Zentrum für die alttibetische Religionsrichtung entstanden. Charakteristisch für die Dolpo-Landschaft sind die rot-weiß bemalten Tschörten, deren mittlerer Kugelaufbau von einem umlaufenden, durch Holzsäulen gestützten Dach umgeben wird. Die Bewohner des Dolpo sind freundlich und höflich, sie lachen gern und singen selbst bei der Feldarbeit. Zu Fremden sind sie überaus gastfreundlich. Oft wird man in ein Haus eingeladen und im Halbdunkel der Küche mit Tsampa, Buttertee oder Tschang bewirtet. Dolpopa-Männer haben einen langen Zopf um den Kopf geschlungen und tragen zumeist einen knielangen Mantel, dessen Oberteil sie bei warmem Wetter bis auf die Hüften herunterrollen. Die Frauen kämmen ihre Haare in eine typische Ponyfrisur; sie tragen ärmellose Mantelkleider, Tschuwas genannt, und um die Hüften bunt gestreifte Wollschürzen. Ihr auffälliger Schmuck setzt sich aus großen Türkisohrringen, Halsketten mit glückbringenden Halbedelsteinen, silbernen Fingerringen und einer großen, an der linken Schulter befestigten Silberspange in Dorje-Form zusammen. Aufgrund der traditionellen Kleidung und Lebensweise könnte man meinen, daß die Bewohner des Dolpo rückständig und weltfremd seien. Dies freilich trifft nicht zu. Zum einen ist ihre Lebensform genau den klimatischen und landschaftlichen Bedingungen ihrer hochgelegenen Heimattäler angepaßt, zum anderen haben sie auf ihren Handelsfahrten nach Tibet und bis in die indische Ebene reichlich Erfahrungen mit anderen Kulturen gesammelt. Vielleicht ist es ein Stück Lebensweisheit und Selbstschutz, daß die Dorfbewohner zu Hause auf einer traditionellen Lebensweise beharren.

Nach dem Besuch im Dolpo-Land sind noch zwei von tibetstämmigen Menschen bewohnte Gebiete im Nordwesten Nepals zu erwähnen. Das eine zieht sich vom oberen Mugu Karnali bis an die tibetische Grenze und beherbergt die **Mugupas**, das andere umfaßt das Tal des oberen Humla Karnali und liegt am Pilgerweg zum heiligen Berg Kailash in Tibet. Die Bewohner dieser Gebiete ähneln nach Aussehen, Kleidung, Lebensform und Religion sehr den Dolpopas. Nachrichten aus dieser Region sind indessen selten, da es sich hier immer noch um politische Sperrgebiete handelt.

Hohe Berge, tiefe Täler –
überall leben Pflanzen und Tiere

Das Bild der Oberfläche

Vor dem Besucher Nepals, der das Land in der Regel von Süden her erreicht, bauen sich die unterschiedlichen Bergregionen stockwerkartig auf. Zunächst gelangt er allerdings in das flache, nur zehn bis fünfzig Kilometer breite **Terai-Tiefland**, das von einigen großen Flüssen in Nord-Süd-Richtung durchschnitten wird: dem Karnali im westlichen, dem Narayani und der Bagmati im mittleren, schließlich dem Sapt Koshi im östlichen Bereich. Wenn die Monsunregen im Gebirge niedergehen, verursachen diese Ströme oft gewaltige und verheerende Überschwemmungen. Mit Ausnahme von Pokhara und Kathmandu liegen alle großen Städte Nepals hier im Tiefland. Eine befestigte und gut befahrbare Straße verbindet sie vor den Siwalik-Bergen in der ganzen Länge des Landes. Die intensive wirtschaftliche Nutzung und Erschließung der Terai-Ebene wurde durch die erfolgreiche Bekämpfung der Malaria und den Zuzug vieler Menschen aus den Berggebieten ermöglicht, denen sich hier bessere Verdienst- und Lebenschancen boten.

Der fremde Gast kann indessen kaum erkennen, ob er sich in der indischen Ganges-Ebene oder im nepalischen Terai befindet. Diesseits wie jenseits der Grenze trifft er auf die gleichen in den Schatten hoher Mangobäume oder Bambusbüsche geduckten Lehmhäuser, die gleichen bis an den Horizont reichenden Reis-, Jute- oder Baumwollfelder und die gleichen schwerfälligen Ochsenkarren, die mit ihren beiden riesigen Holzrädern knarrend über die holprigen Wege rumpeln.

Aus der Ebene erheben sich dann zunächst die etwa 1000 Meter hohen **Siwaliks**, die ein lichter Laubwald wie ein Fell bedeckt. Diese menschenfeindliche Vorgebirgszone ist nicht nur ein verlockendes Forschungsfeld für den Botaniker und Zoologen, sondern sie hält auch für den Paläontologen und Prähistoriker interessante Funde bereit. So hat man beispielsweise in dem lockeren Bodenmaterial neben Knochen von tertiären Säugetieren und Reptilien auch Nachweise aus der menschlichen Entwicklungsgeschichte aufgespürt. Der be-

Die Terai-Urwälder werden immer stärker zurückgedrängt.

kannte Ramapithecus, ein affenähnlicher Vorfahr des Menschen, ist in den Siwalik-Bergen entdeckt worden.

Hinter den niedrigen Vorbergen ragt dann schon die auf rund 3000 Meter ansteigende **Mahabharat-Kette** auf, deren Hänge mit Dörfern und Terrassenfeldern durchsetzt sind. Mit ihrem Namen erinnert sie an das altindische Heldenepos des Mahabharata, das viele seiner Legenden hier spielen läßt. Der Blick von den Bergrücken geht auf der einen Seite in die hitzeflimmernde nordindische Ebene, auf der anderen zu den weit entfernten Eisdomen des Zentralhimalaya.

Zwischen der Mahabharat-Region und dem eigentlichen Hochgebirge Nepals liegt dann ein ausgedehntes Mittelbergland mit Gipfeln zwischen 2500 und mehr als 4000 Metern, das sogenannte **Pahar-Bergland**. Dieses ausgedehnte Gebiet mit abgerundeten, bewachsenen Bergrücken und tief eingeschnittenen Tälern ist der Siedlungsbereich der nepalischen Bergvölker. Tausende und Abertausende von Terrassenfeldern überziehen die Hänge; dazwischen eingestreut erkennt man die hellen Flecken kleiner Haufendörfer oder lehm- und feldsteingemauerter Einzelgehöfte. Es ist kaum vorstellbar, welch unendliche Mühen die Anlage und Erhaltung der Feldterrassen kostet. Wald findet sich im Pahar-Bergland zumeist nur noch auf den Bergkämmen und in den oft schluchtartigen Talgründen. Er ist außerdem durch den Zugriff der Bergbevölkerung für Feuerholz und Baumaterial aufs äußerste bedroht. Um Nahrung für immer mehr Menschen aufzubringen, werden auch Steilhänge abgeholzt und in Terrassenhänge umgewandelt. So ist der nächste Erdrutsch nur noch eine Frage der Zeit. Ob Aufforstungs- und Umsiedlungsprogramme das Erosionsproblem einer Lösung näherbringen werden, weiß vorläufig niemand. Ganz gewiß muß man aber die ungezügelte Waldnutzung und die lawinenartige Vermehrung der Bevölkerung stoppen.

Begibt man sich von den Pahar-Bergen noch weiter nach Norden, so erreicht man die eigentliche **Hochgebirgszone des Himalaya**. Hier stehen wieder dichte Laub- und Nadelwälder. Ab etwa 4000 Meter dehnen sich bis in die Nähe des ewigen Schnees von 5000 bis circa 5500 Meter hochalpine Matten und

Weiden, die mit Zwergsträuchern und während der Monsun-zeit mit einer Fülle von Bergblumen bedeckt sind. Darüber türmen sich schließlich die eisgepanzerten Himalaya-Gipfel bis in Höhen von mehr als 8000 Meter auf. Sie sind das Ziel von Bergsteigern aus aller Herren Länder, vor allem aber für die gläubigen Nepalesen Symbole der unnahbaren Götter.

Das nepalische Bergland ist jedoch nicht nur durch den Aufbau unterschiedlicher Höhenstufungen in Nord-Süd-Richtung gegliedert, sondern läßt auch in der Längsausdeh-nung von Westen nach Osten Differenzierungen der Oberflä-chenstruktur erkennen. Die meisten **Flüsse** fließen von Norden nach Süden und schneiden nordsüdlich verlaufende Mittelge-birgsketten aus den Bergmassiven heraus. Ganz besonders deutlich zeigt sich dies an den Durchbruchsschluchten des Kali Gandaki, Marsyandi, Buri Gandaki, Tamba Koshi oder Arun. Diese Ströme entspringen nördlich des Himalaya-Haupt-kamms und führen so zu einem interessanten Naturphäno-men: Durch den Verlauf der Flüsse bilden die zentralen Berg-ketten zwar eine Klima-, nicht aber eine Wasserscheide. Diese liegt weit im Norden im tibetischen Transhimalaya.

Wer einen Flug über das Land unternimmt, dem werden in der mittleren und höheren Bergregion immer wieder größere und kleine **Seen** auffallen, die wie blauschimmernde › Wasser-schüsseln‹ inmitten der Höhenrücken auftauchen. Das fängt mit dem vielbesungenen Rara-See im Westen an, führt zum fjordartigen Phoksumdo-See im Dolpo-Gebiet und erreicht schließlich rund um Pokhara die lieblichen Seen Pewa Tal, Begnas Tal und Rupakot Tal. Direkt am Fuß der Eisberge zieht sich eine große Zahl von kleinen Gletscher- und Moränenseen entlang, die meist als heilig verehrt werden. Diese ›Panch Pokhari‹ – fünf Seen – sind beliebtes Ziel sommerlicher Pilger-züge. Manche dieser hochgelegenen Bergseen stellen eine Ge-fahr für die darunterliegenden Täler dar, denn, verursacht durch Erdrutsche, Eislawinen oder heftige Monsun-Regen-güsse, verwüsten sie gelegentlich mit einer Flutwelle die tiefer gelegenen Talböden.

Aus dem Flugzeug kann man, neben den topographischen Strukturen, auch sehr gut die Veränderungen in der **Bewaldung**

Nepals beobachten. So sind die Bergrücken im Westen vielfach mit dichtem Bergwald bedeckt. Je weiter man dann nach Osten kommt, um so geringer werden, mit zunehmender menschlicher Besiedlung, die Waldbestände. Sie ziehen sich allmählich auf die Bergkuppen und in die Talgründe zurück. Rings um Kathmandu liegen dann ganze Bergmassive kahl, und Erosionsschäden sind allenthalben erkennbar, vor allem entlang der neu angelegten Straßen. Vom Kathmandu-Tal nach Osten wird der Baumbestand auf den Bergen immer dichter, während die Zahl der Dörfer und Einzelhöfe abnimmt. Ganz im Osten, insbesondere zwischen den Achttausendern Makalu und Kangchendzönga, ziehen sich schließlich wieder ausgedehnte Wälder über Hänge und Bergrücken.

Es grünt und blüht im Himalaya

Klima und Pflanzenwelt

Die Jahreszeiten gliedern sich in Nepal in zwei Hauptabschnitte: den regenreichen Sommer und den trockenen, kühlen Winter. In den Sommermonaten von Juni bis September herrscht subtropisches Monsunklima mit starken Regenfällen und stets hoher Luftfeuchtigkeit. Im Winter wird das Land trocken und braun; Schnee fällt lediglich in den höheren Berglagen und reicht selten bis unter 2800 Meter hinab. Die Übergangszeiten Frühling und Herbst sind in Nepal weniger deutlich ausgeprägt als beispielsweise in Europa. Der *Monsun* kündigt sich schon im Mai mit Blitzen, Donner und heftigen Gewittergüssen an. In der Regel beginnt in dieser *Vormonsunzeit* der Tag mit strahlendem Sonnenschein, um die Mittagszeit oder nachmittags ziehen Wolken auf, und abends bis in die Nacht hinein brechen schwere Regengewitter hernieder. Wenngleich die nasse Jahreszeit im September ausläuft, kann es auch im Oktober oder November noch zu starken Niederschlägen kommen, meist ausgelöst durch von Süden heranziehende *Zyklone* (Wirbelstürme). Dies führt dann gelegentlich

Der Aronstab erinnert an ein züngelndes Schlangenhaupt.

zum Zusammenbruch des gesamten Straßen- und Flugverkehrs. Die Nepalesen nehmen solche Wetterkatastrophen mit der ihnen eigenen Gelassenheit hin, während Pauschaltouristen in derartigen Situationen über ausgefallene Leistungen in ihrem Reiseprogramm lamentieren.

Am besten läßt sich der Ablauf der Jahreszeiten an den jeweiligen Veränderungen in der Pflanzenwelt verfolgen. Den ganzen Winter über bis in den **März** hinein trifft man nur auf wenige blühende Gewächse, und die Landschaft wirkt ausgetrocknet. Lediglich die Blüten der Magnolienbäume und Seidelbaststräucher bilden leuchtende Tupfer an den Hängen. Ab Ende **März bis Mai** blühen die Rhododendren und überziehen bisweilen die höher gelegenen Waldregionen zwischen 3000 und 4000 Meter mit Kaskaden von weißen, rosafarbenen und roten Blütenwolken. In dieser Zeit herrscht in Nepal die größte Hitze, und verheerende Waldbrände können in den Bergwäldern wüten. Im Kathmandu- und im Pokhara-Tal oder auch in der Terai-Ebene ist es staubig und brütend heiß;

häufig brechen Cholera-Epidemien in den dichtbesiedelten Landesteilen aus. Im Mai wird es allmählich feuchter. Die Gewitterregen des Vormonsuns ermöglichen den Anbau von Mais, Gerste oder Weizen. An der Baumgrenze blühen jetzt die Zwergrhododendren und erste Frühlingsblumen wie Kugelprimeln, Sikkimprimeln, Zwergenzian oder Astern.

Geradezu explosionsartig erwacht die Vegetation dann im Monsun endgültig aus der Trockenruhe, entwickelt eine Fruchtbarkeit und Vielfalt, wie sie nur ein Hochgebirge der Subtropen hervorbringen kann. Wie mit einem gewaltigen Seufzer breitet sich ein Meer von sprießenden Gewächsen aus. Orchideen aller Art beginnen im Moos der Baumstämme zu blühen. Philodendren entfalten im tropfenden Bergwald am Unterlauf der Flüsse ihre großen Blattlappen. Aronstabgewächse mit ihren eigenartigen Blüten wirken am Waldboden wie geheimnisvolle Reptilien. Ein Teppich von Bergblumen überzieht die hochgelegenen Matten und Wiesen.

Im **Juni** wird der vorher in Frühbeeten angesäte Reis in den schlammigen Boden der Felder gesteckt. Die Frauen singen bei der Arbeit, die für sie ein fröhliches Fest ist, mit der Aussicht auf eine gute Ernte. Ein sattes Grün in allen nur denkbaren Abstufungen, von lichtem Gelbgrün bis zu dunklem Tannengrün, überzieht jetzt die Bergrücken Nepals. Das Blühen und Wachsen hält den ganzen Sommer über an. Wie nasse Wogen branden die feuchten Monsunwolken täglich von Süden gegen die Himalaya-Berge. Nur selten durchbricht ein Hochdruckeinfall die in schneller Folge heranziehenden Monsuntiefs und läßt die frisch verschneiten Eisgipfel in überirdischer Schönheit vor dem blauen Himmel erstrahlen.

Gegen **Ende August** nimmt der Regen ab, und die sonnigen Tage häufen sich. Aber noch bis weit in den **September** gehen heftige Regengüsse nieder. Die Luftfeuchtigkeit bleibt weiterhin hoch, steigert sich bis zur Schwüle, sobald Sonnenstrahlen in die nassen Bergwälder eindringen. Auch wenn nun die eigentliche Vegetationszeit in den Wäldern und auf den Hochalmen vorüber ist, entfalten sich vom September bis in den immer sonniger und trockener werdenden **Oktober** hinein noch einmal große Flecken aus gelbbrauner Wolfsmilch und weiß-blau blühendem Enzian. Auf den Terrassenfeldern reifen jetzt Reis, Hirse, Buchweizen und Sojabohnen der Ernte entgegen. Ende Oktober liegen die goldgelben Garben des frisch geschnittenen Bergreises in filigranen Mustern auf den Äckern bei Jumla in Westnepal; auf den Straßen und Plätzen der Stadt Bhaktapur im Kathmandu-Tal dreschen und worfeln die Stadtbauern ihn zu goldenen Haufen.

Ab Ende Oktober breitet sich über dem Land wieder Trokkenheit aus. In den Hochlagen zieht die Winterkälte ein. Das Vieh ist längst von den Almen herabgetrieben, und morgens liegt Reif auf den vertrockneten Pflanzenstielen zwischen den Zwergsträuchern oberhalb der Baumgrenze. Im **Dezember** fällt Schnee, der bis in die hochgelegenen Täler hinab liegen bleiben kann. An den Hochgebirgsgipfeln hängen riesige Schneefahnen und künden von dem eisigen Sturm, der als sogenannter ›Jetstream‹ nun das Besteigen der höchsten Spitzen unmöglich macht.

Wälder und Bäume von der Ebene bis zu den hohen Bergen

Von den Talböden über die Waldgrenze bis an die Grenze des ewigen Schnees ist die Pflanzenwelt in deutlich unterscheidbare Höhenzonen untergliedert. Noch bis zur Mitte unseres Jahrhunderts war die Terai-Ebene vor den Bergen mit dichtem Urwald bedeckt – ein natürlicher Schutzwall gegenüber Feinden. Heute sind die zusammenhängenden Flachlandwälder bis auf Reste, vorwiegend im westlichen Terai, verschwunden. Dies vor allem deshalb, weil der Wald gerodet, ausgedehnte Reisfelder angelegt und landlose Bauern aus dem Bergland hier angesiedelt wurden. Die vorherrschenden Gehölze in den verbliebenen Terai-Wäldern sind der *Salbaum* und der *Simalbaum*; ansonsten bedeckt mannshohes *Elefantengras* die freien Flächen. Die Salbäume folgen den unteren Flußläufen aufwärts in das Gebirge hinein und kommen auch noch in Höhen von etwa 1000 bis 1200 Meter vor. Die gleichen Laubwälder bedecken die Siwalik-Berge, dazu gesellen sich aber schon die ersten Kiefern, die auf den Mahabharat-Bergen immer häufiger auftreten. Bis zu einer Höhe von etwa 1800 Metern wächst die *Roxburgkiefer* mit großen, dicken Zapfen, weiter oben bis über 3500 Meter hinaufkletternd die langnadelige *Tränenkiefer* mit ihren schlanken Zapfen. An den Pfaden über die Mahabharat-Ketten und durch das mittlere Bergland stehen in unregelmäßigen Abständen hohe, schattenspendende Laubbäume: der heilige *Feigenbaum* des indischen Subkontinents, der *Banyanbaum* und der *Pipalbaum*. An ihrem Fuß ist immer eine Steinmauer, die Chautara, errichtet, die zum Abstellen von Lasten und als Ruheplatz dient.

Im mittleren Pahar-Bergland läßt sich die Einteilung der Bergwälder in Laub- und Nadelwaldstufe deutlich erkennen. In den Laubwäldern wächst eine Fülle von verschiedenen Baumarten, unter denen *Kastanien* und auf 2400 bis 2800 Meter *Eichen* besonders auffallen. In der Nähe von Siedlungen sind sie oft ›geschnaitelt‹, das heißt, die erreichbaren Äste werden bis zur Krone hinauf abgehackt und als Viehfutter verwendet, wodurch die Bäume das Aussehen von überdimensionalen, bebuschten Besenstielen erhalten. Es ist klar, daß ein solcher Wald von geschnaitelten Eichen seine ökologische Funktion als Regenwasser-Auffänger und -Verteiler verliert. Charakteristisch für die Nadelwaldstufe ist die *Himalaya-Weißtanne* mit bläulichen, aufrecht stehenden Zapfen; im Westen mischen sich noch *Fichten* darunter und in manchen nördlichen und nordöstlichen Regionen die nadelabwerfenden *Lärchen*. *Zedern* sind in Nepal selten und auf den fernen Westen beschränkt, wo sie angepflanzt werden. Ab 2700 bis etwa 3100 Meter treten gewaltige Stämme von Nadelbäumen mit kleinen Nadeln und winzigen Zapfen auf: *Hemlocktannen*. Sie bestimmen um 3000 Meter den Charakter des Bergwalds, bis sie hundert Meter höher von den *Weißtannen* verdrängt werden, deren wichtigste Begleiter *Rhododendron-Bäume* sind. Am Urwaldboden bildet *Bergbambus*, von den Bewohnern Ostnepals ›Ningale‹ genannt, ein undurchdringliches Dickicht. In der sommerlichen Monsunzeit wird die Wanderung durch den Himalaya-Forst zu einem Gang durch einen verzauberten Märchenwald. Lange Flechtenbärte hängen von jedem Ast,

Das Schnaiteln der Eichen nimmt dem Wald seine Schutzfunktion.

die Stämme sind mit einer dicken Moosschicht überzogen, Nebelfetzen wehen um die Bäume, und unaufhörlich tropft es aus dem Geäst. Die Luftfeuchtigkeit dieses ›Nebelwalds‹ liegt beständig bei hundert Prozent. In Höhenlagen über 3400 Meter bildet der *Rhododendron* in Zentral- und Ostnepal oft einen eigenen Waldbestand, der ab der Baumgrenze in einen drei bis vier Meter hohen Krummholzgürtel übergeht. Im Frühjahr ist er über und über mit weißen, violetten, roten oder gelben Blütenbüscheln bedeckt. In Westnepal allerdings, von der westlichen Landesgrenze bis zum Kanjiroba-Massiv, stehen in dieser Zone überwiegend *Birken*. In den inneren Trockentälern, etwa am oberen Mugu Karnali, im nördlichen Dolpo, im Mustang-Gebiet oder im oberen Marsyandi-Tal, gibt es dann nur mehr locker gestreute Bestände von *Tränenkiefern, Baumwacholdern* und *Bergzypressen*.

In einer Höhe von 3600 bis 4000 Metern lichtet sich der Bergwald; Weißtannen und Baumwacholder wachsen nur noch vereinzelt zwischen Rhododendren. Die Waldgrenze liegt im Westen bei 3800 Meter, im Osten bei 4000 Meter. Auf den Wald folgt jetzt eine Strauchregion, die neben *Berberitzen, Rosen, Wacholdern* und *Zwergmispeln* vor allem aus *Zwergrhododendren* und *Azaleen* besteht. Weiter oben geht sie in eine Zwergstrauchheide über. Wacholderbüsche und der gelb blühende, alpenrosenähnliche *Rhododendron antopogon* verströmen einen würzig-harzigen Duft, der für die Almregion des Himalaya charakteristisch ist. Zweige dieser Sträucher werden von den Bergbewohnern gerne als Weihrauch bei religiösen Zeremonien verbrannt. Ab 4500 Meter können sich nur mehr Gräser, Flechten und sturmfeste Kräuter behaupten, bis am Rand der Sommerschneegrenze, zwischen 5500 und 6000 Metern, jegliches höhere Pflanzenleben aufhört.

Blumenvielfalt im Monsun

Will man indessen den überwältigenden Blumenreichtum Nepals kennenlernen, sollte man in der Monsunzeit vom Frühjahr bis zum Herbst Wanderungen unternehmen. Neben Magnolien und Rhododendren bildet die *Orchideenblüte* einen Höhepunkt im Blumenjahr des nepalischen Himalaya. Überall sitzen die grünen Bulben dieser Pflanzenfamilie auf den bemoosten Baumstämmen und Felsbrocken. Bereits im April öffnen sich die ersten Blütenköpfe einiger Arten in tieferen Berglagen; dazu gehören Dendrobium densiflorum mit goldgelben Blütentrauben oder die weißblühenden Coelogyne ochracea und Coelogyne cristata. In den Sommermonaten nimmt die Artenvielfalt zu; besonders schön sind große Frauenschuh-Orchideen, das weißblühende Waldvögelein, rotblühendes Knabenkraut, einige Arten der Gattung Calanthe, verschiedene Stendelwurzen oder die lockere, dunkelrote Blütentraube der Ponerorchis chusua, die noch oberhalb der Baumgrenze bis 4200 Meter vorkommt.

Wenn sich im Juni die ersten Monsunregenfälle über das Land ergießen, dann scheint die Blumenwelt Nepals förmlich zu explodieren. Zwischen nassen, bemoosten Felsen an den Berghängen um das Kathmandu-Tal trifft man dann die blaßrosa Blüten der *Begonia rubella* an, während sich die großen weißen Blüten der *Begonia picta* auf den Umrandungen der Terrassenfelder ausbreiten. Im Bambusdschungel an den Südhängen des Annapurna-Massivs hängen die geheimnisvollen Kannenblüten der *Aristolochien* oder *Pfeifenwinden*. Sie wirken als Kesselfliegenfallen, da sie kleine Fliegen in ihren Blütenboden locken und dort bis zur Bestäubung festhalten. In den Flußtälern der mittleren Höhenlagen blühen die gelbbraunen, fast faustgroßen Blumenköpfe des *Nepal-Türkenbunds* und am Kali Gandaki oder Trisuli-Fluß die weißen Kelche der *Himalaya-Riesenlilie*. Felsige Schrofen und steile Wiesenhänge auf 1500 bis 2800 Meter sind in der Monsunzeit gespickt mit *Ingwerpflanzen*, deren rosaviolette Blüten an Bodenorchideen erinnern. In den nassen Tälern zwischen 2000 und 3500 Meter blühen *Aronstabgewächse*. Unter ihnen wirken die Blütenstände der vielen *Arisaema*-Arten mit ihrem aufgeblähten Hochblatt und einem weit hervorragenden Kolbenstengel wie züngelnde Kobraköpfe.

Auf Wanderungen von der Waldgrenze bis zu den höchsten Almweiden stößt man auf eine Blumenpracht seltener Schönheit. Im späten Frühjahr setzt hier die Blütezeit mit einer Anzahl von *Primeln* ein, unter denen die gelben Sikkimprimel-Teppiche oder die violetten Kugelprimeln besonders auffallen. Auch die ersten *Steinbrecharten* und *Mannsschildpolster* fallen ins Auge. Wenn die feuchten Monsunschwaden an den Baumstämmen vorbei über die Almwiesen ziehen, wähnt man sich in einem einzigen natürlichen Alpengarten, in dem dunkelviolette und blaue *Primeln*, *Astern*, *Edelweiß*, gelbe und rote *Läusekräuter*, weiße und gelbe *Fingerkräuter*, nickende *Schachblumen*, blaue *Zwergiris*, gelber *Enzian*, goldgelber *Alant*, *Anemonen* und *Bergenien* blühen. Eine Sonderstellung nimmt der *Blaue Scheinmohn* ein, die geheimnisvolle ›blaue Blume‹ des Himalaya; sie erscheint im Juli und August in Hochlagen von 4500 bis über 5000 Meter. Neben dem Blauen Scheinmohn gibt es auch gelb- und rotblühende Arten. Höhen von 4000 bis 4500 Meter erreicht der *Himalaya-Rhabarber* mit seinen rostfarbenen Blütenständen und lappenartigen Blättern. Ausgesprochene Bergsteiger unter den Blütenpflanzen sind die *Himalayascharten*. Noch in 5600 Meter Höhe trifft man diese merkwürdigen Pflanzengestalten an, die mit einem weißen Gespinst als Schutz gegen das rauhe Klima überzogen sind.

Schließlich verdienen neben der feuchten Monsunregion auch die Trockentäler des innersten Himalaya Beachtung. Hier ist die Pflanzendecke zwar dünn, aber einige interessante Blüten sind trotzdem aufzufinden. Dazu gehören der krautige *Berglauch* und das strauchige *Meerträubel* mit gelborangen kleinen Blüten, die beide auf trockenem Untergrund gedeihen. Zwei dornige Zwergsträucher, der *Erbsen-* und der *Tragantstrauch*, sind im Sommer mit gelben Schmetterlingsblüten überzogen.

Zwar decken sich Monsun- und Blütezeit im nepalischen Himalaya weitgehend, doch trifft man noch in der Nachmonsunzeit von September bis Oktober auf blühende Pflanzen. Diese Nachmonsunblüte erstreckt sich vor allem auf die obere

Die Himalaya-Scharte schützt sich mit einem Gespinst
gegen Wetterunbilden.

Bergwaldstufe, den Bereich der Baumgrenze und auf die hohen Almweiden. Hier findet man jetzt noch *Eisenhut*, verschiedene *Glockenblumen*, *Weidenröschen*, ganze Felder des himmel-
blauen *Trompetenenzians* und den bis auf 5100 Meter vorkommenden *Bergrittersporn*, dessen dunkelviolette Blüten mit
einem Pelz silberfarbener Haare überzogen sind.

Nutz- und Heilpflanzen

Die Nepalesen nutzen die Pflanzen ihrer Heimat auf mannig-
fache Weise. Holz braucht man zum Feuern und Bauen; aus
Bambus werden Matten, Körbe und Gerätschaften hergestellt;
Laub wird an das Vieh verfüttert; Baumfrüchte und wilde
Erdbeeren oder Himbeeren werden ebenso gegessen wie
Wildgemüse und Wurzeln; die Rinde des Seidelbasts wird zu
handgeschöpftem Papier verarbeitet. Heilkräuter nehmen eine
wichtige Stellung in der traditionellen Medizin ein. Zu ihnen
gehören *Salbei*, *Meerträubel*, *Bergenien*, *Wiesenrauten*, die Knol-
len einer *Knabenkraut-Orchidee*, die Wurzeln des *Himalaya-
Rhabarber* oder die bis zwei Meter hoch wachsende *Engelwurz*.
Vielfältig verwendbar ist der *Indische Hanf*, der sich als Grund-
substanz für Rauschmittel wie Haschisch oder Ganja einen
schlechten Ruf eingehandelt hat. In Nepal wurden diese Mittel
von Asketen, Schamanen und Magiern schon seit altersher in
kleinen Mengen konsumiert, um Trancezustände herbeizufüh-
ren. Heute ist der Verbrauch von Drogen allerdings im Himalaya-Königreich gesetzlich verboten, obwohl man der Hanf-
pflanze immer noch wildwachsend an Wegrändern, Feldum-
rahmungen oder in Kartoffeläckern begegnet. Eine recht
eigenartige ›Heilpflanze‹ ist ein Gewächs, das die Einheimischen »*Yarsa Gumba* – halb Pflanze, halb Tier« nennen. Es
besteht aus einer Schmetterlingsraupe, die von einem Pilz
befallen wird, der nach dem Absterben der Raupe seine Spo-
renkolben aus deren Hinterleib treibt. Man findet dieses
Schmarotzerwesen gelegentlich auf Wiesenböden und benutzt
es als Amulett gegen Krankheiten oder, zu Pulver zerstoßen,
als Medikament.

Die Tierwelt Nepals –
artenreiche Vielfalt

Das Terai mit seinen Nationalparks

Im März des Jahres 1961 – bei meinem ersten Nepal-Aufenthalt – lagen die Wälder des westlichen Terai in der Nähe von Nepalganj noch unangetastet vor den Bergen; die Umsiedlung landloser Bergbauern hatte noch nicht eingesetzt. Ich zog mit einigen nepalischen Trägern am Karnali-Fluß entlang, um im Auftrag der UNO die erste geographische Erkundung des Gebiets für einen späteren Kraftwerksbau durchzuführen. Im weichen Boden des Flußufers stießen wir auf große, runde Vertiefungen, Fußspuren von wilden Elefanten. Zur großen Beruhigung meiner Träger kramte ich eine winzige Pistole hervor und erklärte mich bereit, an der Spitze der Karawane zu marschieren. Am nächsten Morgen entdeckte ich hinter unserem Lager am Ufer des Karnali frische Trittsiegel eines Tigers. Sicherheitshalber löschte ich sie diesmal rasch aus.

Wilde Elefanten und Tiger gehören als indische Faunenelemente ebenso zur Tierwelt des Terai wie Panzernashörner, Sambarhirsche, wilde Büffel, Wildschweine, Gaviale, Tigerpythons oder Saruskraniche. In der Hauptsache ist ihr Vorkommen heute auf die Schutzgebiete des Terai beschränkt. Die beiden Reservate im westlichen Teil, **Shukla Phanta** und **Bardia Karnali**, sind einander hinsichtlich Flora und Fauna sehr ähnlich. Im offenen Grasland ›Phanta‹ nahe den Siwalik-Bergen leben vor allem noch wilde *Indische Elefanten, Tiger, Sumpfhirsche, Indische Antilopen* und gelegentlich im Karnali-Fluß *Gaviale*. Der berühmteste Nationalpark in der Ebene ist der **Royal-Chitwan-Nationalpark** südlich von Kathmandu. Hier kann das *Panzernashorn* im geschützten Revier seine Population erhalten. Man hat die Möglichkeit, diese Tiere vom Elefantenrücken aus in ihrer natürlichen Umgebung zu beobachten. Neben den genannten Tierarten gibt es im Chitwan-Park auch *Axishirsche, Sambarhirsche*, gelegentlich einen *Gaur* und im Narayani-Fluß *Gaviale* und *Sumpfkrokodile*.

Das östlichste Wildschutzgebiet in der Flachlandzone, das **Koshi-Tappu-Reservat**, beheimatet die letzte Population von *Wilden Büffeln* im nepalischen Terai. Man kann den Wilden Büffel an seinen weit ausladenden, nach oben geschwungenen Hörnern leicht vom zahmen Haus-Wasserbüffel unterscheiden. Da das Nahrungsangebot für die Tiere im Reservat knapp geworden ist, schwimmen sie bisweilen über den Fluß und richten in den angrenzenden Feldern erheblichen Schaden an. Ein Teil soll deshalb in den Chitwan-Nationalpark umgesiedelt werden.

Mannigfaltig ist auch die Vogelwelt im Terai: *Saruskraniche*, *Kuhreiher* oder *Kormorane* bevölkern dieses Gebiet das ganze Jahr über; im Winter kommen auffällige Zugvögel aus dem Norden wie *Jungfernkraniche* oder *Rostgänse*. Von den Reptilien sind der *Bengalenwaran*, der riesige *Tigerpython* oder die hochgiftige *Kobra* erwähnenswert.

Das untere Bergland

Wie bei den Pflanzen folgt die Verteilung der Tierwelt den Höhenstufen vom Terai über das Pahar-Bergland bis zu den Hochgebirgstälern. Allerdings ist die Abstufung der Fauna weniger streng gegliedert als die der Flora, da sich Tiere besser verteilen können. *Languraffen* kann man beispielsweise sowohl in den Mahabharat-Bergen am unteren Karnali oder Sun Koshi als auch in den Zweigen der Himalaya-Weißtannen oben im Langtang-Tal nahe der Baumgrenze herumtollen sehen. Neben den Languren kommt in Nepal noch eine zweite Affenart vor: die *Makaken oder Rhesusaffen* mit braunem Fell und kurzem Schwanz. An manchen heiligen Stätten des Kathmandu-Tals, beispielsweise in Swayambunath oder in Pashupatinath, begegnet man ihnen besonders häufig, da hier für sie der Tisch mit Opfergaben reich gedeckt ist. Oft machen sich die halbwüchsigen Rhesusaffen von Swayambunath ein Vergnügen daraus, das Geländer an der Pilgertreppe vom steilen Hügel herabzurutschen.

Wer durch das mittlere Bergland wandert, trifft selten auf wildlebende Säugetiere. Kaum jemand wird den scheuen *Ne-*

Makaken sind Bewohner der Tempelbezirke im Kathmandu-Tal.

belparder, die *Goldkatze* oder die *Larvenrollerkatze* in freier Wildbahn zu Gesicht bekommen. Dafür hört man nachts das Heulen der *Schakale*, die um die Dörfer schleichen und von den Dorfhunden verbellt werden. Recht eigenartige Gesellen sind das *Schuppentier* und das *Stachelschwein*. Schuppentiere kommen noch in mehr als 2000 Meter Höhe vor, wo sie unterirdische Termitenbauten ausgraben und deren Bewohner mit ihrer langen, klebrigen Zunge auflecken. Ihr Körper ist mit scharfkantigen Hornschuppen bedeckt; bei Gefahr rollen sie sich wie Igel ein und schrecken damit ihre Feinde ab. Eine ähnliche Funktion erfüllen die langen Stacheln des Stachelschweins. Wenn es sich in einem Felsloch verkriecht, ist der Eingang zu seinem Versteck vollständig verschlossen. *Streifenhörnchen* oder einfarbige *Himalaya-Hörnchen* mit buschigen Schwänzen tummeln sich auf den Rastbäumen am Wegrand.

Wenn sich im Sommer und Herbst die Abenddämmerung über das Kathmandu-Tal senkt, fliegen die *Riesenflughunde* wie Eulen mit lautlosem Flügelschlag in Scharen nach Süden, um dort die Obstbäume zu plündern. Im Gegensatz zu ihren kleinen Fledermausverwandten sind sie reine Vegetarier. Den Tag verschlafen sie, in ihre Flughäute eingehüllt, an hohen Bäumen hängend in Gärten und Parks des Kathmandu-Tals. Die Bäume, die solche Schlafkolonien beherbergen, sehen dann aus, als hingen an ihren Zweigen große, dunkle Früchte. Ebenfalls erst in der Dämmerung aktiv sind die *Moschusspitzmäuse*, die als Bodenbewohner im Kathmandu-Tal und in den subtropischen, tieferen Regionen des Berglands im Wurzelwerk von Gebüschen, in Steinhaufen oder in löcherigem Mauerwerk Unterschlupf finden. Sie sind mit bis zu 25 Zentimetern Gesamtlänge für Spitzmäuse recht groß und strömen einen moschusartigen Geruch aus. Zur subtropischen, indischen Fauna gehört ferner der *Mungo*, der von der Terai-Ebene ein ganzes Stück die Täler aufwärts zieht. Neben Ratten, Mäusen, Echsen, Fröschen, kleinen Vögeln und Insekten frißt er auch gerne Schlangen, giftige und ungiftige. Dabei überwältigt er sogar Kobras, die viel größer als er selbst sind. Wegen seiner in solchen Auseinandersetzungen bewiesenen Tapferkeit hat der Schriftsteller Rudyard Kipling ihm in seinen berühmten ›Dschungelbüchern‹ unter dem Namen ›Rikki-Tikki-Tavi‹ ein Denkmal gesetzt.

Nepal ist ein Vogelparadies. Überall in den tieferen Lagen und zu jeder Jahreszeit kann man beispielsweise *Hauskrähen* mit ihren hellgrauen Nacken und Bäuchen, auf Beute lauernde *Schachwürger* oder die schwalbenähnlichen, kohlschwarzen *Drongos* beobachten, die gern Telefondrähte als Ansitz benutzen und von dort aus Insekten jagen. Auf dem ›Tundikhel‹, der Paradewiese am Rand der Altstadt von Kathmandu, versammeln sich in der Vormonsun- und Monsunzeit Scharen von weißen *Kuhreihern*, die, vom traditionellen mittäglichen Böllerschuß aufgeschreckt, rauschend in die Lüfte steigen, in dichtem Schwarm ein paarmal über dem Platz kreisen und endlich in verschiedene Richtungen auseinanderstieben. In den Gärten der Königsstädte nistet der finkengroße *Rotbürzel-Bulbul*, ein hervorragender Sänger mit einer Federhaube auf dem Kopf und einem blutrot leuchtenden Fleck unter dem Schwanz. Über den Städten und Dörfern segeln mit charakteristischen Flugbildern die großen Greifvögel: der *Schwarzmilan* mit seinem schwach gegabelten Schwanzende oder der *Bengalengeier* mit seinen mächtig ausgreifenden Schwingen und den gespreizten Schwungfedern am äußeren Flügelrand. Beide sind Aasfresser und als ›Gesundheitspolizei‹ unentwegt unterwegs, um tote Tiere zu beseitigen.

Gelegentlich kann man beim Umherstreifen in den tieferen Lagen des Pahar-Berglands grüngefärbten Sittichen begegnen, beispielsweise dem *Rotkopf-Sittich* oder dem *Himalaya-Sittich*, die sich durch ihr heiseres Kreischen verraten und ihren Bodenflug mit einem langen Schwanz steuern. Die zu den Eisvögeln gehörenden *Königsfischer* und *Lieste* lassen sich vor allem in der Vormittagssonne an Flüssen und Seen gut beobachten. Das Jagdverhalten des bis zu 35 Zentimeter großen schwarzweißen *Gescheckten Königsfischers* verdient besondere Beachtung. Auf einem Ast am Flußufer sitzend, steigt er plötzlich hoch und bleibt wie ein Falke rüttelnd in der Luft stehen. Sobald er dann eine Beute erspäht hat, stürzt er, mit dem spitzen Schnabel voraus, wie ein Pfeil ins Wasser, um einen Fisch aufzuspießen.

Die häufigsten Vögel der tieferen Berglagen sind indessen *Hirtenstare* oder *Mainas*. Diese Starenvögel mit schwarzen Köpfen, olivbraunen Oberseiten, gelben Schnäbeln und ebensolchen Augenflecken bauen ihre Nester unter Stroh- und Ziegeldächern und wecken die Bewohner frühmorgens mit durchdringendem Geschrei. In Gesellschaft der Mainas trifft man oft die *Dajaldrossel* an, die mit schwarzglänzendem Rückengefieder, weißem Bauch und schwarzweißen Streifen wie eine Miniaturelster aussieht.

Reptilien sind wärmeliebende Tiere, deren Körpertemperatur und Aktivität von der Lufttemperatur abhängen. Sie leben deshalb vorwiegend in den tieferen und mittleren Gebirgsregionen. In feuchtwarmen Talgründen wie auch in den Gärten von Kathmandu und Pokhara fallen im Frühjahr die zur Echsenfamilie der Agamen gehörenden *Buntagamen* auf. Während die Weibchen unscheinbar braun mit zwei hellen Längsstreifen sind, können die Männchen in der Erregung die Farbe ihrer olivbraunen Köpfe in leuchtendes Rot wechseln. Dies geschieht vor allem, wenn sie in der Fortpflanzungszeit einem Rivalen begegnen. Bei der *Östlichen Bergwald-Agame*, die in Ostnepal zwischen Arun-Fluß und Kangchendzönga-Massiv beheimatet ist, sind die Körper der Männchen in der Fortpflanzungszeit goldgrün gesprenkelt.

Unter der Vielzahl der Schlangen im nepalischen Himalaya fällt die hübsche und harmlose *Himalaya-Natter* mit ihren ziegelroten Schuppen besonders auf. Ein goldbrauner Glanz überzieht dagegen die Schuppenhaut der mehr als zwei Meter langen *Strahlennatter*, die in der Erregung ihren Hals aufbläht und eine auffällige Augenfleck-Zeichnung sehen läßt. Als Glücksbringer gilt die große, dunkle *Rattennatter*, die ebenfalls eine Länge von zwei Meter überschreiten kann. Unter den wenigen Giftschlangen des tiefer gelegenen Berglands sind die kleine, braune *Bergotter* oder die gleichfalls kleine, schwarzweiß-rötlichbraun gebänderte *Indische Korallenotter* zu erwähnen.

Frösche und Kröten trifft man im feuchten, niederen Himalaya überall an, insbesondere während der Monsunzeit. Ein vielstimmiges Konzert verkündet dann abends die Anwesen-

Zwei sich paarende Himalaya-Schwalbenschwänze.

heit der Lurche. In den bewässerten Reisfeldern wimmelt es von *Braunfleckfröschen*, *Reisfeldfröschen* und großen *Tiger-fröschen*. Unter den Straßenlaternen in Kathmandu und Po-khara warten nachts die *Schwarznarbenkröten* auf Insekten-beute. Nur fingernagelgroß ist der *Zwerg-Engmaulfrosch*. Der *Himalaya-Ruderfrosch* legt seine Eier in Schaumnestern ab, die er an die Unterseite von Steinen im flachen Tümpelwasser heftet.

In der warmen Jahreszeit schwirren, summen und zirpen im unteren Bereich des mittleren Berglands unzählige Insekten. Über den Reisfeldern und entlang der Bäche schießen *Libellen* wie Miniaturhubschrauber hin und her. Große, grüne *Gottes-anbeterinnen* lauern im Geäst niedriger Büsche mit erhobenen Fangarmen auf Beute. Aus den Baumkronen tönt das ohren-betäubende Sirren der oft daumengroßen *Zikaden*. Bunte Schmetterlinge, darunter viele *Schwalbenschwanz-Verwandte* mit gelben oder roten Fleckenfeldern auf den Hinterflügeln, große und schwarzgelb gefärbte *Vogelflügler*, *Bären-Spinner* mit rotem Hinterleib oder das auf dem Boden ruhende *Flie-gende Blatt* sind charakteristisch für diese Gegend. Im Geäst von Sträuchern und Bäumen haben *Baum-Ameisen* kugelförmige Papiernester angelegt. Viele Gebüsche sind völlig überzogen von Spinnennetzen, in deren Mitte langbeinige, gelb gebän-derte *Radnetzspinnen* sitzen.

Die obere Bergwaldregion

Vom Bereich der Eichenwaldzone bis an den oberen Rand der Nebelwaldregion existiert eine Tierwelt, die typisch ist für die Himalaya-Bergwälder. Es gehört allerdings schon viel Glück dazu, einen *Gelbkehlmarder*, ein *Grauwiesel* oder ein *Himalaya-Wiesel* über eine Waldwiese schnüren zu sehen. Glück braucht man auch für eine Begegnung mit dem fuchsgroßen *Katzenbä-ren* oder *Kleinen Panda*. Mit seinem rostroten Rückenfell über einer schwarzbraunen Unterseite, seinem grau und rotbraun geringelten Schwanz und seiner hell-dunklen Maske wirkt er wie ein Harlekin des Berg-Urwalds. Die Nahrung dieses hervorragenden Kletterers besteht vorwiegend aus Früchten,

Wurzeln und Bambusschößlingen, aber gelegentlich auch aus Mäusen, Vogeleiern und Insekten. Beim Spielen stellt er sich auf die Hinterläufe, hebt die Vorderfüße zum Schlag bereit und läßt ein quietschendes Brummen hören, das in wohliges Knurren übergeht, wenn man ihn am Bauch oder im Nacken krault. Zusammen mit dem Glanzfasan gilt er als Wappentier des Himalaya-Königreichs. Ein ebenso scheuer Waldbewohner ist die dunkel gemusterte *Zibetkatze*, die als Besonderheit ein moschusähnliches Sekret besitzt, das in der Kosmetikindustrie als Grundstoff für Parfums verwendet wird. Leider fällt das Tier deshalb oft Wilderern zum Opfer. Zibetkatzen sind ausgezeichnete Kletterer, die in der Dämmerung und nachts auf Nahrungssuche ausziehen. Sie fressen überwiegend Bee-

Der Kleine Panda ist ein Wappentier Nepals.

ren, Baumfrüchte und Wurzeln, nehmen aber auch Mäuse, Insekten, Vogeleier, Echsen und Schlangen zu sich. Ein weiterer Bewohner dieser Region ist der *Himalaya-Kragenbär*, den man jedoch kaum jemals zu Gesicht bekommt.

Ein kleiner Hirsch ist der *Muntjak* oder ›Mirkha‹, wie ihn die Nepalesen nennen. Der rotbraun gefärbte Bock trägt auf dem Kopf ein Gabelgehörn mit nur zwei Enden. Nachts hört man aus den Terrassenfeldern oft seinen wie Hundegebell klingenden Warnruf, der ihm den Namen ›bellender Hirsch‹ eingetragen hat. Zwei Berg-Ziegenantilopen sind der zwar plumpe, aber kletterfreudige *Serau* und der zierliche, gemsenähnliche Goral, die beide in unzugänglichen Waldschluchten der mittleren bis oberen Himalaya-Regionen leben.

Eine ganze Reihe von Kleinsäugetierarten findet im Himalaya-Bergwald ausreichende Lebensbedingungen. Da ist die bildhübsche *Himalaya-Waldratte* mit ihren großen Ohren, einem überlangen Schwanz von mindestens anderthalb Körperlängen und einem gelb- bis rötlichbraunen Rückenfell, das sich scharf gegen den cremeweißen Bauch absetzt. Daneben treten noch häufig die *Sikkim-Kurzohrmaus* und verschiedene Spitzmausarten auf.

Im Frühjahr hallen die Bergwälder des Himalaya wider von einem vielstimmigen Vogelchor, der aus mehreren *Kuckucksarten*, *Timalien*, *Lachdrosseln*, *Bergdrosseln*, *Laubsängern*, *Alzippen*, *Fliegenschnäppern* und vielen weiteren Vogelarten besteht. Ganz besonders schön sind die Männchen der *Prachtfliegenschnäpper* mit leuchtend blauem Rücken und braunroter Brust. Auf Pässen und an Waldrändern bis in die Nähe der Baumgrenze kann man die *Langschwanz-Menningvögel* beobachten. Männchen und Weibchen, beide etwa so groß wie Bachstelzen, sind auffallend, wenngleich ganz verschieden gefärbt. Der blauschwarze Kopf und der Nacken glänzen metallisch, die Unterseite des Männchens leuchtet tiefrot, beim Weibchen hingegen kanariengelb. Unauffälliger sind der schwarzweiß getupfte *Gefleckte Gabelschwanz* und der *Gelbschnabelkitta* mit seinen violettblauen Flügeln. In den Wipfeln von Tannen, Ahorn- und Rhododendron-Bäumen zirpen und piepsen ganze Scharen von *Tannenmeisen*, *Himalaya-Haubenmeisen*,

Braunkopfmeisen oder *Gelbstirnmeisen*; mit lautem Pfeifen oder Zirpen rutschen *Kleiber* und *Baumläufer* die Baumstämme hinauf und herunter. Der *Tannenhäher* pickt unter rätschendem Geschwätz die Flügelsamen aus den Zapfen der Tränenkiefer heraus. Ein ausschließlich an Bächen und Flüssen lebender kleiner Vogel ist die *Braune Wasseramsel*, ein ruheloser Taucher und Schwimmer. Der *Weißkappen-Rotschwanz* mit erdbeerrotem Schwanz und Bauch, blauschwarzem Kopf und Nakken, sowie einer weißen Kopfkappe ist indessen der häufigste Singvogel an Bächen und Flüssen. Von Stein zu Stein huschend schlägt er den Schwanz wie einen Fächer auf und ab. Das Schmettern des *Zaunkönigs*, des Zwergs unter den Singvögeln, hört man im Weißtannen-Wald, am Bachrand, aus dem krumm gebogenen Geäst der Rhododendron-Bäume und zwischen den Zwergsträuchern über der Baumgrenze. Wie der Weißkappen-Rotschwanz steigt der Zaunkönig aus den Talgründen bis weit über die Baumgrenze hinauf.

Anfang der siebziger Jahre war ich als Wissenschaftler mit einer Forschungsexpedition am Fuße der Annapurna und im Kali-Gandaki-Tal unterwegs. Neben Kleinsäugetieren untersuchten wir Lebensweise und Vorkommen von Fröschen, Kröten, Echsen, Schlangen und Schmetterlingen. Wochenlang hielten unsere Zeltcamps auf Lichtungen der Bergwälder dem Monsun stand. Unvorstellbare Regengüsse, abgerutschte Berghänge, angeschwollene Bäche und Flüsse, aber auch Legionen von Landblutegeln machten uns zu schaffen. Auf den Steinmauern des alten Handelsweges entlang des Kali Gandaki saßen Hunderte von grauen *Felsenagamen*, die an urweltliche Minidrachen denken ließen. In den Laubwäldern unterhalb des Annapurna-Massivs, bis zu einer Höhe von fast 3000 Meter, trafen wir auf *Nebelwaldagamen*. Die Männchen dieser kleinen Echsenart sind grasgrün, können aber ihre Farbe wechseln; die Weibchen sind braun gefärbt, eine gute Tarnung, wenn sie ihre Eier in das verrottende Laub am Waldboden ablegen. Immer wieder begegneten wir im Kali-Gandaki-Tal der *Himalaya-Grubenotter*, einer der wenigen Giftschlangen im Nepal-Himalaya. Ihr Verbreitungsgebiet erstreckt sich von Westnepal bis an diesen Fluß. Sie ist zwar nicht übermäßig giftig, aber ihr Biß schmerzt außerordentlich. Sie ist etwa so groß wie eine Kreuzotter und besitzt zwischen Nasenloch und Auge eine Sinnesgrube als Wärmeorgan, mit dem sie beispielsweise Mäuse in völliger Dunkelheit orten kann. Meist trafen wir bei unserer Expedition jedoch auf harmlose, ungiftige Schlangen, wie etwa die *Hodgson-Natter*, die mit ihrer grauen Schuppenfärbung, dem schlanken Kopf und den schnellen Bewegungen der europäischen Äskulap-Natter ähnelt.

In feuchten Mainächten hörten wir den kurzen, heiseren Abwehrruf der männlichen *Himalaya-Kröten*, die in flachen Tümpeln auf dem Rücken ihrer laichbereiten Weibchen festgeklammert saßen und aufdringliche Rivalen mit den Hinterbeinen abwehrten. Diese großwüchsige Krötenart besitzt am Hinterkopf riesige Drüsenfelder und legt, wie die europäische Erdkröte, ihre Eier in langen, gallertigen Schnüren ab. Den *Bergbachfrosch* des oberen Marsyandi-Tals beobachteten wir im Monat Mai gleichzeitig in allen denkbaren Entwicklungsstadien. Dies ist eine Folge der Anpassung an die kurze Aktivitätsperiode im rauhen Klima der Bergwelt zwischen 2600 und 3800 Meter Höhe.

Von der Baumgrenze
zu den Hochgebirgs-Almen

Aus den dichten Bergwäldern und den tiefen Schluchten steigt der Bergwanderer in die lichter werdende Zone der Waldgrenze auf und betritt dann die Region der Zwergbüsche und Hochalmen. Die hier lebenden Tierarten sind ausgesprochene Hochgebirgsbewohner. Auch der *Wolf* und der *Braunbär* gehören dazu. Wenn die Abenddämmerung die knorrigen Äste der Rhododendren immer bizarrer werden läßt, treten die scheuen *Moschushirsche* witternd aus ihren Tagesverstecken. Die skurril aussehenden Tiere mit überlangen Hinterläufen erinnern nur von weitem an Rehe. Anstelle eines Geweihs ragen aus dem Oberkiefer der Böcke lange, gebogene Eckzähne hervor. Auf einer meiner Exkursionen streifte ich einmal frühmorgens am Fuß des Siebentausenders Numbur durch das Gestrüpp von Zwergrhododendren und Wacholdern, als plötzlich vor mir dunkle, massige Gestalten aus den milchigen Schwaden auftauchten. Es waren *Thars*, Hochgebirgs-Halbziegen mit dicken, geschwungenen Hörnern, die freilich ebenso schnell vom Nebel wieder verschluckt waren. Kleinwüchsige, häufig anzutreffende Säugetiere an der Baumgrenze und darüber sind die meerschweinchengroßen *Pfeifhasen*. Ihr eigentliches Reich sind die hohen Almweiden bis hinauf zum ›ewigen Schnee‹ in mehr als 6000 Meter Höhe. Die Taiakbos – so der Sherpa-Name für die Pfeifhasen – haben ein seidenweiches Fell, relativ große Ohren und sind schwanzlos. Sie halten keine Winterruhe und tragen deshalb Gras und Kräuter als Vorrat für die kalte Jahreszeit in ihre unterirdischen Baue. Den Lebensraum zwischen Zwergsträuchern von Rhododendren, Wacholdern und Berberitzen teilen sie mit der kleinen scheuen *Himalaya-Bergwühlmaus*. Wenn bisweilen ein großer dunkler Schatten auftaucht, stieben die Pfeifhasen unter hellen ›Warnpfiffen‹ in ihre Verstecke, und die Bergwühlmäuse huschen ebenfalls davon. Ein riesiger Bartgeier streicht dann niedrig an den Hängen entlang. Er ist, ebenso wie der Steinadler, das Himalaya-Wiesel oder der Bergfuchs, ihr Todfeind.

Die auffälligsten Vögel im Bereich der Baumgrenze und darüber sind großwüchsige Hühner und Fasane. Die einen halben Meter groß werdenden *Königshühner* mit ihrem helldunkel gemusterten Gefieder, rötlichen Streifen am Hals und ihren gelben Füßen fliegen bei Gefahr mit rauschendem Flügelschlag zu Geröllhalden und verschmelzen dort völlig mit ihrer Umgebung. Etwas kleiner, aber ähnlich abwechslungsreich gemustert sind die *Felsenhühner*, denen man zwischen dem Dhaulagiri und Kangchendzönga begegnen kann. Der *Blutfasan* bekam seinen Namen von den tiefrot leuchtenden Federn auf der Brust, die den Eindruck erwecken, als blute er aus einer Stichwunde. Der *Glanzfasan* ist der schönste Fasanenvogel im Himalaya; sein Konterfei ist sogar auf nepalischen Briefmarken zu bewundern. Das Gefieder der Hähne leuchtet in metallischen Glanzfarben: grün der Kopf, kupferrot der Hals, violettblau bis grün die Flügeldecken, rostrot der Schwanz. Ihre Köpfe zieren buntschillernde Federhauben. Ihr

heiserer Balzschrei im Frühjahr erinnert an einen rauhen Glok-
kenton und schallt weit durch die oberen Bergwälder und über
die Almwiesen. Schwerfällig und knatternd, mit dreieckig
gespreizten Schwingen streichen sie bei Gefahr an den Hängen
bergab. Viele kleinere Vögel, wie die *Pfeifdrossel*, die *Braunelle*,
das *Himalaya-Rotkehlchen* und der *Rosenbrustpieper*, lassen ihren Gesang im Frühjahr und in der Monsunzeit laut erklingen.
Rotschwänze fliegen wippend über das kurze Gras, rotgefie-
derte *Karmingimpel* hüpfen am Boden umher, *Bergfinken* bevölkern noch die höchsten Almwiesen und Geröllabhänge in
mehr als 5000 Meter Höhe.

Während der Forschungsexpedition im Kali-Gandaki-Tal
standen unsere Zelte auf einem kleinen, rund 3800 Meter
hoch gelegenen Almboden am Osthang des Achttausenders
Dhaulagiri. Nach einem strahlenden Morgen mit großartiger
Fernsicht auf das gegenüberliegende Annapurna-Massiv rück-
ten dunkle Monsunwolken heran, und am Nachmittag zogen
feuchtwarme Nebelschwaden aus dem Tal herauf. Mit ihnen
kamen große Mengen von Insekten – vor allem Schmetterlinge, Käfer und Fliegen – und einige unglaublich farben-
prächtige *Feuerschwänzige Sonnenvögel*. Kopfplatte und Wan-
gen der Männchen sind blau gefärbt, der Rücken leuchtend
rot, der Bauch kanariengelb und der lange, gegabelte Schwanz
wieder rot mit einem gelben Bürzel; die Weibchen zeigen sich
unscheinbarer, mit gelbem bis gelbbraunem und gelbolivem
Gefieder sowie einem roten Bürzel. Neben den mächtigen
Greifvögeln, dem *Bartgeier*, dem *Steinadler* und dem überwiegend grauweiß gefärbten *Himalaya-Geier* beherrschen Raben-
vögel die Luft über den Himalaya-Höhen. Vor allem die *Alpen-
krähen* und die *Bergdohlen* begeistern durch ihre Flugkünste.
Der dort ebenfalls heimische *Kolkrabe* sieht mit seinem strup-
pig wirkenden Gefieder und seinem unförmigen Schnabel
eher häßlich aus. Wenn er sich jedoch in die Luft erhebt,
verwandelt er sich in einen Meister des Segelflugs. Wie ein
Adler spreizt er seine Schwingen, schraubt sich in Spiralen
empor und läßt seine wohlklingenden ›Glong‹-Rufe ertönen.
Optisch hinreißend ist die *Blaue Grandala* mit dem schönen
Beinamen ›Fliegender Saphir‹. Etwa so groß wie eine Drossel,

trägt sie ihr strahlend blaues Gefieder wie einen kostbaren Mantel in Höhen von mehr als 5000 Meter zur Schau.

Es überrascht indessen, daß die Berge des Himalaya nicht nur Säugetieren und Vögeln vorbehalten bleiben, sondern daß auch eine zierliche Eidechse mit leicht abbrechendem Schwanz, die zu der Familie der Skinke zählende, lebendgebärende *Himalaya-Skincella*, bis weit über die Baumgrenze hinaufsteigt.

Die Trockentäler
im nördlichen Bergland

Die Tierwelt der nepalischen Hochgebirgsregion wäre unvollständig beschrieben, wollte man nicht noch die hochgelegenen Trockentäler an der Nordgrenze Nepals zu Tibet hin berücksichtigen. Insbesondere im nordwestlichen Teil des Landes trifft man auf eine zentralasiatische Fauna. An den felsdurchsetzten Steilhängen der Himalaya-Massive äsen *Blauschafe*, deren Farbe jedoch gelbbraun bis schiefergrau ist. Nur das Fell der Böcke weist einen Blauschimmer auf — daher der Name dieser Huftiere. Sie besitzen wuchtige, nach hinten ausschwingende Hörner, die bei den Weibchen allerdings schwächer ausfallen als bei den Männchen. Blauschafe nehmen — so der Zoologe George B. Schaller — eine systematische Zwischenstellung zwischen Schafen und Ziegen ein. Sie sind ausgezeichnete Kletterer und suchen gerne Zuflucht an den unzugänglichsten Felshängen, von wo aus sie ihren gefährlichsten Feind, den *Schneeleoparden*, rechtzeitig erkennen können. Unter den Säugetieren des Himalaya ist dieser der König. Im Sommer steigt er bis 6000 Meter hinauf, folgt jedoch im Winter seiner Beute tief in die Täler hinab. Seine dichtbehaarten Pranken wirken wie Schneeschuhe, die tiefes Einsinken verhindern. Das graue, mit dunklen Flecken besetzte Fell verhilft ihm zu einer hervorragenden Tarnung. Der Schneeleopard ist ein Einzelgänger, der große Reviere braucht, um seinen Nahrungsbedarf zu decken. Zu seiner Beute gehören neben Blauschafen und anderen Hörnerträgern auch kleinere Tiere wie Pfeifhasen, Murmeltiere und Königshühner. Sein einziger

Feind ist der Mensch, der ihm auf Großwildjagden und mit Wilderei – trotz Artenschutzgesetzen – wegen seines schönen Fells nachstellt.

Wenn man von den Pässen am oberen Humla Karnali, im nördlichen Mugu-Tal, im nördlichen Dolpo oder im Mustang-Gebiet in die kahlen Hochtäler hinabsteigt, wundert man sich über die vielen von halbkreisförmigen Erdwällen umgebenen Löcher im Almwiesenboden. Es sind die Eingänge zu den unterirdischen Höhlen von *Murmeltieren*, die sich von ihren alpinen Vettern in Europa durch ein besonders dickwolliges Fell und verhältnismäßig lange Schwänze unterscheiden.

Neben den großen Greifvögeln wie Bartgeier und Adler kann der Vogelfreund zwei für diese Gegend typische Singvögel beobachten: die *Ohrenlerche* und die *Kurzzehenlerche*. Die Ohrenlerche zeichnet sich durch eine schwarzweiße Gesichtsmaske mit zwei kleinen Federhörnchen aus. Die Kurzzehenlerche wirkt dagegen mit ihrem graubraunen Gefieder unscheinbar, dafür tönt ihr Gesang laut und jubelnd. Beim Abstieg vom Wallfahrtsort Muktinath hinunter nach Kagbeni am Kali-Gandaki-Fluß huschen gelegentlich kleine Echsen über den steinigen Boden und verschwinden in den spärlichen Dornbüschen. Dies sind *Krötenkopf-Agamen*, die den Namen wegen ihrer krötenähnlichen Köpfe erhielten.

An der nepalisch-tibetischen Grenze – im Westen nördlich der großen Eisberge, im Osten direkt am Himalaya-Hauptkamm – endet die Exkursion durch die Tierwelt Nepals. Sowohl für den Naturfreund als auch für den Fachzoologen bringt sie mit ihrer Vielfalt und ihrer durch die gewaltigen Höhenunterschiede bedingten Eigenart der Lebensformen eine Fülle von Erlebnissen und Beobachtungen.

Die Nationalparks im Hohen Himalaya

Zwischen der oberen Bergwaldstufe und dem Hochgebirge liegt die zweite Kette nepalischer Nationalparks. Von Westen nach Osten beginnt dies mit dem selten besuchten, auf einem Hochplateau liegenden **Khaptad-Nationalpark**. Der nächste ist der relativ kleine **Rara-Nationalpark** mit dem berühmten, malerischen Rara-See als Zentrum. Hier hat man ganze Dorfgemeinschaften aufgelöst und damit eine unbesiedelte, ruhige Naturlandschaft erhalten. Es folgt sodann der zum Dolpo-Gebiet gehörende **Shey-Phoksumdo-Nationalpark**, der von der Bergwaldstufe um 3000 Meter bis in das Hochgebirgsgelände an der tibetischen Grenze reicht. Dieser Park schließt so reizvolle Landschaften wie den tiefblauen, fjordartigen Phoksumdo-See, das meditativ wirkende Hochtal um das Kloster Shey Gompa und die wilde Talschlucht des oberen Langur-Flusses ein. Die Hochgebirgstierwelt mit *Blauschaf*, *Thar*, *Schneeleopard*, *Murmeltier* und *Felsenhuhn* ist hier besonders vielfältig und läßt sich gut beobachten. Südlich des Dolpo liegt das **Dhorpatan-Jagd- und Wildreservat**, in dem bedrohte Säugetier- und Vogelarten ebenfalls Schutz finden.

Jenseits des Kali Gandaki erstreckt sich bis in den Bereich des oberen Marsyandi-Tals der jüngst entstandene **Annapurna-Nationalpark**, der sich um einen Ausgleich zwischen relativ dichtbesiedelten Tälern und den unzugänglichen Bergflanken des Annapurna-Massivs bemüht. Belastend wirken sich jedoch die Trekkingtouren durch die Täler von Marsyandi und Kali Gandaki auf die Natur aus. Die Erhaltung traditioneller Kultur- und Lebensformen spielt auch im nördlich des Kathmandu-Tals gelegenen **Langtang-Nationalpark** mit seinen Dörfern und Kleinsiedlungen eine bedeutende Rolle. Hier besteht allerdings ein noch zu lösendes Problem zwischen Mensch und Wildtier, denn die Felder der Bauern werden häufig von *Languraffen*, *Wildschweinen* oder *Bären* aus den umliegenden Wäldern geplündert – die Jagd ist jedoch in einem Nationalpark verboten.

Am Fuß des höchsten Berges der Erde, des 8848 Meter hohen Mount Everest, erstreckt sich der **Sagarmatha-Nationalpark** über die Hänge eines grandiosen Hochgebirgs-Massivs. Hier trifft man mit *Serau*, *Thar*, *Moschushirsch*, *Kleinem Panda*, *Glanzfasan* und *Blutfasan* auf die charakteristische Tierwelt des östlichen Himalaya. Da dieses Gebiet ein bevorzugtes Ziel für Trekkingtouren darstellt, hat man strenge Vorschriften für die Besucher des Nationalparks erlassen, wobei vor allem die

Verwendung von Kerosin als Brennstoff im Vordergrund steht. Mit finanzieller Unterstützung des Deutschen Alpenvereins wurden Kerosin-Depots angelegt, aus denen sich die Touristen versorgen können. Weitere Hilfe bei der Einrichtung des Parks kam von der UNESCO und der Regierung Neuseelands. Mit seinen großartigen Eisgipfeln, ausgedehnten Bergwäldern und Almwiesen, seiner einzigartigen Tier- und Pflanzenwelt sowie den gastfreundlichen, in autonomen Dorfgemeinschaften wohnenden Sherpas gehört der Sagarmatha-Nationalpark zu den eindrucksvollsten und schönsten Schutzgebieten der Erde.

Der Yeti

Mit riesigen Schritten bewegt sich ein Wesen über die höchsten Himalaya-Hänge und hinterläßt nichts als große, rätselhafte Fußstapfen im Schnee auf Gletschern und Pässen. Viele wollen es gesehen haben, aber niemand konnte bisher seine Existenz beweisen. Die Rede ist vom Yeti, dem Wilden Schneemenschen. Seinen Platz behauptet er irgendwo zwischen Legende, Dämonenglaube und realer Erscheinung. Die Sherpas erzählen immer wieder abenteuerliche Geschichten von ihm. Die einen behaupten, es sei ihnen in einer Vollmondnacht eine mächtige, behaarte Gestalt begegnet, die sich auf die Hinterbeine emporgereckt und sie mit erhobenen Armen bedroht habe. Andere wollen erfahren haben, daß der Yeti Yak-Kälber oder junge Sherpa-Mädchen geraubt hätte, um diese in eine unzugängliche Höhle zu verschleppen. Einmal soll sogar eine ganze Gruppe von Schneemenschen unter Summen und Brummen eine Art Tanz aufgeführt haben. Die Bewohner der hohen Bergdörfer halten überdies eine genaue Beschreibung des unheimlichen Wesens bereit. Danach besitzt es einen massigen, dichtbehaarten Körper mit rötlich-brauner Fellfärbung und benutzt seine langen Arme als Laufhilfe. Sein Kopf ähnelt dem eines Affen, mit dicken Augenwülsten, fliehender Stirn, flacher kleiner Nase und einem zurückweichenden Kinn. Unwillkürlich fühlt man sich dabei an das Erscheinungsbild eines Neandertalers erinnert. Zudem kann der Yeti zwar nicht spre-

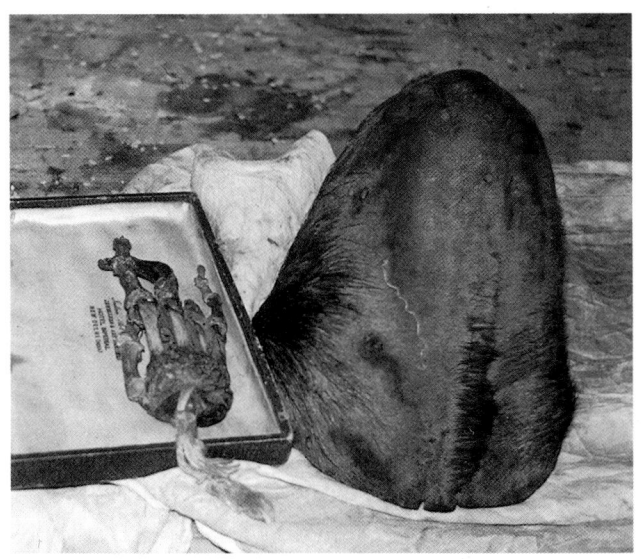

Der angebliche Yeti-Skalp ist ein Fellstück vom Serau.

chen, stößt aber zuweilen ein schrilles Pfeifen oder ein durchdringendes, Unheil bringendes Heulen aus. Die Sherpas berichten über drei Typen von Schneemenschen: einen großen, vegetarisch lebenden und zwei kleinere, von denen der eine Fleisch ißt und der andere die Felder der Bergbauern plündert. Als Mann wird er Drepo und als Frau Dremo genannt, und manchmal erscheint er in gemalter Gestalt auf buddhistischen Rollbildern.

Nach so vielen furchteinflößenden und phantasievollen Schilderungen stellt sich die Frage, was wirklich faßbar ist an den Vorstellungen über dieses Phantom. Bis heute sind lediglich Fußspuren und meist zweifelhafte Augenzeugenberichte bekannt geworden. Im Jahr 1921 fand Colonel C. K. Howard-Bury während einer Mount-Everest-Expedition eine große, menschenähnliche Fährte am 6500 Meter hohen Lakpa-Paß. Der Bergsteiger Eric Shipton fotografierte dann 1951 zum

erstenmal solche Spuren auf dem Menlung-Gletscher und verfolgte sie bis in ein Geröllfeld, ohne jedoch auf den Urheber
zu stoßen. Auch in neuester Zeit gibt es Beobachtungen und
Fotos von Fußabdrücken, doch blieben weitere Nachweise
bislang aus. Die beiden › Yeti-Skalpe‹ und das Handskelett, die
im Khumbu-Gebiet als Touristenattraktion gezeigt werden,
erwiesen sich als Artefakte: helmartig verformte Stücke eines
Rückenfells vom Serau und das Teilskelett einer Menschen-
hand. Ein › Yeti-Fell‹, das im Rolwaling-Tal auftauchte,
stammt von einem Himalaya-Braunbären.

Es bleiben jedoch trotz aller Zweifel Hinweise und Informationen, die ermöglichen, das › Yeti-Phänomen‹ wissenschaft-
lich zu deuten, und es – zumindest teilweise – bestätigen
könnten. Danach ist es denkbar, daß ein früher Menschen-
Vorläufer mit affenähnlichem Äußeren bis in historische Zeit
hinein lebte und Kontakt mit unseren Vorfahren hatte. Er war
sicherlich dem Neuzeit-Menschen hoffnungslos unterlegen
und wurde von diesem aus seinen Lebensräumen in die abgelegensten Zufluchtsregionen verdrängt. Aus dem Zusammen-
treffen in jenen fernen Zeiten könnten viele übereinstimmende
Erzählungen und Legenden entstanden sein, die sich bis heute
erhalten haben. Die Bewohner des Hoch-Himalaya interessiert
indessen die Frage nach dem tatsächlichen Vorkommen des
Wilden Schneemenschen nur sehr wenig. Für sie ist er ein
dämonisches Wesen, das nur derjenige zu Gesicht bekommt,
der an Dämonen glaubt.

Ausflüge im Kathmandu-Tal

Die drei Königsstädte

Kathmandu

Das Kathmandu-Tal ist wie ein gewaltiges Freiluftmuseum angefüllt mit Pagoden, Stupas, Figuren und Schreinen. Während diese Fülle für den Nepalesen gewohnter Alltag ist, bedeutet sie für den Besucher faszinierende Verwirrung, die sich erst allmählich erschließt. Auf Spaziergängen und Ausflügen läßt sich das Kathmandu-Tal mit seinen Königsstädten, Dörfern und Stupa-Siedlungen viele Wochen lang erkunden, ohne daß man freilich an das Ende der Besichtigungsmöglichkeiten gelangt.

Ein Streifzug durch die Altstadt von Kathmandu beginnt üblicherweise vor dem historischen Königspalast am Durbar-Platz, auf dem man sich nur einmal im Kreis drehen muß, um die auffälligsten und stattlichsten Bauwerke des Herrscherzentrums zu sehen. Im Osten steht, alles andere überragend, der mächtige **Taleju-Tempel**, eine dreistöckige Pagode auf einem gemauerten Sockelberg, die auf König Mahendra Malla im Jahr 1576 zurückgeht. Auf der vorletzten Stufe stehen zwölf, auf der letzten vier Kleinpagoden, in deren Mitte der Haupttempel aufstrebt. Mit Taleju ist er der Schutzgöttin der königlichen Malla-Familie und des Kathmandu-Tals geweiht. Sie soll ihn nach seiner Vollendung in Gestalt einer Biene bezogen haben.

Vor dem Taleju-Berg stehen zwei kleine, doppelstöckige **Shiva-Pagoden**. Rechts schließen dann zwei Teile des **Hanumandhoka-Palastes** mit Innenhöfen an, der *Sundhara Chowk* und der *Mohan Chowk*, die von dem runden Turm des Hanuman-Tempels überragt werden. An der rechten Ecke des Mohan-Chowk-Gebäudes führt das *Hanumandhoka-Tor* in den inneren Palastbereich. Es trägt seinen Namen nach einer großen Figur des Affengottes Hanuman, die neben der Pforte steht und im Laufe unzähliger Puja-Feiern mit einer dicken Schicht aus Öl und Zinnober rot überzogen wurde. Der Innenbereich des Palastes ist in viele Gebäudeteile aufgefächert, von denen hier nur einige genannt seien, zumal der größte

Hoch über Kathmandu erhebt sich die Taleju-Pagode.

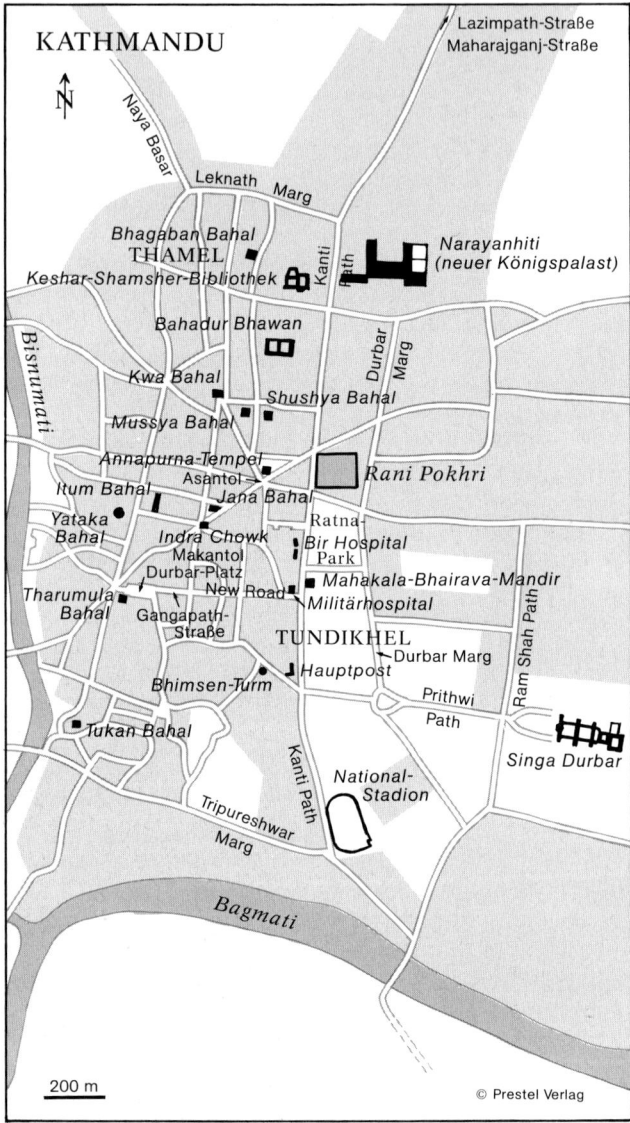

KATHMANDU

N

Lazimpath-Straße
Maharajganj-Straße

Naya Basar

Leknath Marg

Bhagaban Bahal
THAMEL
Keshar-Shamsher-Bibliothek

Kanti Path

Narayanhiti
(neuer Königspalast)

Bahadur Bhawan

Durbar Marg

Kwa Bahal

Shushya Bahal

Bismumati

Mussya Bahal

Annapurna-Tempel
Asantol
Jana Bahal

Rani Pokhri

Itum Bahal

Yataka
Bahal

Ratna-
Bir Hospital
Park

Indra Chowk
Makantol
Durbar-Platz
New Road

Mahakala-Bhairava-Mandir
Militärhospital

Tharumula
Bahal

Gangapath-
Straße

TUNDIKHEL

Ram Shah Path

Durbar Marg

Bhimsen-Turm

Hauptpost

Prithwi
Path

Tukan Bahal

Kanti Path

National-
Stadion

Singa Durbar

Tripureshwar
Marg

Bagmati

200 m

© Prestel Verlag

Teil des Komplexes Besuchern verschlossen bleibt. An den zentralen Innenhof, den *Nasal Chowk*, schließt nördlich die offene *Audienzhalle* an, in der die nepalischen Könige gekrönt werden. Ein kleiner Schrein an seiner Ostseite beherbergt eine Statue des tanzenden Shiva, dem eine goldene Vishnu-Figur zugesellt wurde. Neben dem Eingang zum Nasal Chowk steht ein Vishnu Narasimha aus schwarzem Stein, der als löwenköpfige Gottheit einem Dämonenkönig die Eingeweide herausreißt. Wie der Hanuman vor dem Tor, so hat hier im Inneren Narasimha Schutzfunktion. An der Südseite des Nasal Chowk erhebt sich der turmartige *Basantapur Durbar*, dessen prächtig geschnitzte Fassade von der Gangapath-Straße aus zu sehen ist. Von dieser Stelle – außerhalb des Palastes – erblickt man links die Thronhalle *Gaddi Baithak*, 1908 erbaut von Chandra Shamsher Rana im pompösen Repräsentationsstil der Rana-Zeit. Auf der Balustrade an der Westseite dieses Gebäudes wohnt alljährlich das Königspaar zusammen mit dem diplomatischen Corps und den höchsten Vertretern des Staates der Kumari-Prozession während des Indra-Jatra-Festes bei.

Zurückgekehrt in den Nasal Chowk schließen östlich Palastkomplexe mit den Innenhöfen *Mul Chowk* und *Lon Chowk* an; noch weiter östlich dehnt sich die *Bhandarkhal*, eine ebenfalls unter Pratapa Malla eingerichtete Parkanlage aus. Hier stößt man auf ein Wasserbecken mit der Steinfigur des auf der Weltenschlange ruhenden Vishnu Jalasayana – einer Kopie des Kultbilds in Budhanilkantha.

Wieder auf dem Durbar-Platz vor dem Hanumandhoka mit seinen zahlreichen Tempelbauten, gewahrt man an der Außenwand des Mohan-Chowk-Palasts vor dem Taleju-Tempel eine *Inschrift* in fünfzehn verschiedenen Sprachen, die Pratapa Malla hier anbringen ließ. Es heißt, nur bedeutende und hochgelehrte Personen könnten diesen Text verstehen und zeichneten sich damit als die wahren Menschen aus. Gegenüber der Inschriftentafel erhebt sich die **Jagannath-Pagode**. Dreht man sich nach Süden, so steht man vor dem den Nordwest-Bereich des Palastes beherrschenden *Degutale-Tempel*, dessen Kultbilder unbearbeitete Steine der bedeutendsten Newar-Sippen sind. Diese Clan-Steine bestimmen die Verwandt-

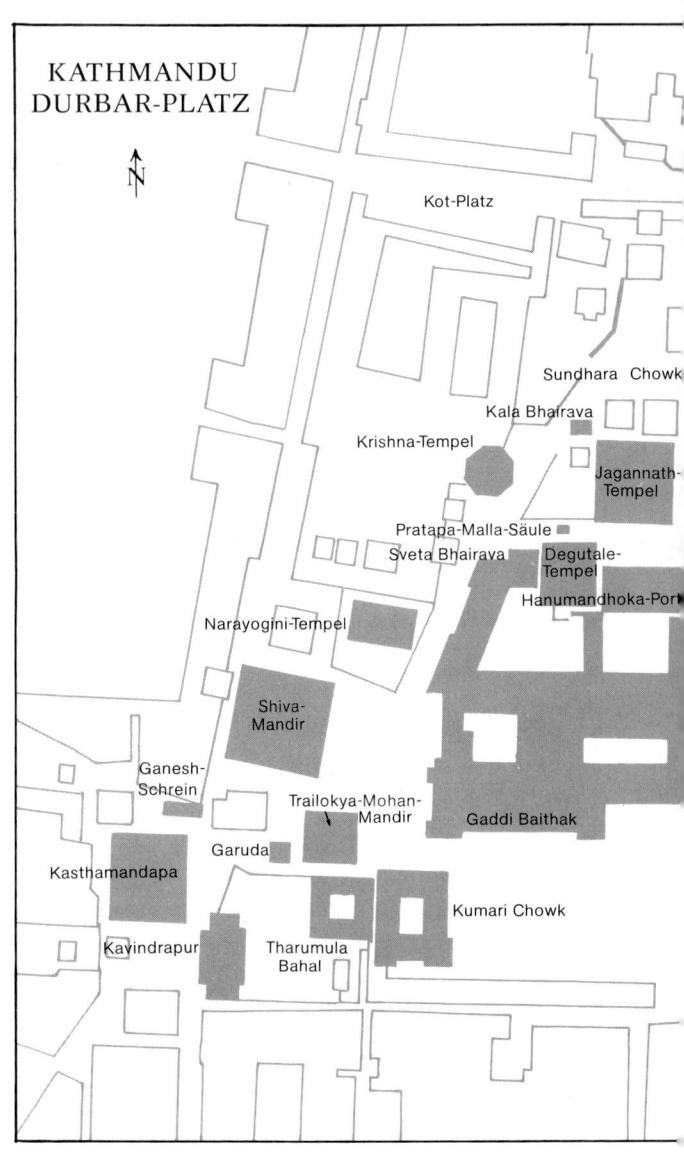

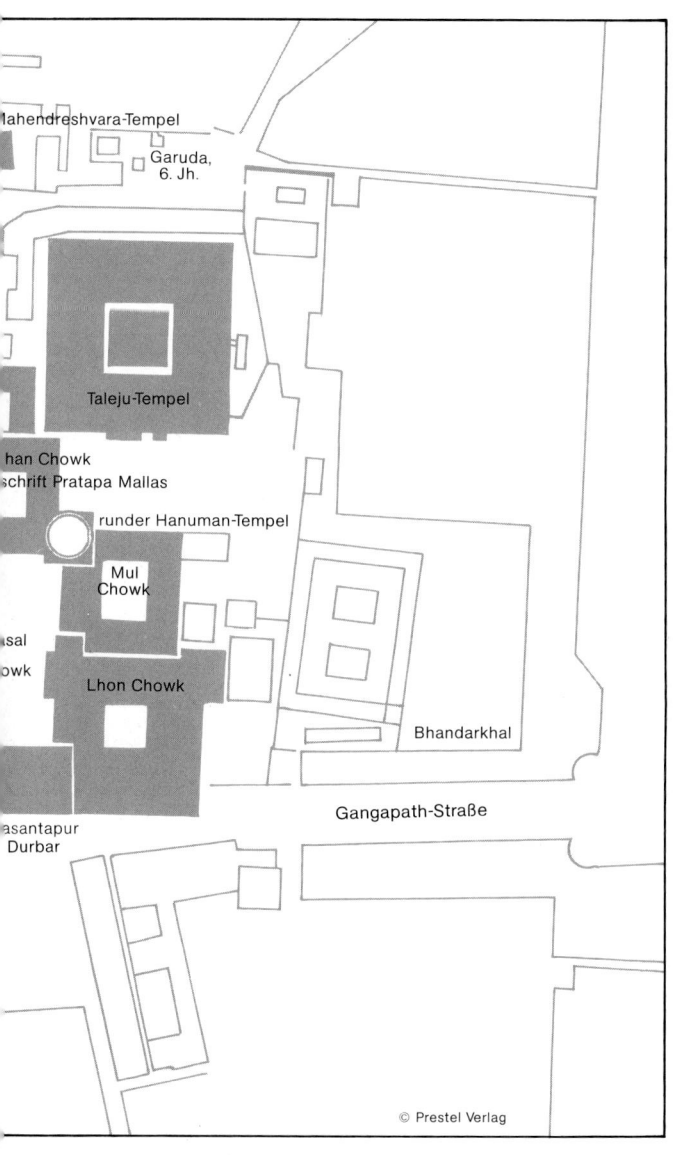

Mahendreshvara-Tempel

Garuda,
6. Jh.

Taleju-Tempel

...han Chowk
...schrift Pratapa Mallas

runder Hanuman-Tempel

Mul
Chowk

...sal

...owk

Lhon Chowk

Bhandarkhal

Gangapath-Straße

...asantapur
Durbar

© Prestel Verlag

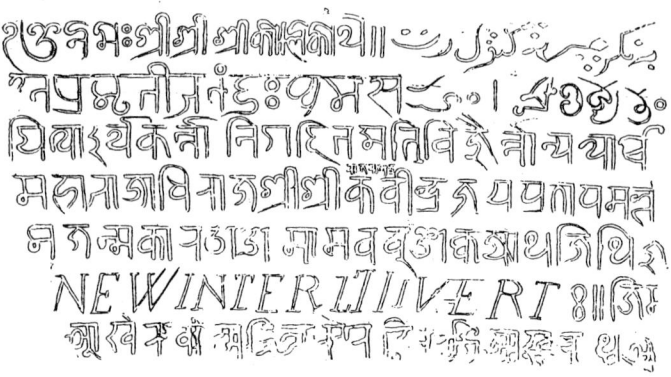

*Fünfzehn-Sprachen-Inschrift Pratapa Mallas
am Mohan-Chowk-Palast.*

schaftsverhältnisse der Newar-Gesellschaft. Hier in diesem
Tempel ist mit Degutale, neben Taleju, eine zweite Hausgott-
heit der Malla-Könige beheimatet. Auf der *Steinsäule* vor dem
Heiligtum hat Pratapa Malla sich und seine Familie mit einem
vergoldeten Bronzedenkmal verewigt. Direkt daneben ver-
birgt ein Gitter, das nur während des Indra-Jatra-Festes hochgezogen wird, die vergoldete Dämonenmaske der weißen
Schutzgottheit *Sveta Bhairava*. Ein Relief des schwarzen *Kala
Bhairava* ließ Pratapa Malla einige Schritte weiter nördlich an
einer Ecke des Jagannath-Tempels aufstellen. Steht man davor,
scheint der bedrohliche Dämon zu lächeln.

An der Westseite des Palastvorplatzes erhebt sich ein
schmuckloser **achteckiger Tempel**, der dem Gott Krishna als
Flötenspieler gewidmet ist. Wendet man sich nun linker Hand
nach Süden, folgt auf einige kleinere Tempel und eine große
Bronzeglocke der rechteckige **Narayogini-Tempel**. Die Figuren des Gottes Shiva und seiner Gemahlin Parvati lehnen sich
aus dem mittleren Fenster des oberen Stockwerks und sehen
auf den Platz hinunter. Gegenüber dem weißen Säulengebäude
des Gaddi Baithak steht der **Shiva-Mandir**, eine dreistöckige
Pagode auf einem hohen Stufenberg. Nach wenigen Schritten

in südlicher Richtung passiert man einen Ganesh-Schrein, vor dem eine steinerne Ratte hockt, und gelangt sodann zum wichtigsten Gebäude der Stadt: dem **Kasthamandapa**. Diesem großen, dreistöckigen Hallenbau verdankt die Stadt Kathmandu ihren Namen. Die Legende erzählt, daß dieser Bau aus dem Holz eines einzigen Baumes bestehe. Da er am Schnittpunkt mehrerer alter Handelsstraßen liegt, markiert er das ursprüngliche Stadtzentrum. Er diente wohl gleichermaßen als Tempel und Rasthaus. Noch heute wirkt er wie eine Aufenthaltshalle, vor der sich ein farbenfrohes Markttreiben abspielt. Schräg gegenüber schließt der palastartige **Kavindrapur-Bau**, mit breitem Dach, geschnitzten Holz-Alkoven und Läden im Erdgeschoß, diesen Platzbereich nach Osten hin ab.

Die Figuren von Shiva und Parvati sehen aus dem Fenster des Narayogini-Tempels am Durbar-Platz in Kathmandu.

Wenn man jetzt vom Kasthamandapa zum Durbar-Platz zurückgeht und sich nach rechts wendet, stößt man auf eine schöne **Garuda-Figur** und dahinter auf die dreigeschossige Vishnu-Pagode **Trailoka-Mohan-Mandir**. Bald darauf steht man vor einem ausladenden Gebäudekomplex, der linker Hand vom **Haus der Kumari** begrenzt wird. Die weiß verputzte Fassade präsentiert sich mit prächtig geschnitzten Fenstern; die Tür flankieren zwei Wächterlöwen. Auch im Innenhof, dem *Kumari Chowk*, fallen die reichhaltigen Schnitzereien an Fenster- und Türstöcken auf. Hinter einem hölzernen Alkoven wohnt die Königskumari, die lebende Kindgöttin. Sie gilt als Inkarnation der Taleju. Indem sie das Tika auf die Stirn des Königs drückt, bestätigt sie diesem alljährlich während des Indra-Jatra-Fests die Herrschaft über das Land. Die Kumari wird als drei- oder vierjähriges Mädchen nach 32 körperlichen Merkmalen und einer nächtlichen ›Furchtlosigkeitsprüfung‹ ausgewählt und inthronisiert. Sie stammt immer aus einer zur Goldschmiede-Kaste der Shakyas gehörigen Newarfamilie und bleibt nur so lange in ihrer göttlichen Funktion, bis sie zum ersten Mal blutet, sei es infolge einer Verletzung oder bei beginnender Pubertät. Danach scheidet sie, versehen mit einer reichlichen Abfindung, aus ihrem Amt, und eine neue Kumari muß gewählt werden.

Rechts neben dem Haus der Kumari führt an einer unscheinbaren Hausfassade eine niedrige Tür in den Innenhof des Tempelkomplexes **Tharumula Bahal**. Er ist der tantrisch-buddhistischen Gottheit Devavatara geweiht und steht in enger kultischer Beziehung zum Kumari-Gebäude. So wird beispielsweise die Kindgöttin, die ihr Haus nicht durch die eigene Tür verlassen darf, durch diesen Tempel und über den zugehörigen Innenhof zur Indra-Jatra-Prozession hinausgetragen. Der Tharumula Bahal war Anfang der achtziger Jahre vom Einsturz bedroht und wurde durch finanzielle Unterstützung der Partnerschafts-Gesellschaft Freunde Nepals e. V. nach traditionellem Ritus renoviert.

Wir verlassen jetzt den Durbar-Platz und spazieren in nordöstlicher Richtung in den **Basar von Kathmandu** hinein. Am **Makantol** genannten Nordrand des Platzes kommen wir linker

Szene in der Nähe des Kasthamandapa in Kathmandu.

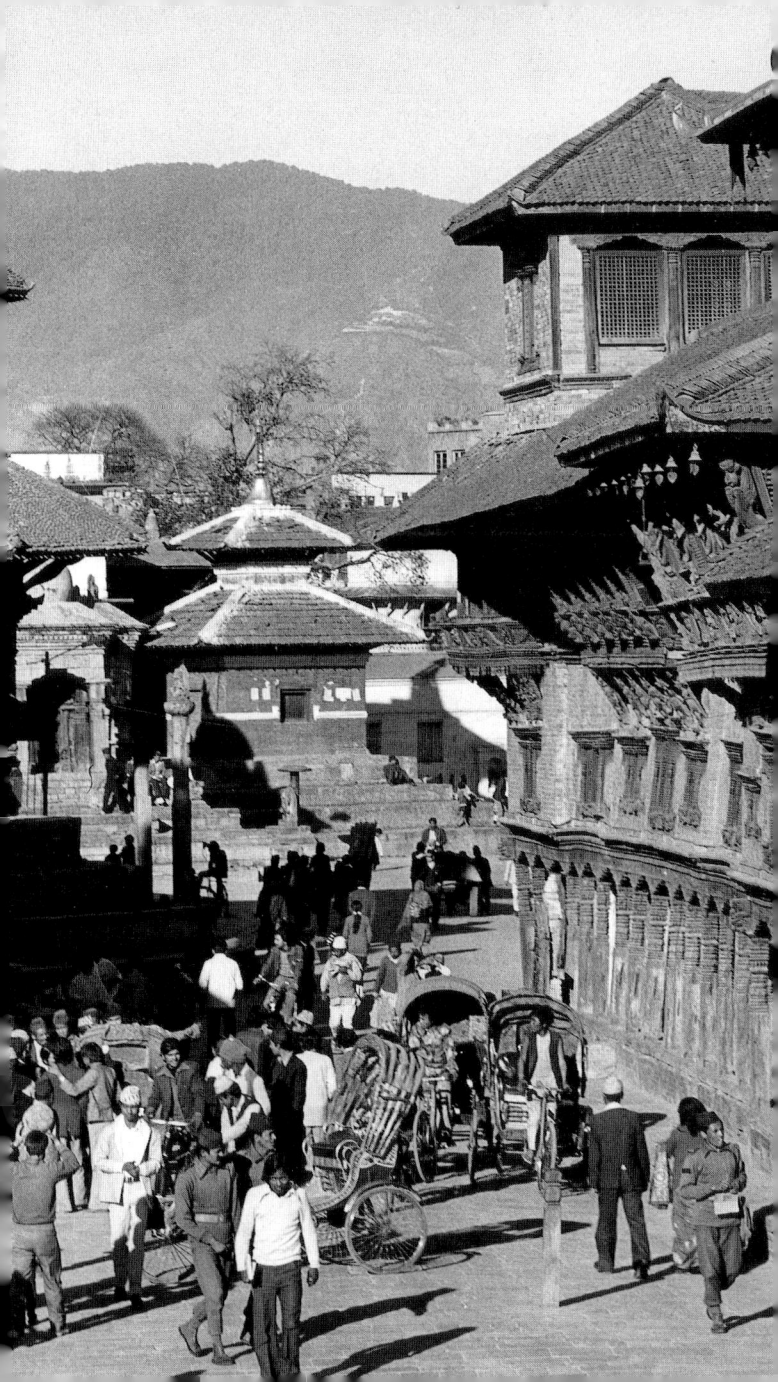

Hand an dem kleinen, dem Shiva geweihten Tempel *Mahendreshwara* vorbei und können dann die in das Straßenpflaster eingesunkene Steinfigur eines *knienden Garuda* aus dem 6. Jahrhundert bewundern. Rechts reiht sich ein kleiner Laden an den anderen, in denen Souvenirs und fein gearbeitete Schmuckstücke feilgeboten werden. Auf der diagonal durch Kathmandu verlaufenden Basarstraße schlendert man nun vom Makantol zum Indra Chowk und weiter zum Asantol. Tagsüber drängt sich eine unübersehbare Menschenmenge durch die schmale Gasse. Alle Volksgruppen Nepals: Newars, Chetris, Brahmanen, Tamangs, Gurungs, Rais, Magars, Sherpas und Exiltibeter, dazu das bunte Völkchen der Touristen scheinen sich hier ein Stelldichein zu geben. Fahrrad-Rikschas klingeln ununterbrochen, Radfahrer schaukeln nach rechts und nach links in die Lücken des Gedränges, Motorräder tuckern schrittweise vorwärts, klobige Zweirad-Karren werden von Lastenträgern über das holprige Pflaster geschoben. Am zentralen Platz des **Indra Chowk**, dort, wo die moderne Sukrapath-Straße einmündet und – schmäler geworden – geradeaus zum Touristen-Stadtteil Thamel weiterführt, erfährt der Menschenstrom eine Unterbrechung. Hier steht der bunt gekachelte **Akashu-Bhairava-Tempel**, der hinter seinem dreiteiligen Balkon eine große Bhairava-Maske birgt. Diese wird während des Indra-Jatra-Fests auf dem Platz ausgestellt und verehrt.

Folgt man weiter der engen Basargasse, kommt man zum Tempelbezirk des Weißen Matchhendranath, dem **Jana Bahal**. Im Innenhof steht eine zweigeschossige Pagode, die im 17. Jahrhundert gebaut und im 19. renoviert wurde. Die Dächer, Figuren und Glocken sowie die vom Dach herabhängenden Banner sind vergoldet; der Tempel selbst ist dem Bodhisattva Padmapani Avalokiteshvara, der Symbolfigur des allumfassenden Erbarmens, geweiht. Dieser Bodhisattva wird im Kathmandu-Tal als Matchhendranath verehrt. Viele der künstlerisch wertvollen Figuren sind heute nur noch durch ein Gitter zu betrachten, da dieser Ort bereits des öfteren von Tempeldieben heimgesucht wurde. Die Hauptbasargasse stößt endlich auf einen kleinen runden Platz, den **Asantol**, von dem aus mehrere Straßen sternförmig abgehen. In der Südostecke steht die kleine dreistufige **Pagode der Gottheit Annapurna**, die hier in Form einer Silbervase, um die sich eine Schlange ringelt, dargestellt ist. Das Tempelchen wirkt mit seinen Meisterwerken der Goldschmiedekunst, mit Gottheiten, Ornamenten, Vögeln, Lampen, Glöckchen und Bannern geradezu überladen. Auf dem Asantol wird täglich Gemüsemarkt abgehalten, und aus den offenen Läden strömt ein intensiver Duft nach Gewürzen, die dort verkauft werden.

Vom Asantol führen zwei enge Geschäftsstraßen nach Osten und Nordosten zur großen Kanti-Path-Straße und zum **Rani Pokhri**, einem künstlichen Teich, der 1670 von Pratapa Malla angelegt wurde, um seine Gemahlin über den frühen Tod ihres geliebten Sohnes Chakravartindra Malla hinwegzutrösten. In der Mitte dieses quadratischen Wasserbeckens steht ein Shiva-Tempelchen.

Der Kanti Path führt an der Ostseite der Altstadt von Kathmandu von Süden nach Norden. Er beginnt am Nationalstadion nicht weit vom Bagmati-Ufer, führt dann an der Hauptpost, von der aus man den minarettartigen **Bhimsen-Turm** sieht, vorbei und berührt nacheinander das Gebäude des Militärhospitals, das Bir-Hospital, den Bahadur Bhawan (früher als Royal Hotel die erste Touristenunterkunft im Kathmandu-Tal), die Keshar-Shamsher-Bibliothek, rechter Hand den Park des neuen Königspalasts **Narayanhiti**, verschiedene Botschaften, einige große Hotels, biegt als Lazimpath-Straße nach Nordosten um und mündet schließlich als Maharajganj-Straße in die Ringstraße. Diese Straßenachse trennt das historische vom modernen Kathmandu. Vom Nationalstadion bis zum Rani Pokhri wird die Straße an der rechten Seite vom **Tundikhel** begleitet, einer ausgedehnten Paradewiese, an die sich kurz hinter dem Beginn der New Road der öffentliche Ratna-Park anschließt. Hier, gegenüber dem Militärhospital, steht der **Mahakala-Bhairava-Mandir**, eine uralte Tempelanlage, die von Hindus und Buddhisten gleichermaßen besucht wird. Sie birgt ein dämonisches Kultbild aus schwarzem Stein mit hoher Krone und wird auf den König Gunakamadeva im 10. Jahrhundert zurückgeführt. Wahrscheinlich ist das Heiligtum aber noch viel älter, denn auf der anderen Straßenseite stehen einige Votiv-Stupas aus der Licchavi-Zeit. Die Legende erzählt, daß die Gottheit einst aus der Klosteranlage Itum Bahal in Kathmandu hierhergebracht wurde, damit sie auf dem weitläufigen Tundikhel-Gelände ihre dämonische Kraft austoben und die Stadt schützen konnte.

An zwei weiteren, parallel zum Kanti Path verlaufenden Straßen, Durbar Marg und Ram Shah Path, liegen viele öffentliche Gebäude, große Hotels und die Büros der wichtigsten Reiseunternehmen. Die Durbar Marg endet am Haupteingang zum neuen Königspalast, und am Beginn des Ram Shah Path steht der **Singa Durbar**, ein mächtiger Rana-Palast, der bis zum Brand von 1973 die gesamte Regierung mit allen Ministerien in seinen rund tausend Räumen beherbergte und noch heute Sitz vieler Regierungs-Institutionen ist.

Kehren wir nun aus dem modernen Kathmandu noch einmal in die Altstadt zurück und besuchen die wichtigsten buddhistischen Klosteranlagen, die Bahals. Es sind dies religiöse Zentren, die neben der Verehrung von Kultbildern und der Veranstaltung von Puja-Riten buddhistische Lehraufgaben wahrnehmen. Ihr oft schlechter baulicher Zustand ist sicher nicht nur auf das feuchte Monsunklima zurückzuführen. Man beginnt vielleicht am **Bhagaban Bahal** mit seinem besonders reich geschnitzten Holztympanon über dem Eingang, das glücklicherweise bis jetzt noch keinem der zahlreichen Kunstdiebstähle zum Opfer gefallen ist. Dann geht es zum **Kwa Bahal** und zum **Shushya Bahal**, dessen Eingangstympanon vor ein paar Jahren gestohlen wurde. Die nächste Station ist der **Mussya Bahal**, in dessen Hofmitte der uralte *Kathesimbu-Stupa* steht, eine kleinere, aber sehr genaue Nachbildung des Swayambunath-Stupa. Der Legende nach ist dieser Reliquienschrein durch die Zauberkraft eines mächtigen Magiers vom Ufer des Ganges bei Benares hierher nach Kathmandu versetzt worden. Über den **Yatakha Bahal** mit schön geschnitzten Dachstreben, die wahrscheinlich in das 14. Jahrhundert datieren, geht es zum **Itum Bahal**. Er ist ebenfalls sehr alt und steht in magisch-ritueller Beziehung zum Mahakala-Bhairava-Tempel am Tundikhel. Die Anlage dieses Bahals ist sehr merkwürdig. An der Westseite eines langgestreckten rechteckigen Hofes mit mehreren Chaityas liegen vier kleine Klosterhöfe, von denen der zweite linker Hand das zentrale Tempelgebäude beherbergt. Sein Zustand läßt zu wünschen übrig, und nur einige Holzschnitzereien sowie die Figuren der Bodhisattvas Avalokiteshvara und Dipankara erinnern an die Blütezeit dieses buddhistischen Zentrums. Im nächsten Klosterhof steht ein Tempel mit einem Kultbild der weißen Tara aus dem 14. Jahrhundert. Nach der Besichtigung des schönen und rituell bedeutenden **Tharumula Bahal** am Durbar-Platz endet der Rundgang durch die buddhistischen Klosteranlagen am **Tukan Bahal** im Süden Kathmandus, auf dessen kleinem Hof ein Stupa mit im Sockel eingelassenen Bodhisattva-Reliefs aus dem 8. Jahrhundert steht.

Patan

Der nächste Streifzug führt den kunstinteressierten Reisenden über den Bagmati-Fluß nach Süden in die Königsstadt Patan. Auch diese Metropole gruppiert sich um einen mittelalterlichen Palastplatz, der hier noch markanter als in Kathmandu das Stadtzentrum hervorhebt. Ursprünglich muß Patan prächtiger und architektonisch reicher gewesen sein, aber die Feuersbrunst von 1663 und die Plünderung der Stadt sowie die Ermordung eines großen Teils des Adels nach der Eroberung durch Prithvi Narayan Shah 1768 versetzten dem Newar-Gemeinwesen einen schweren Schlag, von dem es sich nie wieder ganz erholte. Von einer glänzenden Hauptstadt verfiel es zu einem Vorort von Kathmandu.

Der **Durbar-Platz** indessen vermittelt noch ein wenig von dem einstigen Glanz. Beherrschend ist hier die Fassade des Königspalasts. Wenn man von Kathmandu über den westlichen Ashoka-Stupa die große Einfallstraße nach Patan hineingefahren ist und sich am Mangal-Basar, dem Südende des Durbar-Platzes, links zum **Palastkomplex** wendet, ist man zunächst überrascht und verwirrt von der Vielzahl der Pagodendächer und Shikara-Türme, der Stein- und Bronzefiguren, der Säulenumgänge und golden blitzenden Dachtürmchen.

Der Durbar-Platz im Zentrum der Königsstadt Patan.

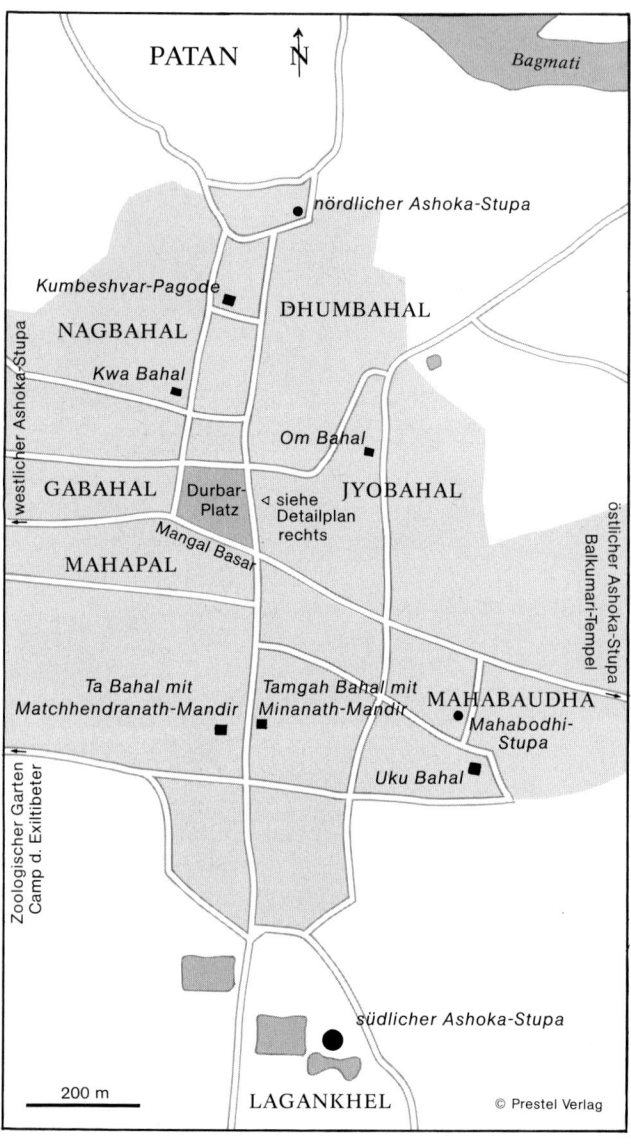

PATAN

N

Bagmati

nördlicher Ashoka-Stupa

Kumbeshvar-Pagode

DHUMBAHAL

NAGBAHAL

Kwa Bahal

westlicher Ashoka-Stupa

Om Bahal

GABAHAL

Durbar-
Platz

◁ siehe
Detailplan
rechts

JYOBAHAL

Mangal Basar

MAHAPAL

östlicher Ashoka-Stupa
Baikumari-Tempel

*Ta Bahal mit
Matchhendranath-Mandir*

*Tamgah Bahal mit
Minanath-Mandir*

MAHABAUDHA

*Mahabodhi-
Stupa*

Zoologischer Garten
Camp d. Exiltibeter

Uku Bahal

südlicher Ashoka-Stupa

200 m

LAGANKHEL

© Prestel Verlag

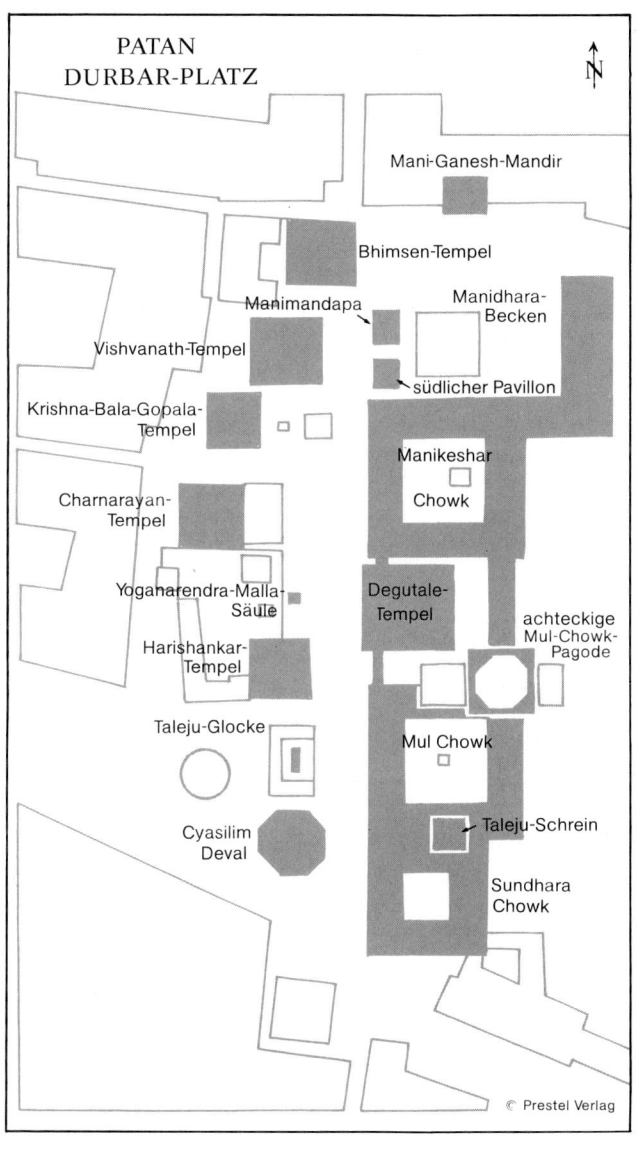

PATAN
DURBAR-PLATZ

N

Mani-Ganesh-Mandir

Bhimsen-Tempel

Manimandapa

Manidhara-
Becken

Vishvanath-Tempel

südlicher Pavillon

Krishna-Bala-Gopala-
Tempel

Manikeshar

Chowk

Charnarayan-
Tempel

Yoganarendra-Malla-
Säule

Degutale-
Tempel

achteckige
Mul-Chowk-
Pagode

Harishankar-
Tempel

Taleju-Glocke

Mul Chowk

Cyasilim
Deval

Taleju-Schrein

Sundhara
Chowk

© Prestel Verlag

Blickfang auf der Platzmitte ist die hohe *Steinsäule* mit den
von je einer Kobraschlange beschirmten Bronzefiguren des
Königs Yoganarendra Malla (1684-1705) und seines frühver-
storbenen Sohns. Die Legende zu diesem König wurde bereits
im Geschichtskapitel erzählt. Der König kniet vor dem maje-
stätisch wirkenden *Degutale-Tempel*, der dem Palastgebäude
als dreistöckiger Pagodenturm aufgesetzt ist und alle anderen
Tempeldächer überragt. Unter der Regentschaft des Königs
Siddhinarasimha Malla in der ersten Hälfte des 17. Jahrhunderts erfuhr der alte Palastbezirk dann seine heute noch sicht-
bare Umgestaltung und Erweiterung. Allerdings dürfte von
dem ursprünglichen, hufeisenförmigen Gebäudekomplex, der
sich nach Osten in den ehemaligen Palastgarten erstreckte,
infolge der Plünderungen von 1768 und des Erdbebens von
1933 nur noch die Palastfassade stammen. Der Palast selbst
besteht aus vier Bereichen. Der erste ist im Norden der *Mani-*
keshar Chowk, der wohl anstelle eines alten, beim Brand von
1663 vernichteten Palastbaus errichtet wurde und heute ein
Museum für Bronzefiguren und Holzschnitzereien beherbergt.
Beeindruckend ist seine Fassade mit den überreich geschnitzten
Fensterstöcken und Erkern. Das vergoldete Bronzetympanon
im Garuda-Naga-Makara-Stil oberhalb des Eingangstors
weist mit der Spitze über das erste Stockwerk hinweg auf ein
prächtig vergoldetes Fenster im Erker des zweiten, das König
Vishnu Malla im 18. Jahrhundert dort einsetzen ließ. Es ruht
auf einer Brüstung mit Garuda, Elefanten und Löwen, im
Geäst des oberen Fensterbogens sitzen Shiva und Parvati, flankiert wird es von vergoldeten Säulen, und in der Mitte steht
als zentrale Figur der Bodhisattva Avalokiteshvara. Wenn sich
der König seinem Volk zeigen wollte, wurde die Mittelplatte
herausgenommen, und er erschien in dem Fenster, Avalokiteshvara und Vishnu auf dem Garuda-Löwenthron gleichzeitig repräsentierend. Auf den Manikeshar Chowk folgt südlich
der *Degutale-Bereich* und anschließend der *Mul Chowk* mit
einem großen Innenhof. Über der Nordostecke dieses Hofs
erhebt sich eine *achteckige Pagode* mit vier Dächern, Wohnsitz
einer geheimen tantrischen Gottheit. Im Süden des Hofes ist
der Schrein der Göttin Taleju eingelassen, überragt von einem

Stützbalken am Königspalast mit Drachen-Schnitzereien.

dreigeschossigen Pagodenturm. Neben dem Eingang zu diesem Schrein stehen zwei schöne lebensgroße Bronzefiguren, die bei dem großen Brand verschont geblieben sind: Ganga auf dem Makara-Fabelwesen und Yamuna auf der Schildkröte. Sie repräsentieren zugleich zwei wichtige, nordindische Flüsse. Schließlich wird der Palast im Süden gegen den Mangal-Basar durch den vierten, etwas kleineren Gebäudekomplex des *Sundhara Chowk* abgeschlossen. Einst Wohnbereich der Könige wurde er entsprechend reichhaltig ausgestattet. Auffallend ist eine kreisrunde *Brunnenanlage* in der Mitte des Innenhofes, die auf den im 17. Jahrhundert lebenden König Srinivasa Malla zurückgeht und diesem als Bad diente. Das Wasser rinnt aus dem Rachen eines Makara, über dem Vishnu mit seiner Gemahlin Lakshmi auf dem Göttervogel Garuda thront. Um die Bronzewand ziehen sich zwei übereinander angeordnete Reihen von steinernen Relieffiguren in Fünfergruppen, die tantrische Gottheiten darstellen. Auf dem Brunnenrand steht eine weitere Figurenreihe, die von zwei Schlangen mit zum Brunneneingang gerichteten Köpfen eingefaßt wird. Wenn der König über eine Steintreppe in das Bad hinabstieg, war er so durch die magischen Kräfte der Gottheiten geschützt und konnte ungestört seine rituellen Waschungen vornehmen. Einige der kleinen Figurennischen sind inzwischen leer – Zeugnis des grassierenden Tempeldiebstahls in neuester Zeit. In dem östlich anschließenden *Palastgarten* befinden sich heute Skulpturen, die aus verschiedenen Teilen Patans zusammengetragen wurden, und eine quadratische Teichanlage aus der Zeit Siddhinarasimha Mallas.

Tritt man nun wieder aus dem Sundhara Chowk auf den Durbar-Platz hinaus, so steht man dem achteckigen Steintempel **Cyasilim Deval** gegenüber. Dieses Heiligtum ist dem jungen Gott Krishna und seiner Gespielin Radha geweiht und im newarischen Shikhara-Stil erbaut. Wendet man sich dann, den Palast im Rücken, nach rechts, kommt man an der großen **Taleju-Glocke** vorbei zum **Harishankar-Tempel** aus dem Jahr 1706. Diese Ziegel-Holz-Pagode beherbergt mit Harishankar einen Götteraspekt, der Vishnu und Shiva in einer Gestalt vereint. Sodann spaziert man wieder an der Yoganarendra-

Krishna-Mandir in Patan: newarische Shikhara-Architektur.

Säule vorüber und gelangt, gegenüber dem Manikeshar Chowk, zur zweigeschossigen **Charnarayan-Pagode**, die Purandarasimha im Jahr 1565 errichten ließ. Sie ist das älteste Heiligtum auf dem Platz, und ihre Holzschnitzereien gehören zu den wertvollsten im ganzen Kathmandu-Tal. Gleich daneben erblickt man mit dem völlig aus Stein erbauten **Bala-Gopala-Krishna-Mandir** das wohl beste Beispiel newarischer Shikhara-Architektur. In der Ausgewogenheit seiner Proportionen, dem reichen Figurenschmuck und der künstlerischen Gestaltung seiner Fassaden kann er durchaus mit den Pagoden konkurrieren; die Steinsäulen seiner umlaufenden Arkadengänge wirken fast wie Holzpfeiler. Auf den langen Steinfriesen rund um das Bauwerk werden Szenen aus den Hindu-Epen ›Mahabharata‹ und ›Ramayana‹ dargestellt. Bauherr dieses architektonischen Schmuckstücks war wiederum Siddhinarasimha Malla. Vor dem Krishna-Mandir kniet auf einer hohen Steinsäule ein Garuda aus vergoldeter Bronze. Gleich daneben erhebt sich auf einem Stufensockel der zweigeschossige Pagodenbau des **Vishvanath-Tempels**, auch Vishveshvara genannt. Daß er dem Shiva geweiht ist, bezeugen das Lingam-Kultbild im Inneren und der an der Westseite vor dem Haupteingang liegende Nandi-Stier, das Reittier dieses Gottes. Unter den kunstvollen Schnitzereien an den Eingangstüren und Balken fallen besonders erotische Darstellungen auf, die dem indischen Karma Sutra entnommen sein könnten. Der Vishvanath-Tempel vervollständigt als nördliches Gegenstück zur später errichteten Harishankar-Pagode im Süden des Patan-Durbar die harmonisch geschlossene Anlage des Palast-Vorplatzes. Er leitet über zum wuchtigen, dreistöckigen **Bhimsen-Tempel**, der sicherlich schon zum alten Stadtzentrum der Vor-malla-Zeit gehörte, dessen heutige Form aber auf Srinivasa Malla im 17. Jahrhundert zurückgeht. Die Kultbilder, die er beherbergt, stellen mit Bhairava, Bhimsen, Mahakala und Draupadi wichtige Schutzgottheiten dar. Die Außenwände geben Großtaten des Mahabharata-Helden Bhimsen wider. Wendet man sich nun zur gegenüberliegenden östlichen Straßenseite, so erblickt man das große, gemauerte **Manidhara-Becken**, in das Wasser aus den Rachen von drei Makaras rinnt.

*Ein alter Mann sitzt in der Sonne vor einem
Tempel in Patan.*

Die breite dorthin führende Treppe wird von zwei offenen
Pfeilerhallen flankiert. In der linken, Manimandapa, steht ein
steinerner Königsthron, der einst bei der Terminfestsetzung
für die alljährliche Matchhendranath-Prozession eine große
Rolle spielte. Als letzter Schrein des beschriebenen Bezirks ist

der kleine **Mani-Ganesh-Mandir** zu nennen, der sich unauffäl-
lig unter die Wohnhäuser am Nordrand des Durbar-Platzes
einreiht. Er bezeichnet die Stelle in Patan, wo einst der erste
Ganesh aufgestellt wurde.

Das königliche Stadtzentrum im Rücken, wandert man nun
in Richtung Norden vorbei an Bürgerhäusern, zahlreichen
kleinen Tempelchen und Chaityas zum fünfstufigen **Kumbeshvar-Tempel**. Er erhebt sich nicht wie der Nyatapola in Bhaktapur auf einem gemauerten Stufenhügel, sondern auf ebenem
Boden. 1392 von Jayasthiti Malla erbaut, ist diese älteste Pagode Patans dem Shiva Kumbeshvar geweiht. Mit ihrer über-
schlanken, hohen Turmgestalt wirkt sie ausgesprochen ar-
chaisch. Das Kultbild im Inneren bildet ein Lingam. Auf dem
Hof, der den Tempel umgibt, stehen wertvolle Skulpturen
und Stelen aus der Licchavi- über die Thakuri- bis zur Malla-
Periode, darunter eine Vishnu-Stele aus dem 4. oder 5. Jahrhundert. Der große künstliche Teich neben der Pagode, in
dem die Jugend dieses Stadtteils mit großer Begeisterung her-
umplanscht, soll der Legende nach mit den Gosainkund-Seen
hoch oben im Himalaya in Verbindung stehen. Vom Kumbeshvar ein Stück der Straße zum Bagmati-Ufer folgend,
erreicht man schließlich den nördlichen Ashoka-Stupa.

Ein Rundgang führt nun wieder in die Innenstadt zurück
und berührt dabei die bedeutendsten Tempel und Viharas
außerhalb des Durbar-Platzes. Es fällt auf, daß diese Heiligtümer vor allem Kultorte des Buddhismus sind und somit die
Religionszugehörigkeit der meisten Einwohner Patans wider-
spiegeln. Während die Königsgeschlechter der Stadt Hindus
waren, blieben die Bürger bis heute überwiegend Buddhisten.
Von den vielen Bahals, Chaityas und anderen buddhistischen
Religionsstätten sollen hier indessen nur die wichtigsten vorgestellt werden. Da ist zunächst der ein wenig westlich der
Kumbeshvar-Pagode liegende **Kwa Bahal** oder **Hiranyavarna
Mahavihara**. Durch zwei kleine Vorhöfe gelangt man von
Osten in den inneren Hof und steht vor einem Wunderwerk
newarischer Tempel-Baukunst: einer über und über vergolde-
ten dreigeschossigen Pagode. Die Dächer aus Kupfer und
Gelbguß, die Gajuras, die breiten, von den Firsten herunter-

hängenden Schriftbänder, die Buddhas und Bodhisattvas, die kultischen Tiere, ein Vajra auf dem Lotussockel – alles schimmert in Goldglanz. Dieser ›Goldene Tempel‹ gehört zum reichsten Kloster der Stadt und ist dem Gautama Shakyamuni Buddha geweiht. Unter den vielen Figuren vor, am und im Tempel entdeckt man die Bodhisattvas Avalokiteshvara, Manjushri, Tara und die fünf Dhyani-Buddhas. Viele Skulpturen datieren weit zurück in die Zeit zwischen dem 4. und 9. Jahrhundert.

Vom Goldenen Tempel führt jetzt der Weg weit in den Süden der Stadt, um dort zwei in enger Beziehung zueinander stehende Pagoden aufzusuchen. Der doppelstöckige **Minanath-Mandir** oder **Tamgah Bahal** östlich der Straße wird im Volksmund als »kleiner Bruder des Matchhendranath« bezeichnet. Einige Chaityas aus der Licchavi-Zeit stehen neben dem rechteckig gemauerten Wasserbecken vor dem Eingang. Die Frauen aus den Häusern der Umgebung benutzen dieses Becken gerne, um darin ihre Wäsche zu waschen. Von der gegenüberliegenden Straßenseite geht man kurz zwischen Häusern und Gartenland hindurch auf eine große Wiese, den **Ta Bahal** oder **Dharmakirta Mahavihara**. Hier erhebt sich auf einem mehrstufigen Sockel aus Ziegelsteinen die dreigeschossige **Pagode des Roten Matchhendranath**, einer Erscheinungsform des Bodhisattva Avalokiteshvara Padmapani. Als wolle ein großer Vogel jeden Augenblick in die Lüfte steigen, so beschwingt und schwerelos wirkt dieses mitten auf dem Platz stehende Gebäude. Die Haupttür zum Tempelraum schmückt ein Gelbguß-Tympanon mit dem achtarmigen Avalokiteshvara Padmapani, der auch an den Stützbalken der Dächer erscheint. Vor dem Portal stehen Steinsäulen, die Tierfiguren tragen: Pferd, Elefant, Fisch, Stier, Löwe, Pfau, Garuda und Schlange. Von der Matchhendranath-Pagode bricht die alljährliche Prozession dieser Gottheit auf; hierher kehrt sie nach dreimonatigem Aufenthalt in Bungamati zurück.

Das nächste Ziel ist jetzt der **Mahabodhi-Tempel** im südöstlichen Stadtteil Mahabaudha. Durch einen schmalen Gang und eine niedrige Tür tritt man in den engen, unregelmäßigen Hof, auf dem der Tempelturm im Shikhara-Stil steht. Die

Außenwände sind übersät mit kleinen Nischen, die Terrakotta-Figuren des Gautama Shakyamuni Buddha enthalten. Diese Nachbildung des Mahabodhi-Stupa in Bodhgaya in der nordindischen Provinz Bihar, stürzte beim Erdbeben von 1933 ein und mußte danach erneuert werden. In einer Ecke des Hofs steht heute noch die ursprüngliche Tempelspitze. In den Häusern um den Tempelhof existieren einige Bronzeguß-Werkstätten, die nach traditionellen Verfahren Kunstwerke von ausgezeichneter Qualität herstellen. Vom Mahabodhi-Stupa führt der Rundgang weiter nach Süden zum **Uku Bahal** oder **Rudravarna Mahavihara**. Der den fünf Dhyani-Buddhas geweihte Tempel, in dem vermutlich die Licchavi-Könige im 5. bis 8. Jahrhundert gekrönt wurden, dürfte einer der ältesten in Patan sein. Der geräumige Innenhof ist angefüllt mit Stiftungen und Weihegaben, darunter eine Statue Juddha Shamsher Ranas und eine modern wirkende Löwenskulptur. Einige wertvolle aus dem 14. Jahrhundert stammende Stützbalken, die auf kauernden Gnomen stehende Baumnymphen darstellen, wurden bei der Restaurierung im Jahr 1981 hierher versetzt, wo sie ihrer Bedeutung entsprechend besser gewürdigt werden können. Hinter dem Uku Bahal gelangt man auf einen weiteren Hof, den ein Stupa, der **Yatilibi Chaitya**, beherrscht.

Wer seinen Streifzug durch Patan ausdehnen will, kann noch einige weitere kleine Chaityas und Heiligtümer im Bereich von Mahabaudha, den kleinen **Om Bahal** mit einem uralten Stein-Chaitya nordöstlich des Durbar-Platzes oder den **Balkumari-Tempel** östlich der Stadt besichtigen. Diese dreistökkige Ziegel-Holz-Pagode gehört zu den vier wichtigsten Kumari-Heiligtümern des Kathmandu-Tals. Man kann auch zu den **vier** berühmten **Ashoka-Stupas** außerhalb der Altstadt wandern, zum westlichen im Stadtteil Phulchok, zum südlichen in Lagankhel, zum östlichen in der Nähe der Ringstraße und zum nördlichen unweit der Kumbeshvar-Pagode. Diese altertümlichen Stupas – bestehend aus einem hohen grasbedeckten Erdhügel mit einem kleinen gemauerten Aufbau – wurden möglicherweise auf Veranlassung des indischen Religionskaisers Ashoka errichtet, ohne daß dieser selbst jemals im Kathmandu-Tal gewesen wäre. Der fünfte, nicht mehr existierende Stupa könnte sich an der Stelle, wo heute nördlich des Durbar-Platzes ein mit Bäumen bestandener, unbeachteter Hügel liegt, befunden haben.

Bevor wir Patan verlassen, noch ein Wort zu den westlich der Altstadt liegenden, modernen Stadtbereichen. Hier hat sich in den vergangenen Jahrzehnten eine Villenstadt angesiedelt. Im Süden, im Stadtteil Jaulakhel und nahe der Ringstraße, hat das Schweizer Technische Hilfswerk in dem Rana-Palast **Ekanta Kuna** Unterkunft gefunden; gleich daneben wurde ein **Camp der Exiltibeter** mit Teppichweberei eingerichtet. Ein Stück weiter nach Norden gelangt man zum **Zoologischen Garten**, dann zur **Saint Xavier's** und zur **Saint Mary's School**, zwei christlichen Schulen von hohem Ansehen, danach zu einigen Botschaften, offiziellen Regierungsinstitutionen und verschiedenen Rana-Palästen mit parkartigen Gärten. Das Villenviertel um diese öffentlichen Gebäude ist heute ein beliebtes Wohngebiet für wohlhabende Nepalesen und Ausländer im Kathmandu-Tal.

Ein Schlangen verschlingender Dämon am Tympanon
über dem Palasteingang von Patan.

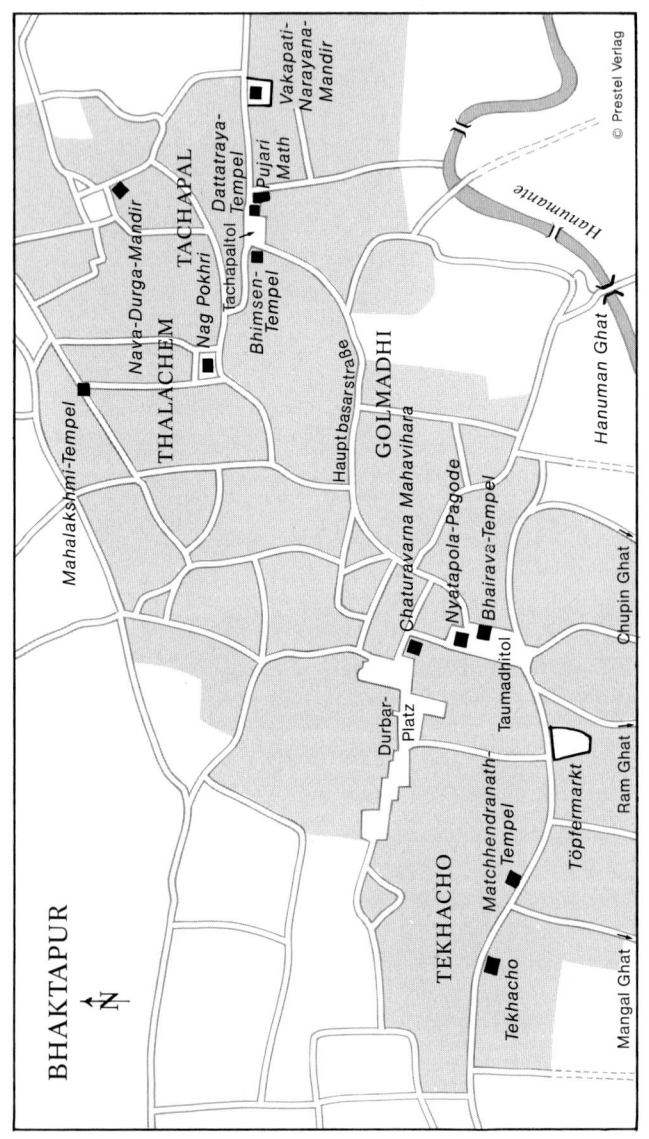

BHAKTAPUR

N

THALACHEM

TACHAPAL

Mahalakshmi-Tempel

Nava-Durga-Mandir

Nag Pokhri

Dattatraya-Tempel

Tachapaltol

Pujari Math

Vakapati-Narayana-Mandir

Bhimsen-Tempel

GOLMADHI

Hauptbasarstraße

Hanumante

Hanuman Ghat

Chaturavarna Mahavihara

Nyatapola-Pagode

Bhairava-Tempel

Taumadhitol

Durbar-Platz

Chupin Ghat

Matchhendranath-Tempel

Töpfermarkt

Ram Ghat

TEKHACHO

Tekhacho

Mangal Ghat

© Prestel Verlag

Bhaktapur

Bhaktapur, auch Bhadgaon genannt, hat von den drei großen Königsstädten im Kathmandu-Tal sein mittelalterliches Gesicht am ursprünglichsten bewahrt. Wer durch die engen Seitengassen und breiteren Hauptstraßen geht, unter den prachtvoll geschnitzten Fensterfassaden, Erkern und schrägen Dach-Stützbalken hindurch, fühlt sich um Jahrhunderte zurückversetzt. Entsprechend wirkt auch das Treiben der traditionell gekleideten Einwohner und in den offenen Läden. Die Stadt entstand entlang einer S-förmig geschwungenen Handelsstraße und gliedert sich in zwei Hauptstadtteile: Tachapal um den Dattatraya-Platz und südwestlich davon die Unterstadt um den Taumadhitol-Platz. Ein drittes, von den Herrschern etwas willkürlich hinzugefügtes Zentrum ist der nördlich der Straßenachse gelegene Durbar-Platz mit dem Königspalast.

Bhaktapur wurde vermutlich im 9. Jahrhundert von König Ananta-Malla gegründet. Sein Herrschaftsbereich soll sich auf das östliche Kathmandu-Tal und die angrenzenden Talbereiche von Banepa, Panauti und Dhulikhel erstreckt haben. Es ist anzunehmen, daß die Stadt schon damals – wie auch heute – vorwiegend von Hindus besiedelt war. Jayasthiti Malla im 14. und Yaksha Malla im 15. Jahrhundert regierten das Tal von Bhaktapur aus. Jayasthiti Malla konnte sich bei der strengen Festlegung der mittelalterlichen Hindu-Regeln und der Kastenordnung auf den festgefügten Hintergrund dieser Stadtsiedlung stützen. Ihren Reichtum, den die stattlichen Bürgerhäuser dokumentieren, bezog die Stadt aus dem Handel mit Tibet. Seitdem jedoch die Grenzen zwischen den beiden Ländern geschlossen sind, verarmte das einst wohlhabende Gemeinwesen. Der Verfall, dem viele Baulichkeiten der alten Königsstadt preisgegeben sind, ist darauf zurückzuführen.

Durch ein weißes Steintor betritt man die innere Stadt und den **Durbar-Platz**, der einst mit mehr Tempeln bestückt war als heute. Ursache für seine Zerstörung war das Erdbeben von 1933, das Palastteile und ganze Tempel einstürzen ließ, die nie mehr aufgebaut wurden. Dadurch, daß beim Wiederaufbau der Stadt die Häuserfront gegenüber dem Palasteingang um zwanzig Meter zurückverlegt wurde, entstand ein größerer Platz, der heute in seiner Leere ein wenig unausgefüllt wirkt. Blickfang ist hier, ähnlich wie in Patan, die Bronzefigur auf einer *Steinsäule*: die Gestalt König Bhupatindra Mallas, des bedeutendsten Königs und Bauherrn im spätmittelalterlichen Bhaktapur. Er kniet mit zusammengelegten Händen, Schild und Schwert neben sich, auf steinernem Lotussockel und blickt auf seinen **Palast**. Aus einem Fenster im ersten Stock des als Gemäldegalerie dienenden Palastteils kann man ihm in das zeitlose, metallene Antlitz schauen. Durch das *Goldene Tor*, das wohl berühmteste Beispiel newarischer Bronzeschmiedekunst, betritt man den inneren Gebäudekomplex. Da dieser Palast aus einer Festungsanlage hervorgegangen ist, wirkt er kompakter als jene in Kathmandu oder Patan. Das Hauptheiligtum ist der Tempel der Göttin Taleju im *Mul Chowk* im nördlichen Palastbereich. Harisimhadeva hat die mächtige Schutzgöttin des Tals und der Malla-Dynastien im Jahr 1325 auf seiner Flucht vor Moslem-Eroberern aus Simraongarh in Nordindien hierhergebracht und ihren Kult im Kathmandu-Tal eingeführt. Zusammen mit dem westlich anschließenden kleineren Eta Chowk und dem östlich vorgelagerten Sadashiva Chowk bildet der Mul Chowk das kultische Herzstück des Palastes. Nichthindus ist der Eintritt verwehrt; sie dürfen höchstens einen Blick durch den an der Ostseite gelegenen Eingang in den Hof werfen und von ferne das prachtvoll gestaltete Tor, das in den *Eta Chowk* hinüberführt, bewundern. Dieser Kulthof ist den acht Muttergottheiten, den Astamatrikas, geweiht, während im *Sadashiva Chowk* achtzehn Bhairava-Bildnisse zusammen mit je einer Figur des Ganesh und der Göttin Durga aufgestellt wurden. Beide Höfe sind mit Schnitzwerk und Metallguß-Skulpturen reich ausgestattet. Im Norden des Palastbezirks liegt eine große königliche *Badeanlage*. Ein Kobrakopf mit gespreiztem Nackenschild ragt hier auf einer Steinsäule aus dem Wasser und fixiert ein zweites, gegenüber aufgerichtetes Schlangenhaupt. Das Bad wird, wie viele andere künstliche Teichanlagen der Stadt, aus einem elf Kilometer langen, unterirdischen Kanal mit Wasser aus den umliegenden Bergen gespeist.

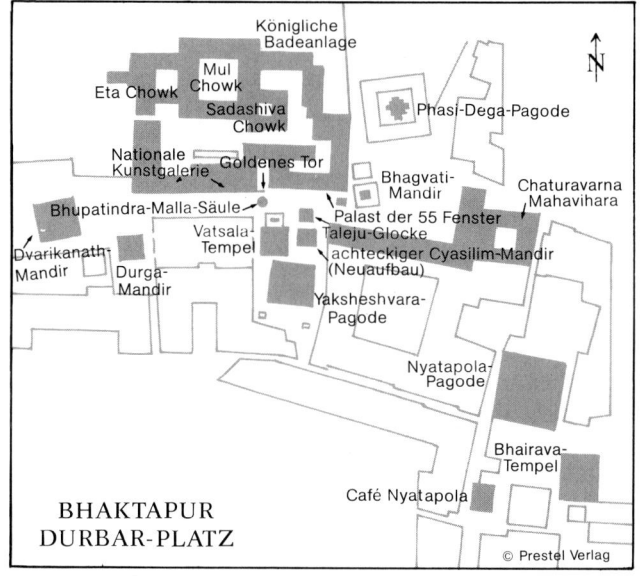

Tritt man nun durch das Goldene Tor wieder auf den Durbar-Platz hinaus, so steht man vor der links neben der Bhupatindra-Malla-Säule aufgestellten riesigen **Taleju-Glocke**. Dahinter erhebt sich im newarischen Shikhara-Stil der **Vatsala-Tempel**, der einem Aspekt der Göttin Durga geweiht und von Jagatprakasha Malla im 17. Jahrhundert errichtet wurde. Diesem Bauwerk folgt gleich anschließend die zweistufige Ziegel-Holz-**Pagode des Yaksheshvara**, der bedeutendste Tempel auf dem Platz. Wie bei ihrem Vorbild, der Pagode von Pashupatinath, haben wir es hier mit einer Kultstätte des Gottes Shiva zu tun. Wendet man sich jetzt nach rechts, gelangt man zunächst zum **Durga-Mandir**, gleichfalls einem Shikhara-Tempel, und dann zum **Dvarikanath-Mandir**, einer Zweistufen-Pagode mit vier reichgeschnitzten, dreiteiligen Toren. Eine Garuda-Säule vor dem östlichen Tor deutet darauf hin, daß dieser Tempel vormals dem Vishnu geweiht war; später wurde er mit einem neuen Kultbild dem Gott Krishna übertragen. Wenn man jetzt nach rechts weiterwandert, kommt man zu einem weiß verputzten Saalbau, der erst im 19. Jahrhundert errichtet wurde und nicht so recht zu den übrigen Bauten am Platz passen will. Lediglich das alte Palasttor mit zwei steinernen Wächterlöwen und den Figuren der Gottheiten Hanuman und Narasimha blieb erhalten. Durch diesen Eingang gelangt man in die *Nationale Kunstgalerie* mit ihren eindrucksvollen Beispielen newarischer Thanka-Malerei. Im Inneren des Museums kann man durch einen Gang in den alten Palast hinübergehen und dort in einem Saal sehenswerte Wandmalereien aus dem 17. Jahrhundert besichtigen. Auf dem Platz draußen aber erreicht man, am Goldenen Tor vorbeigehend, schließlich den *Palast der 55 Fenster*, ein Prachtstück newarischer Holzschnitzkunst. Tür- und Fensterstöcke des Erdgeschosses und des ersten Stocks sind reich mit Schnitzwerk verziert; das zweite Stockwerk besteht aus einer einzigen Galerie von Holzfenstern, die vollständig in Schnitzereien aufgelöst sind. Seitdem vor einigen Jahren das frühere Wellblechdach durch ein stilvolles Ziegeldach ersetzt wurde, ist die künstlerische Harmonie dieses Ziegel-Holz-Baus in ästhetisch befriedigender Weise wiederhergestellt worden. An der Südostecke des Palastes folgt sodann mit dem **Bhagvati-Mandir** ein weiterer Shikhara-Tempel, dessen steinerner Aufgang von Tierplastiken und Figuren in der zeitgenössischen Tracht des 17. Jahrhunderts flankiert wird. Dahinter stand einst die stattliche dem Shiva geweihte **Phasi-Dega-Pagode**, die beim Erdbeben des Jahres 1933 einstürzte. Auf der großen Ziegelplattform, zu der eine Treppe mit Elefanten-, Löwen- und Stierpaaren hinaufführt, hat man seitdem lediglich eine provisorische kleine Kuppel mit Wellblechdach für das Kultbild errichtet. Der nicht mehr vorhandene achteckige **Cyasilim-Mandir**, der einst dem Palast der 55 Fenster gegenüberstand und ebenfalls durch das Erdbeben zerstört wurde, soll mit deutscher Finanzhilfe wiederaufgebaut werden. Er ist die erste Pagode, die seit mehr als hundert Jahren in Nepal neu errichtet wird.

Die enge Gasse, die vom Durbar-Platz zum Taumadhitol, dem zentralen Platz der südlichen Unterstadt, führt, ist erst

Leben auf den Straßen und Plätzen Bhaktapurs.

im 18. Jahrhundert als Verbindung zwischen beiden Plätzen geschaffen worden. Heute findet man hier Souvenirläden, in denen Kleidung, Malereien und Marionetten der Tanzgottheiten feilgeboten werden. Der **Taumadhitol** mit seinen beiden beherrschenden Tempelbauten, die Bhupatindra Malla Anfang des 18. Jahrhunderts erbauen ließ, bildet heute das eigentliche Stadtzentrum Bhaktapurs. Da steht auf fünf Ziegelterrassen wie auf einem Hügel der fünfstufige **Nyatapola**, die größte Pagode Nepals. Sie beherbergt in ihrer Cella das Kultbild einer Durga Mahisamardini, das jedoch außer dem Brahmanenpriester niemand sehen darf. Die steile Treppe, die zum Heiligtum hinaufführt, wird von fünf Figurenpaaren bewacht: Zuunterst kauern die beiden Riesen Jaya und Patta, dann folgen zwei Elefanten, zwei Tiger, zwei Drachen und auf dem obersten Absatz die Tigergöttin Bhagini sowie die Löwengöttin Singhini. Jedes dieser Paare besitzt die zehnfache magische Kraft des vorhergehenden und schützt so das Heiligtum vor dämonischer Bedrohung. Einen mächtigen Kontrapunkt zu der schlanken, in die Höhe strebenden Fünfstufen-Pagode bildet der an der Ostseite des Taumadhitol stehende, mit drei übereinander gestaffelten Dächern ausgestattete **Bhairava-Tempel** oder **Kasi Vishvanath**. Mit seinem rechteckigen Grundriß wirkt er viel erdgebundener als sein Gegenpart auf dem Ziegelhügel. Daß er auf einen älteren Tempel zurückgeht, läßt die Tatsache vermuten, daß das erste Dach über einem zweigeschossigen Unterbau liegt und an der Vorderseite drei Gajura-Türmchen trägt. Die Cella befindet sich im ersten Stockwerk hinter einem fünfteiligen Fenster, das vergoldet und mit Schnitzereien eingerahmt ist. An einem Fenster zwischen dem ersten und zweiten Dach gewahrt man eine Maske des Gottes. Die Legende erzählt, daß Bhairava, durch die Inthronisierung der tantrischen Göttin Mahisamardini hoch über ihm auf dem Nyatapola-Hügel erzürnt, Krankheiten, Mißernten und Naturkatastrophen über die Stadt zu bringen drohte. Erst die Aufstockung seines eigenen Tempels um zwei weitere Stockwerke konnte ihn besänftigen. Sicherlich waren es aber auch städtebauliche Gründe gewesen, die Bhupatindra Malla zur Erweiterung des ursprünglichen Bhairava-Tempels

Der fünfstöckige Nyatapola, die größte Pagode Nepals.

bewogen hatten. Das Erdbeben von 1933 zerstörte den Bau vollständig, aber schon 1934 wurde er unter Verwendung vieler alter Teile so originalgetreu wiederaufgebaut, daß man heute nicht mehr unterscheiden kann, was alt und was neu ist.

An der Westseite des Nyatapola führt eine enge Gasse zurück zum Durbar-Platz. An ihrem Ende und zugleich am östlichen Rand des Palastbezirks liegt eines der wenigen buddhistischen Heiligtümer Bhaktapurs, das **Chaturavarna Mahavihara**. Es hat einen quadratischen Innenhof und birgt in seinem Innern schöne Holzschnitzereien. Vermutlich wurde es von König Raya Malla im 15. Jahrhundert gegründet. Ranajita Malla führte dann im 18. Jahrhundert, nach dem Vorbild Kathmandus, hier den Kumari-Kult mit einer lebenden Kindgöttin ein.

Wieder auf dem Taumadhitol, kann man im schönen **Café Nyatapola** einkehren, das im Rahmen der Bhaktapur-Restaurierungsprojekte in einem alten Haus an der Südwestecke des Platzes eingerichtet wurde. Es bereitet großes Vergnügen, auf dem offenen Umlaufbalkon im oberen Stockwerk zu sitzen und das geschäftige Treiben auf dem Platz zwischen den beiden großen Tempeln zu beobachten: Bauersfrauen im schwarzen, rot geränderten Sari bringen Opfergaben zum Tempel, Männer im hochgeschlossenen, engen Nepalesen-Gewand hocken schwatzend auf dem Mauerabsatz vor der Pagode, und Kinder spielen lärmend auf den großflächigen Pflasterplatten.

Wir folgen jetzt der S-förmig gebogenen Hauptbasarstraße, die für den Verkehr gesperrt ist, nach Ost-Nordosten. In den offenen Läden werden Waren geprüft, wird gefeilscht, geplaudert und handwerklich gearbeitet. Die Straßen und Plätze in dieser alten Newar-Stadt sind erweiterter Wohnraum. Auf dem **Tachapaltol**, dem zentralen Platz der nordöstlichen Oberstadt, steht linker Hand breit hingelagert der **Bhimsen-Tempel** mit zwei Stockwerken unter dem großen Dach und einem turmartig obenaufgesetzten kleinen Dachstockwerk, das sieben vergoldete Gajuras trägt. Das Kultbild des Bhimsen, des Schutzherrn der Handelsleute und Handwerker, befindet sich in der ersten Etage. Der Bau dient neben kultischen Zwecken auch als Versammlungshalle oder als Unterkunft für Pilger.

Der Bhaivara-Tempel neben dem Nyatapola in Bhaktapur.

Wendet man sich nun nach rechts, so geht man über den leicht ansteigenden Platz geradewegs auf den **Dattatraya-Tempel** zu. Der dreigeschossige, ausladende Bau im Pagodenstil wirkt altertümlich wie der Kasthamandapa in Kathmandu und zählt wohl zu den ältesten Holzbauten im ganzen Tal. Das Heiligtum ist einer Gottheit geweiht, die wahrscheinlich zur Zeit Jayasthiti Mallas aus Südindien in die Stadt gekommen war und die Aspekte der drei bedeutendsten Hindu-Götter – Vishnu, Shiva und Brahma – in sich vereinigt. Man erkennt dies an drei Steinsäulen vor dem Tempeleingang, die einen Garuda, Vishnus Diskusscheibe und seine Meeresschnecke tragen, wie auch an einem danebenstehenden Dreizack Shivas. Die Cella ist etwas vor den Hauptbau gesetzt und erreicht mit ihrem von einem Gajura gekrönten Pagodendach nur das zweite Stockwerk. Vor dem Eingang knien die Riesen Jaya und Patta, denen man schon am Nyatapola begegnet ist. Der eigentliche Dattatraya-Bau mit seinen Hallen und umlaufenden Galerien dient als Pilgerunterkunft und den Bürgern dieses Stadtteils zum Spielen religiöser Musik.

Rechts hinter dem Dattatraya-Mandir steht ein weiteres wichtiges Bauwerk, das **Pujari Math**. Mit seinen Innenhöfen und seinen zahlreichen Räumen stellt es eine Mischung aus Klosterakademie und Pilgerheim dar. Das Schnitzwerk, das beispielsweise die Wände des mittleren Hofs vom Erdboden bis zum Dach rundum überzieht, gehört zum Besten, was newarische Holzschnitzkunst zu bieten hat. Als besonders geglückt kann dabei die Verbindung von Pflanzenornamenten mit Tiermotiven und Götterfiguren gelten. Das berühmteste Beispiel hierfür findet sich im sogenannten *Pfauenfenster* in der Gasse an der Ostseite des Pujari Math. In einem Teil des Gebäudekomplexes hat man ein sehenswertes Museum für Newar-Kunst eingerichtet. Der gesamte Dattatraya-Platz mit all seinen Gebäuden ist mit bundesdeutscher Entwicklungshilfe über viele Jahre hinweg restauriert worden. Am Anfang dieses Projekts stand das Pujari Math, dessen Restaurierung dem gegenwärtigen König Birendra im Jahr 1971 als Hochzeitsgeschenk gewidmet wurde. Inzwischen hat die Stadtsanierung noch andere Teile Bhaktapurs erfaßt und eine Abwasser-

*Das berühmte Pfauenfenster am Pujari Math
in Bhaktapur.*

kanalisierung, Wasserversorgung und Straßensanierung eingeschlossen. Auch das Schnitzhandwerk hat durch diese deutsch-
nepalische Zusammenarbeit großen Auftrieb erfahren. Die
neuen Verkaufswerkstätten am Dattatraya-Platz sind einen
Besuch wert und bieten qualitätvolle Handwerkskunst als
Souvenirs an.

Nach dem Besuch der drei großen Plätze – dem Durbar-
Platz, dem Taumadhitol und dem Tachapaltol – kann man
sich auf weiteren Streifzügen durch die Stadt noch vielen

anderen Sehenswürdigkeiten zuwenden. Überall stehen kleine
Ganesh-Schreine, denn dieser Gott ist außerordentlich beliebt.
Östlich des Tachapal gelangt man zum zweigeschossigen **Vakapati-Narayana-Tempel**, der dem Vishnu geweiht ist und prächtige Metallarbeiten aufweist. In der nördlichen Oberstadt steht
der zweigeschossige **Nava-Durga-Mandir**, das wichtigste Heiligtum der neun Durgas, und noch ein wenig weiter nach
Norden kommt man an den **Mahalakshmi-Tempel**. Vom Tachapaltol nach Westen gehend liegt im Stadtteil Thalachem
ein großer, gemauerter Teich, der **Nag Pokhri**, aus dessen Mitte
ein Schlangenkopf emportaucht. Im Südwesten der Stadt befindet sich der Töpfermarkt. Unter den Arkaden an seinem
Rand sitzt ein Töpfer neben dem anderen und hält seine große
Scheibe in Bewegung, während er mit geschickten Händen
Krüge, Schalen, Töpfe und Vasen formt. Frauen stapeln die
Tonwaren auf dem Platz zu hohen Haufen.

Im Stadtteil Tekhacho stößt man dann auf den dreistufigen
buddhistischen **Matchhendranath-Tempel**, dessen Kultfigur der
Bodhisattva Lokeshvara ist, und vor dem ein kleiner Wald
von schönen Chaityas steht. Vom Taumadhitol führt schließlich eine Straße bergab nach Süden, in deren tiefen Spurrinnen
anläßlich des Bisket-Jatra-Festes im April die Tempelwagen
mit den Kultbildern des Gottes Bhairava und der Göttin Bhadrakali zum Hanumante-Fluß hinuntergezogen werden. Hier
liegen mehrere **Bade- und Verbrennungsplätze**, beginnend mit
Mangal Ghat im Westen und nach Osten weiterführend über
Ram Ghat und *Chupin Ghat* bis zum *Hanuman Ghat* am Zusammenfluß der beiden Hanumante-Flußarme. Der König
Jagatprakasha Malla baute in der Mitte des 17. Jahrhunderts
Hanuman Ghat zu einem Kultplatz mit Tempeln, Monumen-
ten und kleinen Heiligtümern aus, darunter ein eindrucksvol-
les rotes Standbild des Affengottes Hanuman, das neben einem
Skulpturenschrein mit Shiva und Parvati aufgestellt wurde.

Wenn im Herbstmonat Oktober auf allen Plätzen und Gassen der Reis gedroschen und geworfelt wird, türmen sich die
Körner vor den Tempeln und Häusern zu hohen Bergen.
Nachts decken die Stadtbauern ihre Reishaufen mit Bambusmatten ab und schlafen sogar darauf, um die kostbare Ernte

vor Dieben zu schützen. Den schönsten Blick auf Bhaktapur
genießt man von Süden, vom Flußufer des Hanumante oder
von der Ringstraße aus. Hoch erheben sich die Pagodenspitzen
der bedeutendsten Tempel – Taleju, Nyatapola und Bhairava –
über das Dächergewirr der Stadt, und ihre goldenen Gajura-
Türmchen glänzen in der Sonne.

Der Kinderreichtum der newarischen Stadtbauern
im Kathmandu-Tal ist groß.

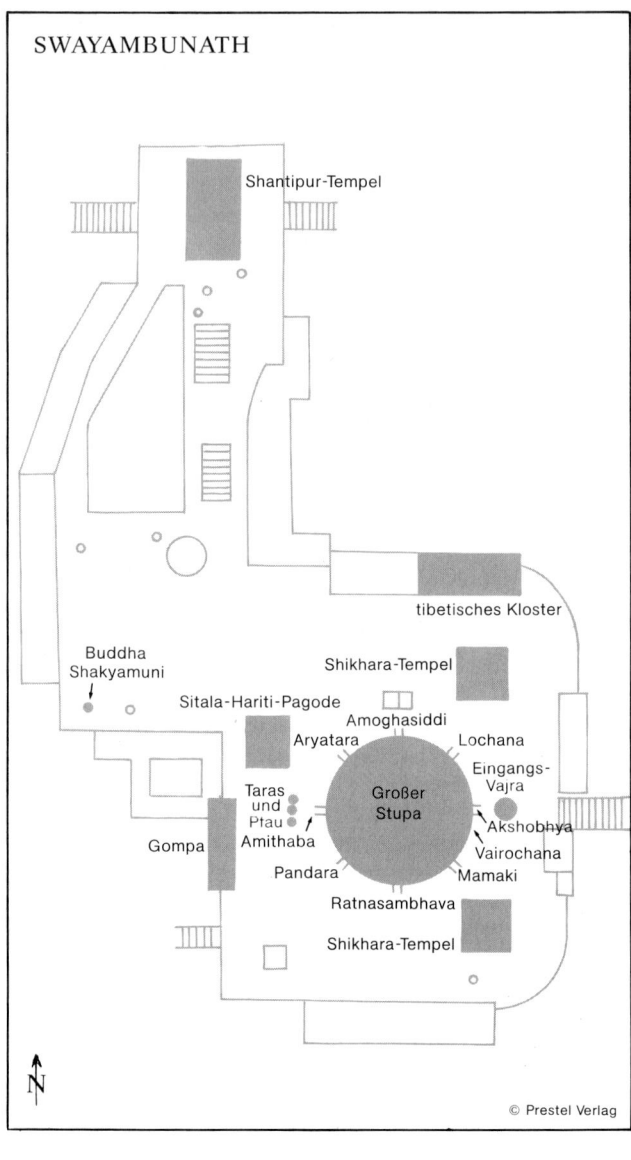

SWAYAMBUNATH

Shantipur-Tempel

tibetisches Kloster

Buddha
Shakyamuni

Shikhara-Tempel

Sitala-Hariti-Pagode

Amoghasiddi

Aryatara

Lochana

Eingangs-
Vajra

Taras
und
Ptau

Großer
Stupa

Akshobhya

Amithaba

Vairochana

Gompa

Pandara

Mamaki

Ratnasambhava

Shikhara-Tempel

N

© Prestel Verlag

Die großen Stupas im Kathmandu-Tal

Swayambunath

Schon von weitem erblickt man auf dem Hügel westlich von Kathmandu den hellen, runden Tumulus und die darüber emporstrebende, golden leuchtende Scheibenpyramide des Stupa von Swayambunath. Beim Näherkommen scheinen die Augen auf den vier Seiten des Kubus den Besucher zu fixieren. Von Kathmandu kommend, läßt man am Fuß des Hügels einige große, grell bemalte Buddha-Figuren und mehrere Chaityas hinter sich und steigt am letzten Aufschwung des Hügels auf einer sehr steilen Steintreppe mit metallenem Mittelgeländer empor. Oben bewacht den Eingang zum eigentlichen Stupa-Bereich ein vergoldeter, auf einem Steinzylinder ruhender **Vajra**, um den sich eine Girlande aus den zwölf Tieren des tibetischen Jahreszyklus zieht: Ratte, Stier, Tiger, Hase, Drache, Schlange, Pferd, Schaf, Affe, Gans, Hund und Schwein. Auch wenn die heutige Gestalt des Tempelbereichs in die Zeit Pratapa Mallas im 17. Jahrhundert zurückgeht, ist die ursprüngliche Anlage sehr viel älter und stammt wohl aus der Epoche vor den Licchavi-Dynastien. Im 13. Jahrhundert befand sich in Swayambunath eine Klosterakademie, die enge, bis heute existierende Beziehungen mit Tibet pflegte. Als ein Moslemheer 1346 unter Shams ud-din Ilyas aus Bengalen das Kathmandu-Tal verwüstete, wurde auch der Swayambu-Stupa zerstört. Erst 1372 konnte er, mit Hilfe zweier wohlhabender Bürger aus Kathmandu, wiederaufgebaut werden. Neben dem Eingangs-Vajra und östlich vor dem Stupa ließ Pratapa Malla zwei **Shikhara-Türme** errichten, die das Heiligtum auf dieser Seite einrahmen. Der Stupa ist mit einer Galerie von Gebetszylindern umgeben, die von andächtigen Pilgern ständig in Umdrehung gehalten werden. Im Unterbau öffnen sich kleine Schreine mit den transzendenten **Meditations-Buddhas** in die vier Himmelsrichtungen. Zwischen ihnen stehen die Schreine der **Buddha-Shaktis**, der jedem Buddha entsprechenden weiblichen Aspekte: Lochana, Mamaki, Pandara und Aryatara. Vier Nischen unter diesen Schreinen enthalten nicht nur Bronzeskulpturen der den jeweiligen Buddhas zugeordneten Tiere, sondern an den rückwärtigen Wänden auch uralte Reliefs aus einer unbekannten Bauschicht des Stupa, die das Rad der Lehre, flankiert von zwei Gazellen, und eine stark abgeschliffene Buddhafigur zeigen.

Über dem Kubus mit den Augen Buddhas erhebt sich ein Pyramidenaufbau aus dreizehn vergoldeten Kupferscheiben, die die dreizehn Himmel der Bodhisattvas symbolisieren und von einem Rundschirm sowie einer vergoldeten Spitze bekrönt sind. Neben dem Stupa steht ein Wald von Chaityas, von denen einige noch aus der Licchavi-Zeit stammen dürften. Man geht nun im Uhrzeigersinn um das Bauwerk und trifft auf der dem Eingangs-Vajra gegenüberliegenden Seite auf eine kleine, **zweistufige Pagode**. Sie ist wohl aus der einstigen Verehrungsstätte einer Muttergottheit hervorgegangen, beherbergt jedoch heute das Kultbild einer Gottheit, die Aspekte zweier Göttinnen in sich vereint: Sitala Devi, die bei Pockenkrankheiten hilft, und Hariti, die als Kinder-Schutzgöttin angerufen wird. Gleich dahinter, wenn man um eine Gebäudeecke herumgeht, stößt man in einer gemauerten Nische auf einen überlebensgroßen **Buddha Shakyamuni**, der vermutlich die an den Anfang des 17. Jahrhunderts zu datierende Kopie eines Vorbildes aus dem 1. Jahrtausend unserer Zeitrechnung darstellt. Im nördlichen Bereich des Plateaus von Swayambunath liegt, etwas vertieft, ein langgestrecktes, schlichtes Gebäude: der **Shantipur-Tempel**. Er ist einem tantrischen Kult geweiht und ausländischen Besuchern meist nicht zugänglich. Die Legende erzählt, daß Pratapa Malla während einer großen Dürre einen tantrischen Regenkult im Zusammenhang mit den neun Nagas im Shantipur-Tempel praktiziert und damit tatsächlich Regenfälle herbeigeführt habe. Wenn man nun zum Stupa zurückgeht und die Umrundung beendet, kommt man an dem erst 1949 gegründeten **tibetischen Kloster** mit einer mächtigen Buddha-Figur vorüber und gelangt wieder zum Treppenaufgang vor den beiden Shikhara-Tempeln. Von hier bietet sich ein großartiger Blick über das ganze Kathmandu-Tal und auf die Eisberge im Norden und Nordosten. Man kann jetzt den Stupa-Bezirk an der Westseite über zwei Aus-

Die große Ost-Treppe zum Stupa von Swayambunath.

gänge verlassen: entweder vorbei an einem Klostergebäude oder gegenüber der westlichen Längsseite des Shantipur-Tempels. Beide Wege führen bergab zu einem Plateau mit Parkplatz, neben dem noch einmal einige Chaityas stehen. Gegenüber wurden tibetische Klosteranlagen neu erbaut, und ein wenig weiter bergab kommt man zu den niedrigen Gebäuden des sehenswerten **Naturkunde-Museums**. Vom Parkplatz westlich des Stupa verläuft eine Autostraße zurück nach Kathmandu, die in einer scharfen Kurve am **Nationalmuseum** vorbeiführt.

Bodnath mit Chabahil und Kopan

Besonders schön wirkt der monumentale Bau des Heiligtums von Bodnath an hohen Feiertagen, wenn unzählige bunte Gebetswimpel an langen, von der Spitze zur Basis gespannten Schnüren rund um den Stupa flattern. Man erreicht ihn etwa acht Kilometer östlich von Kathmandu auf der alten Handels- und Pilgerstraße nach Tibet. Kurz davor kommt man an dem sehr alten Stupa von Chabahil vorüber, der nach der Überlieferung ebenfalls auf den indischen Religionskaiser Ashoka zurückgeht. Dieser Bau verkörpert den für Nepal typischen Stupa-Stil, wirkt jedoch schlicht und durch seine Höhe etwas kopflastig. Am runden Unterbau befinden sich die Kapellen der fünf transzendenten Meditationsbuddhas. Auf dem umgebenden Hof stehen schöne Steinskulpturen, darunter ein aufrechter Buddha aus dem 9. Jahrhundert, ein Avalokiteshvara aus dem 10. Jahrhundert, Chaityas und Vajras.

Zum **Stupa von Bodnath** gelangt man von der Straße aus durch eine enge Gasse, und wenn man dann unvermittelt vor ihm steht, ist man von der Ausgewogenheit dieses Bauwerks überrascht. Der halbkugelige Tumulus erhebt sich auf drei gemauerten, nach oben kleiner werdenden Terrassen, die zusammen mit dem eigentlichen Stupa und der umgebenden Mauer ein Mandala, ein kosmisches Diagramm, formen. Die auf den würfelförmigen Kubus gemalten Augen blicken beinahe noch eindringlicher als die in Swayambunath. Der dreizehnteilige Pyramidenaufbau darüber besteht diesmal aus quadratischen Stufen und wird oben von Rundschirm, Gajura und vergoldeter Spitze abgeschlossen. Am Unterbau fehlen die Schreine der Meditations-Buddhas, dafür zieht sich eine Kette von insgesamt 108 Figuren des Buddha Amitabha – Buddha des unermeßlichen Lichtes – um die Basis. Umgeben wird der Stupa schließlich von einer Ringmauer mit eingelassenen Nischen, in denen kupferne Gebetszylinder hängen. Sie stehen kaum einmal still, denn ständig sind Pilger, Mönche und alte Tibeter unterwegs, das Heiligtum zu umrunden und die Zylinder zu drehen. Die Terrassen und der Stupa selbst sind nur durch einen einzigen Eingang, den zwei Reiter auf Elefanten flankieren, im Norden zugänglich.

Der Licchavi-König Manadeva in der zweiten Hälfte des 5.Jahrhunderts gilt als Gründer von Bodnath. Die Legende allerdings berichtet folgendes: »Vor undenklichen Zeiten lebten hier vier Prinzen, denen eine göttliche Stimme befahl, an dieser Stelle ein Heiligtum zur Ehre Buddhas zu errichten. Als sie mit dem Bau begannen, brach eine große Dürre über das Land herein, und die Bauarbeiten waren wegen Wassermangels gefährdet. Um das Werk dennoch weiterzuführen, breiteten die Arbeiter nachts Tücher aus, um den Tau aufzufangen. Zwar ging die Arbeit auf diese Weise nur langsam voran, aber eines Tages war der Stupa doch vollendet. Die vier Prinzen durften sich eine gute Zukunft wünschen, und sie baten um eine erleuchtete Wiedergeburt als Bodhisattvas. Sie hatten jedoch nur an sich selbst gedacht und ihre Arbeitstiere vergessen, die am Bau wesentlichen Anteil trugen. Darüber waren die Tiere sehr verärgert und wählten ihrerseits die Wiedergeburt als böser Prinz, der die Religion der vier Bodhisattvas bekämpfen würde. So entstand die Sage von dem tibetischen König Langdharma, der die buddhistische Lehre grausam verfolgte, bis er später durch einen Mönch getötet wurde. Der Bodnath-Stupa aber war derart schön und erhaben, daß sein Ruhm weit über die Grenzen des Landes drang und Pilger aus allen Himmelsrichtungen herbeiströmten, sogar aus China und der Mongolei.«

Um den Stupa führt eine breite Straße, die von einem Ring von Häusern mit kleinen Läden gesäumt wird, in denen newarische und tibetische Händler Touristensouvenirs, Schmuck, Kleidung und Teppiche feilbieten. In einem stattlichen Haus mit angeschlossener Gompa residiert der sogenannte ›Chini-Lama‹, der von einigen tibetstämmigen Volksgruppen wie den Sherpas oder den Tamangs als besonders heilig verehrt wird.

Nach der Flucht des Dalai Lama aus Tibet im Jahr 1959 haben sich in Bodnath viele geflüchtete Tibeter niedergelassen, denen der Bau von neuen Gompas zu verdanken ist. In der Umgebung des Stupa von Bodnath sind heute die wichtigsten *Schulen des tibetischen Buddhismus* – Nyingmapa, Gelukpa, Shakyapa und Kargyüpa – mit eigenen Klöstern vertreten, deren Meditations- und Lehrkurse gerne von westlichen Anhängern aufgesucht werden. Umgekehrt reisen hier ansässige hochangesehene Äbte ins Ausland, um dort zu unterrichten. Mittlerweile ist Bodnath ein Zentrum des tibetischen Buddhismus, das von den zahlreichen Tibetern lebt, die sich hier mit Teppichknüpfereien, Kunsthandwerksstätten und Läden niedergelassen haben.

Nur ein Stück von Bodnath entfernt liegt an den nördlichen Randbergen des Kathmandu-Tals, nicht weit vom Tempelhain Budhanilkantha entfernt, einsam das neuerrichtete Kloster **Kopan**. Es ist ebenfalls ein Ergebnis der Flucht von tibetischen Lamas ins nepalische Exil. In noch stärkerem Maße als die neuen Klöster von Bodnath ist Kopan inzwischen ein Ort der Meditation und Lehre für ausländische Besucher. Das lag nicht zuletzt an seinem Abt Lama Yeshe, der bis zu seinem Tod hohes Ansehen genoß. Inzwischen wurde er als Reinkarnation in einem spanischen Kind erkannt – Zeichen dafür, daß buddhistische Vorstellungen auch in Europa Fuß gefaßt haben.

Heilige Stätten der Hindu-Pilger

Pashupatinath

Pashupatinath, östlich von Kathmandu am Ufer des Bagmati-Flusses, in unmittelbarer Nachbarschaft des Tribhuwan-Flughafens gelegen, gilt als wichtigstes Hindu-Heiligtum im ganzen Kathmandu-Tal. Die geschichtlichen Wurzeln der Siedlung **Deopatan**, in deren Bereich die Tempelstätte liegt, reichen weit zurück. Zur Zeit der Licchavi-Dynastien müssen hier auch bedeutende buddhistische Tempel und Klöster gestanden haben, die jedoch inzwischen verschwunden sind. Pashupatinath ist dem Gott Shiva als Herrn über jegliche Kreatur – Tier und Mensch – geweiht. Nach der Legende hat der Gott selbst, in Gestalt einer einhornigen Gazelle, diese Region als Kultstätte auserkoren. Der Komplex umschließt ein Tempelareal, einen Abschnitt des Flusses Bagmati und über dessen östlichem Ufer einen mit lichtem Wald bestandenen Hügel. Beherrscht wird der gesamte Bezirk von der zweigeschossigen, mit vergoldeten Dächern gedeckten **Pashupatinath-Pagode**, die von mehreren Tempelchen und zahlreichen Götterfiguren umringt ist. Nicht-Hindus haben keinen Zutritt zum inneren Hof. Man kann jedoch vom Eingang im Westen her einen Blick durch das Tor auf das Hinterteil des riesigen, vergoldeten Nandi-Bullen werfen, der als Shivas Reittier vor der Tempelpforte lagert. Eine noch bessere Sicht auf diesen Bereich hat man vom gegenüberliegenden Ufer, von einer der mit Shiva-Lingams umgebenen Terrassen. Pashupatinath ist ein Ort religiöser Feiern, aber auch des Sterbens. Am Westufer der Bagmati unterhalb der Tempelanlage liegen die **Ghats**, an denen rituelle Waschungen vorgenommen und die Toten verbrannt werden. Während die oberen, direkt unter dem Tempel gelegenen *Arya Ghats* der Königsfamilie und hohen Adelsgeschlechtern vorbehalten sind, stehen die *Surya Ghats* unterhalb der beiden Brücken der übrigen Bevölkerung zur Verfügung. Man kann es oft erleben, daß am Ufer unter weißen Leinentüchern ein Sterbender liegt, während am Surya Ghat der Rauch einer Leichenverbrennung gen Himmel steigt. Von den beiden

Brücken schräg unterhalb der Pashupatinath-Pagode geht
man flußabwärts an Pilgerunterkünften vorbei, hinter denen
die große **Herberge Panchadeva** zu sehen ist, auf deren Innenhof sich ein Shiva-Schrein im Shikhara-Stil erhebt. Man erreicht schließlich den einstöckigen, mit Metallplatten gedeckten **Rajrajeshvari-Tempel**, der der Göttin Rajrajeshvari und
den neun Durgas geweiht ist. An der nördlichen Umfassungs-
mauer dieses Tempels fällt dem Betrachter ein **stehender
Buddha Shakyamuni** auf, der bis zu den Oberschenkeln im
Erdboden versunken ist. Die ebenmäßige Steinfigur, die vermutlich aus dem 6. oder 7. Jahrhundert stammt, bezeugt, daß
der hinduistische Pashupatinath-Bezirk einst auch eine enge
Beziehung zum Buddhismus hatte. In der Nähe steht, etwas
schräg, ein riesiges uraltes **Stein-Lingam**. Das schönste unter
den zahlreichen Lingams von Pashupatinath, das sich auf der
oberen Terrasse am Ostufer befindet, trägt den Kopf von
Shivas Gemahlin Parvati und wird in das 6. Jahrhundert n. Chr.
datiert. Man kann nun den Fluß überqueren und den tief
eingeschnittenen Steinweg an den Lingam-Schreinen vorbei
bergauf gehen, um auf den bewaldeten Hügel über der Bagmati zu gelangen. In diesem heiligen Hain erhebt sich, umgeben von weiteren Tempelanlagen und Pilgerunterkünften, der
Shikhara-Tempel des Goraknath. Ein großer Dreizack aus Metall kennzeichnet ihn ebenfalls als Stätte Shivas. Noch etwas
tiefer im Wald stößt man auf den Tempelkomplex des dem
Gott Vishnu zugeordneten **Vishvarupa-Mandir**. Nach Norden
kommt man über einen ausgebauten Steinweg wieder hinunter an das Bagmati-Ufer, zum **Tempel-Bereich des Guyeshvari-
Mandir** mit weiteren Bade- und Verbrennungsplätzen. Er ist
der Göttin Guyeshvari, einem Aspekt der Gemahlin Shivas,
geweiht, die in Form eines bauchigen Steingefäßes verehrt
wird. Dieser Ort gehört wohl zu den ältesten Kultstätten im
Kathmandu-Tal und steht in magischer Beziehung zum Hügel
von Swayambunath. In einem Bogen kann man sich nun nach

*Rechts: Pashupatinath ist das Pilgerziel vieler Saddhus aus Indien.
Vorhergehende Doppelseite: Im Tempelbezirk von Pashupatinath stehen
zahllose Lingam-Schreine.*

Westen wenden, sodann eine Brücke oberhalb der Pashupati-
nath-Klamm überqueren und auf den **Kailasa-Hügel** nördlich
des Heiligtums steigen. Er gilt als Wohnort Shivas und vermittelt einen eindrucksvollen Rundblick. Die kahle Hügelkuppe
trägt heute nur einige vereinzelte Lingams. Uralte Säulenfrag-
mente, die in die Stufen der hinaufführenden Treppe eingebaut
wurden, zeugen von einem prächtigen Palast, der einst hier
gestanden haben muß.

Pashupatinath ist die Stätte vieler religiöser Feste. Beim
Frauenfest Teej Ende August füllen die zahllosen Hochzeits-
saris die Tempeltreppen, Ghats und Tempelhöfe mit einem
Meer von roten und blauen Farben; zum Shivaratri-Fest Ende
Februar oder Anfang März ziehen Tausende und Abertausende
von Pilgern sowohl aus Nepal als auch aus Indien hierher, um
den Gott zu ehren und zu feiern.

Changu Narayan

Der Tempelbezirk von Changu Narayan erstreckt sich über
einen Hügel nördlich der Stadt Bhaktapur und ist das bedeutendste Vishnu-Heiligtum im Kathmandu-Tal. Man kann es
auf zwei Wegen erreichen: einmal von Westen her auf der
Straße Bodnath–Sankhu bis zur Ortschaft Bramhakhel und
von dort eine dreiviertel Stunde zu Fuß, den Manohara-Fluß
durchwatend, steil hinauf zum Tempelhain, oder von Bhaktapur auf relativ schlechter Straße nach Norden direkt bis zur
vorgelagerten Wohnsiedlung und weiter bergauf in fünfzehn
Minuten zum Tempelhof. Die Baugeschichte dieser heiligen
Stätte reicht mindestens bis in die Zeit des Licchavi-Königs
Manadeva in das 5. Jahrhundert, wahrscheinlich aber noch viel
weiter zurück. In der Mitte eines von zweistöckigen Gebäuden
umgebenen Hofs steht eine zweistufige **Pagode** mit geschnitzten Stützbalken, steinernen Wächterelefanten und -löwen vor
den Eingängen.

Die Legende erzählt, daß hier einst ein riesiger Tschampaka-
Baum stand. Ein in der Nähe wohnender Priester besaß eine
Kuh, deren Milch er für sich selbst und für Opferrituale

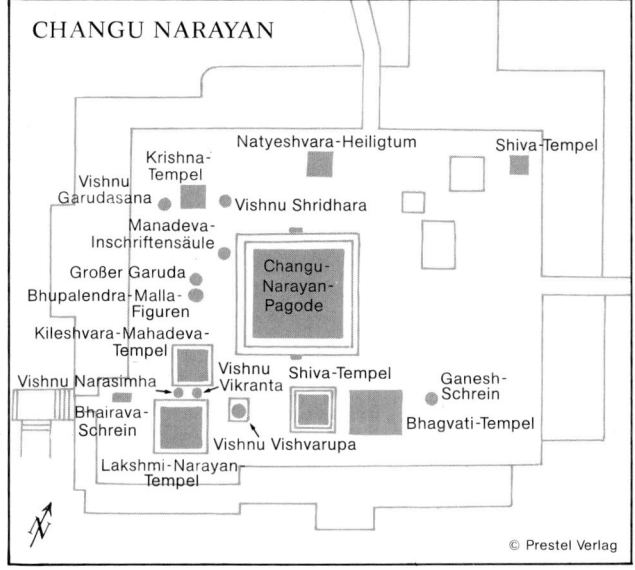

CHANGU NARAYAN

Krishna-Tempel

Natyeshvara-Heiligtum

Shiva-Tempel

Vishnu Garudasana

Vishnu Shridhara

Manadeva-Inschriftensäule

Großer Garuda

Bhupalendra-Malla-Figuren

Changu-Narayan-Pagode

Kileshvara-Mahadeva-Tempel

Vishnu Narasimha

Vishnu Vikranta

Shiva-Tempel

Ganesh-Schrein

Bhairava-Schrein

Vishnu Vishvarupa

Bhagvati-Tempel

Lakshmi-Narayan-Tempel

N

© Prestel Verlag

brauchte. Eines Tages beobachtete er, wie ein schöner Mann aus dem Stamm des Baums hervortrat, die Milch der Kuh trank und wieder im Baum verschwand. Darüber wurde der Priester so zornig, daß er dem Mann aus dem Baum auflauerte und ihm mit dem Schwert den Kopf abschlug. In diesem Augenblick erschien aus dem kopflosen Körper Vishnu, vierarmig, mit den Attributen Keule, Diskus, Meeresschnecken-Schale und Lotus. Der Priester erschrak fürchterlich, als er sah, wem er da den Kopf abgeschlagen hatte. Vishnu aber beruhigte ihn und erklärte, daß er selbst vor langer Zeit einen Brahmanen im Kampf getötet habe und ihn deshalb der Fluch verfolge, wiederum durch einen Brahmanen geköpft werden zu müssen. Dies sei jetzt geschehen, und da er somit seinen Frieden wiedergefunden habe, wolle er fortan an diesem Platz bleiben.

Man sagt, daß die Figur Vishnus im Tempel derjenigen des Vishnu Garudasana auf dem Hof gleiche, aber niemand außer dem zuständigen Priester weiß, ob sie wirklich ohne Kopf dargestellt ist.

Neben einigen kleinen Tempeln – darunter einem Ganesh-Schrein im Süden, einem Bhairava-Schrein im Westen und einem Kileshvara-Mahadeva-Tempel an der Südwestecke der Hauptpagode – stehen auf dem Hof rund um die große Pagode Vishnu-Figuren, die zu den schönsten Beispielen nepalischer Steinmetzkunst aus dem 5. bis 8. Jahrhundert n. Chr. gehören. Scheinbar ohne System dort verteilt, halten sie in Wahrheit den Platz in einem magischen Gleichgewicht zwischen beschützenden und bedrohlichen Kräften. Jede dieser Figuren ist auf eine Dämonengottheit ausgerichtet. So beruhigt an der Südseite der Pagode **Vishnu Vishvarupa**, der zehnköpfige und zehnarmige Herr des Weltalls, einen Bhairava in der Nähe des westlichen Eingangstors. **Vishnu Garudasana** im Nordwesten des Hofs, der in mystischer Harmonie auf dem menschenköpfigen Garuda reitet, bannt einen Schlangendämon, der unter dem Kileshvara-Mahadeva-Tempelchen hervorkriecht. Die bedrohliche Kraft dieser Schlange ist aber immerhin so groß, daß niemand in den Eckräumen des Gebäudes hinter Vishnu Garudasana wohnen möchte. Schließlich beeindrucken noch die südlich der Hauptpagode aufgestellten Skulpturen des in einen Zwerg verwandelten **Vishnu Vikranta**, der auf Geheiß der Götter mit einem Riesenschritt die Welt von einem gefährlichen Unterweltkönig befreit, und des **Vishnu Narasimha**, der – halb Mensch, halb Löwe – einem besiegten Dämonenkönig die Eingeweide herausreißt. Neben diesen vier kunstgeschichtlich bedeutsamen Bildwerken fallen die bronzenen Stifterfiguren eines Malla-Königspaars aus dem 18. Jahrhundert vor dem westlichen Pagodeneingang ins Auge, außerdem die berühmte Inschriftensäule, die möglicherweise der Licchavi-König Manadeva 464 n. Chr. hier aufstellen ließ. Vor der Säule kniet ein mächtiger steinerner Garuda, der porträthafte Züge seines Stifters – entweder Manadevas oder eines seiner Nachfolger – trägt. Da in der Licchavi-Zeit Menschenporträts vor Tempeln verboten waren, hatte sich der damalige König eben als Ga-

Die zentrale Pagode des Tempelbezirks von Changu Narayan.

ruda abbilden lassen. Die betende Gestalt besitzt einen unter-
setzten, kräftigen Körper. Das Haar ist gekräuselt, das Gesicht
mit markanter Nase und energischem Kinn deutet auf einen
starken Willen hin. Die vollen, lächelnden Lippen lassen vermuten, daß die hier dargestellte Persönlichkeit die Freuden
des Hoflebens zu genießen wußte. Es gibt eine Reihe von
Hinweisen darauf, daß diese Figur ursprünglich auf einer Säule
saß, von der sie vielleicht während eines Erdbebens herunter-
gefallen war. Dafür spricht ein tiefer Riß über der Stirn und
ein fehlendes Stück am linken Flügel. Außerdem steckt die
in Frage kommende Säulenbasis noch in einer beschädigten
Bodenplatte vor dem Tempel. Der Volksmund erklärt den
Fall des Garuda mit der Überheblichkeit des einstigen Königs,
der sein Abbild über das Kultbild im Tempel stellte und deshalb von Vishnu persönlich vom Sockel gestürzt wurde. Die
übrigen Steinfiguren im Tempelhof, die fast durchweg ebenfalls Aspekte des Vishnu darstellen, sind späteren Datums und
kunstgeschichtlich von geringerem Interesse. Eine besondere
Attraktion von Changu Narayan ist allerdings der Ausblick
von der Treppe vor dem westlichen Eingangstor, wo man das
gesamte Kathmandu-Tal bis zu den südlichen Randbergen zu
Füßen hat.

Budhanilkantha und Balaju

Etwa acht Kilometer nördlich von Kathmandu kann man mit
Budhanilkantha ein weiteres Vishnu-Heiligtum besichtigen.
In einem künstlichen Teich – Symbol für den kosmischen
Ozean – ruht hier *Vishnu* auf den Körperwindungen der Weltenschlange. Um das Haupt des schlafenden Gottes windet
sich eine Krone aus elf Kobraköpfen mit gespreizten Nacken-
schildern. Die monumentale, etwa fünf Meter lange Stein-
skulptur stammt aus dem 7. Jahrhundert n. Chr. Um den Teich
stehen im Rechteck neuere Häuser, die als Pilgerunterkünfte
dienen. Der Ort atmet Ruhe und Harmonie. Der König von
Nepal darf den schlafenden Vishnu in Budhanilkantha nicht
besuchen, denn er gilt als Verkörperung dieses Gottes, der
sich nicht selbst anbeten kann. Es ist ihm jedoch erlaubt, die

kleineren Repliken in Balaju und im Hanumandhoka-Palast aufzusuchen, die nur von einer neunköpfigen Schlangenkrone umrahmt werden. Der schlafende Vishnu wird von vielen gläubigen Hindus aus dem Kathmandu-Tal aufgesucht, die über eine Treppe und einen schmalen Steg zu Vishnus Füßen herabsteigen, um ihn mit geweihtem Farbpulver und Blumen zu verehren.

Balaju, etwa zwei Kilometer nordwestlich von Kathmandu am Fuß des Berges *Nagarjong* und am Rand des Waldschutzgebiets *Rani Ban*, ist mit seinem quellwassergespeisten großen Becken ein beliebtes Badeziel der Jugend Kathmandus. Im östlichen Teil des angrenzenden Parks findet man einen kleinen doppelstöckigen Tempel und zahlreiche Steinskulpturen, unter denen ein Harihara – halb Vishnu, halb Shiva – aus dem 16. Jahrhundert besonders ins Auge fällt. In einem künstlichen Teich neben dem Tempel entdeckt man eine kleinere Nachbildung der Vishnu-Figur von Budhanilkantha. Im Umkreis der Teich- und Tempelanlagen ist in den letzten Jahrzehnten ein kleines Industriegebiet mit Werkstätten und Fabriken entstanden.

Auch die Türschlösser an nepalischen Tempeln sind kunstvoll gearbeitet.

Von Ort zu Ort –
von Tempel zu Tempel

Kleinere Siedlungen und Stätten
im Kathmandu-Tal

Nur wenige Kilometer südlich von Kathmandu dehnt sich westlich des Bagmati-Flusses das weitläufige Gelände der **Tribhuwan-Universität** aus, der einzigen Universität des Landes. Bemerkenswert ist das Bibliotheksgebäude, bei dem traditionelle Bauelemente mit den Erfordernissen modernen Bauens kombiniert wurden. Südwestlich stößt der Universitätscampus an einen steilen Hügel an, auf dessen schmalem Rücken die kleine mittelalterliche Stadt **Kirtipur** liegt. Ihr bedeutendstes Gebäude ist der dreigeschossige *Bhagbhairava-Tempel*, der dem Bhairava in der Erscheinungsform eines Tigers geweiht ist. Das am Ostrand der Stadt liegende Bauwerk weist einen rechteckigen Grundriß auf, ist nach dem ersten und zweiten Stockwerk jeweils mit einem Ziegeldach, nach dem dritten mit einem Metalldach gedeckt und trägt auf dem obersten Dachfirst neben zehn Gajuras ein pagodenartiges Türmchen. Das Schnitzwerk an Tür- und Fensterstöcken, am Eingangstympanon und an den Stützbalken zeugt von der Kunstfertigkeit der ansässigen Holzschnitzer. Die Fassade des dritten Stockwerks ist mit Votivgaben des häuslichen Gebrauchs behängt.

An der höchsten Stelle der Stadt erhebt sich die Shiva und Parvati geweihte *Kvathalayaku-Pagode*, deren dritter Stock seit dem Erdbeben von 1933 in stark ruinösem Zustand ist. Es lohnt sich indessen, zu diesem Hindu-Heiligtum hinaufzusteigen, da man von dort einen wunderbaren Blick auf Kirtipur und das ganze Kathmandu-Tal hat. Im südöstlichen Teil der Stadt kann man den *Chilanchu Vihara* aufsuchen, eine buddhistische Klosteranlage mit fünf Stupas, die in Mandalaform angeordnet sind. Am Rand des Klosterhofs steht ein dreistökkiger Bahal, dessen Stützbalken sowie Fenster- und Türstöcke mit schönen Schnitzereien verziert sind. Bei einem Streifzug durch das Städtchen stößt man noch auf den *Narayan-Mandir* auf einem doppelten Ziegelunterbau, den *Buddha-Dharma-Sangha-Tempel* und den *Buddha-Mandir*, beide im Shikhara-Stil erbaut, dann den reich geschnitzten, dem Buddha Shakyamuni geweihten *Kve Bahal* mit einem schönen Chaitya im Hof und schließlich den kleinen *Lokeshvara-Tempel*, der von einem hohen Pipalbaum vollständig eingeschlossen ist. Der Eingang, bewacht von zwei steinernen Löwen, führt tief in das Innere des Baumstamms.

Die Einwohner von Kirtipur – meist Handwerker und Stadtbauern – sind heute stark verarmt, da ihnen unter ande-

Die Kinder Nepals müssen, wie dieser kleine Brotverkäufer,
schon früh ihren Lebensunterhalt verdienen.

rem durch den Bau der Tribhuwan-Universität ein großes Stück fruchtbaren Ackerlands verloren ging. Berühmt sind aber immer noch Kirtipurs *Webereien*. In beinahe jedem Haus klappert ein Webstuhl, und die farbenfrohen Baumwollsaris, die man direkt beim Hersteller oder in den Stoffläden des Basars von Kathmandu kaufen kann, erfreuen sich großer Beliebtheit bei Einheimischen und Touristen.

Südlich von Patan liegen im Kathmandu-Tal einige Dörfer, die wegen ihrer Ursprünglichkeit einen Ausflug lohnen. Nur selten finden Touristen den Weg zu ihnen hinaus, da die Zufahrtsstraßen holprig oder lediglich für Fußgänger geeignet sind. Gleich östlich des Bagmati-Flusses liegt **Khokana** mit der hochaufragenden, dreistufigen *Rudrayani-Pagode*. Die hier beheimatete Göttin Siddhikali wird vor allem bei ansteckenden Krankheiten angerufen. Einen knappen Kilometer weiter südlich gelangt man zum Ort **Bungamati**, der eng mit dem Kult des Roten Matchhendranath in Patan verbunden ist. Während der Sommermonate wird die Figur des Gottes hier im *Karunamaya-Tempel*, einem Shikhara-Mandir, untergebracht. Ihm gegenüber erhebt sich der im Pagodenstil erbaute *Hayagrivabhairava-Tempel*, der dem Gott Bhairava in seiner Erscheinungsform ›mit dem Pferdehals‹ geweiht ist. An den Dachstützen des Tempels ist eine bezaubernde, aber leider beschädigte Mädchenfigur aus dem 14. oder 15. Jahrhundert erhalten geblieben. Den Platz wie auch die Stufen und Umgänge der Tempel nutzen die Bauern im Herbst zum Trocknen und Dreschen ihrer Ernteerzeugnisse.

Östlich von Khokana und Bungamati führt eine unbefestigte Straße von Patan zu den Dörfern Thecho und Chapagaon. An einem kleinen Platz zwischen den Häusern von **Thecho** erhebt sich die bemerkenswerte dreistufige *Balkumari-Pagode* über breit hingelagertem, rechteckigem Grundriß. An den Stützbalken sind die Astamatrikas dargestellt, und der Eingang wird von dem üblichen Steinlöwenpaar bewacht. Auf dem Platz davor stehen eine Pfauensäule und Skulpturen von Balkumari, Lokeshvara, Ganesh und Mahakala. Ein zweiter rechteckiger Tempel wurde ebenfalls an diesem Dorfplatz errichtet: der doppelstöckige *Brahmayani-Mandir*. Die Garuda-

Darstellungen auf den Tympana der drei Eingänge weisen auf einen Vishnu-Kult hin. Nur ein kurzes Stück weiter nach Süden gelangt man nun nach **Chapagaon**. Im Ort selber gibt es nur einige kleine Pagoden-Schreine, Chaityas und eine dreiköpfige Brahma-Skulptur aus dem 6. Jahrhundert, aber in einem kleinen Wald östlich des Dorfes findet man das bedeutende tantrische *Vajravarahi-Heiligtum*. Die dreistufige Pagode ist in einer rechteckigen Bodenvertiefung errichtet worden. An ihren Stützbalken sind holzgeschnitzte Astamatrikas und Astabhairavas dargestellt. Vor dem Tempel stehen zwei Glocken, zwei Löwen und auf einem Steinpfeiler ein Wasserbüffel aus Gelbgußmaterial, das Reittier der geheimnisvollen Göttin Vajravarahi. Sie wird in der Form eines einfachen Feldsteins in der Cella verehrt, was auf ein sehr hohes Alter des Kultplatzes hindeutet. Zweimal im Jahr pilgern Hindus und Buddhisten zu dieser heiligen Stätte, um gemeinsam die Verehrungszeremonie zu vollziehen.

Wenn man auf einer anderen gut befahrbaren Straße von Patan in Richtung Süden nach Godavri fährt, kommt man zunächst nach **Harisiddhi**. Durch eine enge Gasse erreicht man einen Platz, der von einer hohen, *vierstufigen Pagode* überragt wird. Sie ist Kultstätte der Göttin Harisiddhi, nach der auch der Ort benannt wurde. Es gibt in Nepal nur zwei Vierstufenpagoden: diese hier und eine weitere im Dorf Nala bei Banepa. Von Harisiddhi fährt man weiter nach **Thaibo** mit seiner auffallend schlanken, *dreistufigen Pagode*, die wie ein magerer Asket wirkt und dem Ganesh geweiht ist. Im Hof wurden Skulpturen von Shiva, Parvati, Vishnu, Ganesh und Sarasvati, der Gottheit der Weisheit, aufgestellt. Auf einem Hügel über dem Dorf gelangt man zu einem Shiva-Heiligtum, das *Sanataneshvara Mahadeva* heißt und zu dem die Frauen des Kathmandu-Tals pilgern, um für Fruchtbarkeit zu beten.

Eine andere, unbefestigte Straße führt von Patan nach Südosten, und auf ihr erreicht man nach dreieinhalb Kilometern das Dorf **Sanagaon**. Auf dem Dorfplatz stehen der dreistöckige *Bhairava-Mandir*, gleich daneben eine zweistufige *Ganesh-Pagode* und am Südende des Platzes der zweistufige *Kumari-Tempel*, dessen Eingang von zwei Löwenskulpturen bewacht wird. Etwas weiter südöstlich von Sanagaon gelangt man in die Ortschaft **Lhubu**, in der vor allem die Göttin Mahalakshmi verehrt wird, eine der Astamatrika-Muttergottheiten. Ihr ist auch die dreistufige *Pagode* in der Dorfmitte geweiht. Ein zweiter *Mahalakshmi-Tempel* mit kunstvollen Schnitzereien steht außerhalb der Dorfsiedlung in den Feldern.

Wenn man, von der Ringstraße bei Kathmandu kommend, auf dem Aniko Highway nach Osten fährt, streift man auf halbem Weg zwischen dem Tribhuwan-Flughafen und Bhaktapur das nördliche Randgebiet von **Thimi**, das durch seine *Töpfereien* berühmt geworden ist. Vor den Häusern entlang der Hauptstraße stapeln sich die Tonwaren, und in vielen offenen Werkstätten kann man den Töpfern bei ihrer Arbeit an der großen Scheibe zusehen. Vor den Häusern entlang der Straße werden die fertigen Waren – Krüge, Wasserpfeifen, Tonleuchter oder als Blumentöpfe dienende Löwen und Elefanten – ausgestellt und zum Kauf angeboten. Daneben bietet das Städtchen wieder eine Reihe von religiösen Sehenswürdigkeiten, aus denen die dreistufige *Balkumari-Pagode* im Zentrum als eines der wichtigsten Kumari-Heiligtümer des Kathmandu-Tals herausragt. Die drei Dächer sind mit Metallplatten gedeckt, von der Spitze hängt ein Metallband über alle drei Stockwerke herab, und an den geschnitzten Stützbalken erkennt man die Astamatrikas. Vor dem Tempel hat man einen Pfauenpfeiler und Figuren von Krishna, Garuda und Ganesh aufgestellt. Auch die zweistöckige, buddhistische *Lokeshwara-Pagode* und die ebenfalls zweistufige *Siddhikali-Pagode* mit reichem Tympanon-Schnitzwerk und zwei großen Glockenständern vor dem Hauptportal verdienen einen Abstecher. Unter den buddhistischen Heiligtümern sind ferner der *Digu Bahal* oder *Gunakirti Mahavihara* und der *Jisvan Bahal* oder *Purnachaitya Mahavihara* von Interesse. Diese beiden Gebäudekomplexe sind mit schönem Schnitzwerk an Fenster- und Türstöcken ausgestattet; vor dem Jisvan Bahal steht obendrein ein hübscher, kleiner Chaitya. Südlich des Hanumante-Flusses, von Thimi aus über einen Feldweg und eine traditionelle Holz-Ziegel-Brücke zu erreichen, steht in den Äckern der *Dakshinvarahi-Tempel*, eines der bedeutenden Varahi-Heiligtümer im

*Im Töpferdorf Thimi werden die meisten Tonwaren
des Kathmandu-Tals hergestellt.*

Kathmandu-Tal. Diese Kultstätte ist einer tantrischen Astama-
trika-Muttergottheit zugeordnet.

Wenn man auf der Straße von Kathmandu nach Westen in
Richtung Pokhara oder Indien fährt, berührt man **Thankot**,
das letzte Dorf im Kathmandu-Tal vor dem Paß. Hier erhebt
sich über rechteckigem Grundriß und umgeben von Bäumen
der zweistöckige *Mahalakshmi-Tempel*, dessen Ziegelwände
unter dem üppigen Schnitzwerk geradezu verschwinden.

Über den nach Osten gerichteten drei offenen Eingängen wölbt sich je ein geschnitztes Tympanon. An der Vorderfront des Tempels hängen Haus- und Küchengeräte als Votivgaben an die Göttin im Heiligtum; auf dem Platz davor stehen Skulpturen von Ganesh und Mahakala. Ein zweiter kleiner Tempel, der *Satyanarayan-Mandir*, ist im letzten Jahrhundert notdürftig restauriert worden. An der dazugehörigen Garuda-Säule erkennt man, daß er dem Vishnu gewidmet ist.

15 *Die Bevölkerung eines Sherpa-Dorfes in Helambu feiert vor der Kulisse der Eisberge eines ihrer traditionellen Feste.*

16 *Melancholie, Unbefangenheit und ein intuitives Wissen leuchten aus den Augen des kleinen Newar-Mädchens.*

17 *Der wohlhabende Sherpa-Bauer trägt noch die althergebrachte, mit Brokat verzierte Fellkappe.*

20 *Die Männchen der Buntagamen bekommen in der Erregung einen roten Kopf und einen schwarzen Kehlsack.*

21 *Im Sommer kalben die Yak-Kühe auf den Hochalmen im Himalaya.*

22 *Im Narayani-Fluß im nepalischen Terai hat die Zahl der Gaviale in den letzten Jahren wieder zugenommen.*

23 *Die Panzernashörner haben im Chitwan-Nationalpark eine letzte Zuflucht gefunden.*

24 *Holz ist in Nepal an vielen Stellen rar geworden; die Trägerinnen müssen es von weither nach Kathmandu oder Pokhara schleppen.*

18 *Der Blaue Scheinmohn, die geheimnisvolle
›Blaue Blume‹ des Himalaya.*

19 *Es gibt auch gelbe Scheinmohnarten,
die vor allem im Monsun auf den hochgelegenen
Almwiesen blühen.*

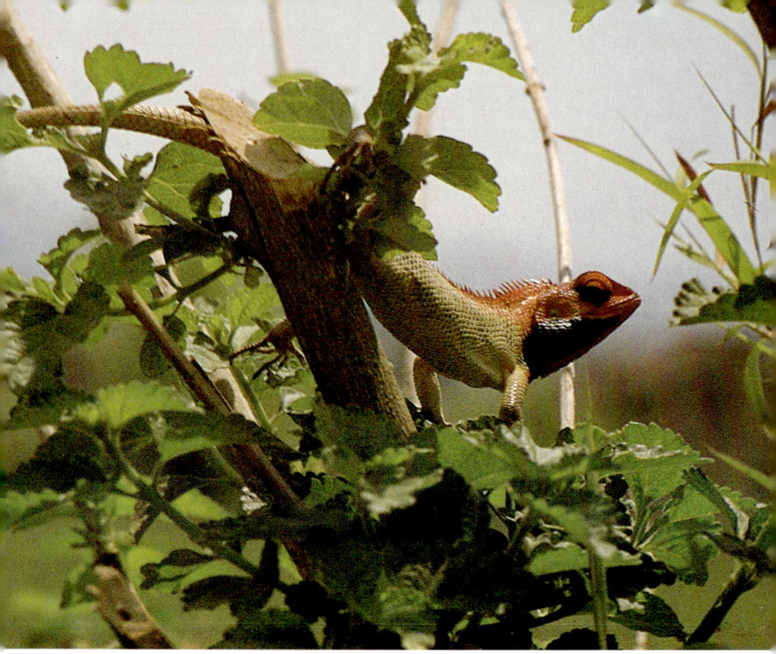

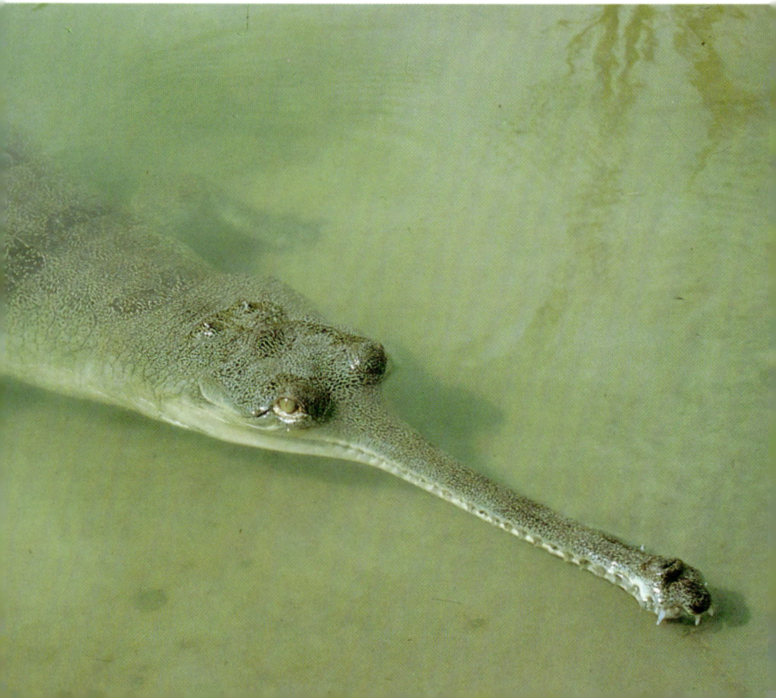

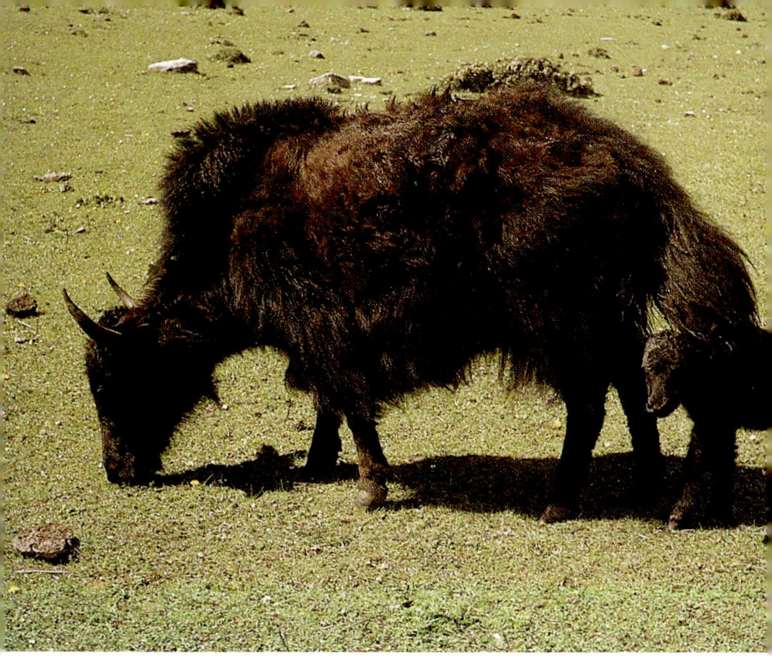

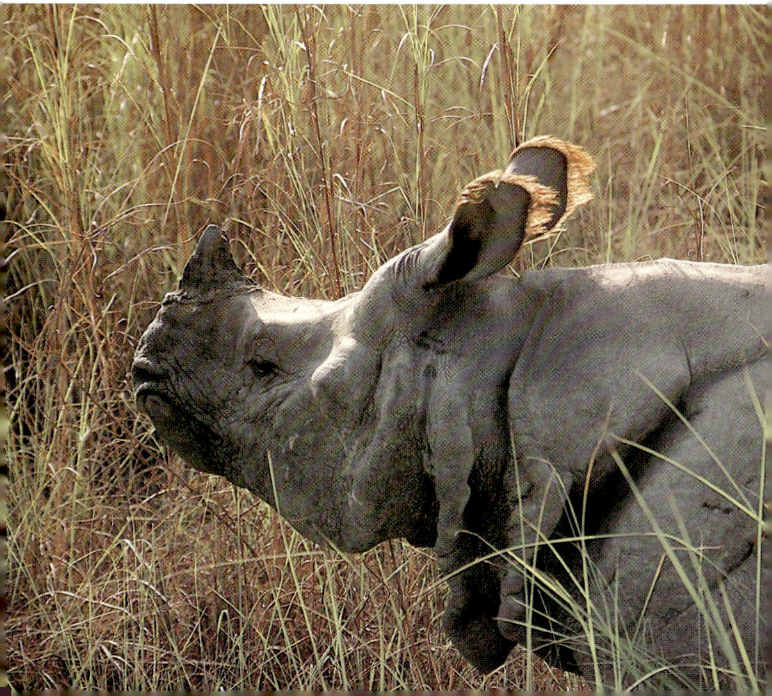

Zu den sehenswerten Orten, die sich rund um das Kathmandu-Tal an die Berge schmiegen, gehört Sundarijal mit seinem Hindu-Heiligtum. Auf dem Weg dorthin – von Bodnath einen knappen Kilometer ostwärts in Richtung Sankhu und dann auf unbefestigter Straße nach Nordosten – stößt man am ersten Bergriegel an einer Schlucht der Bagmati auf den dreistufigen **Gokarneshwar-Tempel**. Das harmonisch ausgewogene Gebäude im klassischen Pagodenstil steht direkt über dem Flußufer. Hier wird im August während des Gokarneshwar-Aunshi-Festes Gott Shiva von Tausenden von Hindu-Pilgern verehrt.

Beim Weiterfahren steigt die Straße jetzt etwas an und erreicht den Ort **Sundarijal**, wo im Jahr 1934 das erste öffentliche *Wasserkraftwerk* im Kathmandu-Tal gebaut wurde. Oberhalb der Siedlung erreicht man nach einem Fußmarsch in der Nähe eines sprühenden Wasserfalls den kleinen *Felsentempel Sundari Mai*. Als Kultbilder dienen hier Natursteine, in denen die Muttergottheit Sundari Mai und die Astamatrikas verehrt werden. Die idyllische Lage an einem der beiden Bagmati-Quellflüsse macht das Heiligtum zu einem beliebten Ausflugsziel.

Wenn man, von Bodnath kommend, an der Abzweigung nach Sundarijal vorbei und weiter nach Osten fährt, erreicht man schließlich die Ortschaft **Sankhu**, durch die früher der wichtige Handelsweg nach Tibet verlief. Nachdem man einen gepflasterten Weg und eine eineinhalb Kilometer lange Treppenanlage bewältigt hat, steht man vor dem bedeutenden *Vajrayogini-Heiligtum*. Es ist von einem lichten Wald umgeben, der einen wunderbaren Blick auf Sankhu und das Kathmandu-Tal freigibt. Der Sage nach soll die mächtige tantrische Göttin Vajrayogini den Bodhisattva Manjushri dazu bewogen haben, das Wasser aus dem See des Kathmandu-Beckens ablaufen zu lassen. Die große Dreistufen-Pagode mit vergoldeten Kupferdächern erhebt sich in einem ummauerten Bezirk, dessen Zutritt Nichthindus verwehrt wird. In der zweistöckigen, buddhistischen *Pagode* gleich nebenan wird als Kultbild ein

Swayambhu-Stupa verehrt. Auf dem Eingangstympanon erkennt man als zentrale Figur Amitabha, den Buddha des unermeßlichen Lichtes. Eine Treppe führt hinauf zu einem weiteren Hof mit dem › Wohnhaus der Göttin ‹, das kunstvolle Bronze- und Kupferskulpturen beherbergt.

Von Bhaktapur führt eine Straße in nordöstlicher Richtung hinauf nach **Nagarkot**, zu einem etwa 1980 Meter hoch gelegenen Aussichtsplatz am Ostrand des Kathmandu-Beckens. Hier haben sich auf einem breiten Bergrücken in den letzten Jahren mehrere kleine Hotels und Lodges angesiedelt. Die überwältigende Aussicht reicht von den Langtang-Bergen über den Gaurishankar bis hinüber zum Mount Everest. Besonders eindrucksvoll ist dieser Blick am frühen Morgen bei Sonnenaufgang. Wenn man gut zu Fuß ist, kann man von Nagarkot über einen Bergrücken nach Changu Narayan und weiter nach Bhaktapur laufen oder direkt nach Sankhu absteigen und von dort mit einem Bus nach Kathmandu zurückfahren.

Im Süden des Kathmandu-Tals liegen mit Godavri und Phulchoki weitere beliebte Ausflugsziele, die man auf gut ausgebauter Straße erreichen kann. In **Godavri** lohnt vor allem ein Besuch des weitläufigen *Königlichen Botanischen Gartens*, in dem neben zahlreichen ausgefallenen Gehölzen und Blumen die Gewächshäuser mit einer Fülle von Orchideen und Farn-Arten Beachtung verdienen. Zu diesem Komplex gehört auch das *Königliche Institut für Heilpflanzen* (Royal Department of Medicinal Plants). Wer Zeit hat, sollte in Godavri überdies zwei stimmungsvolle *Quellen-Kultstätten* aufsuchen. Die eine, Godavrikund, ist ein Basundhara-Heiligtum mit kleinen Shikhara-Schreinen und mehreren in Stein gefaßten Teichen, in deren klarem Wasser Fische schwimmen. Die andere, nur einige hundert Meter hinter der von amerikanischen Jesuiten geführten Saint Xavier's School gelegen, umfaßt einen Tempelbezirk im dichten Wald am Fuß des Phulchoki. Vor ihrem Eingang, zu dem ein paar Steinstufen hinaufführen, speisen neun Wasserspeier ein gemauertes Becken mit Wasser aus einer nahegelegenen Quelle. Dieser künstliche Teich heißt daher Naudhara, Neun Quellen. Der von einer Steinmauer umge-

bene Tempelbereich enthält eine *Dreistufen-Pagode* mit Metall-
dächern, die der Göttin Phulchoki Mai, einer erdverbundenen
Muttergottheit, geweiht ist. Daneben befindet sich ein kleiner
Bhairava-Schrein. Da nicht jeder die steilen Berghänge hinauf-
steigen kann, stehen die Tempel hier stellvertretend für das
kleine *Phulchoki-Mai-Heiligtum* auf dem Gipfel. Man erreicht
dieses über eine kurvenreiche Straße oder zu Fuß auf schmalem
Waldweg. Die Aussicht vom obersten Punkt des 2672 Meter
hohen **Phulchoki**, des höchsten Bergs in der Kette um das
Kathmandu-Tal, ist beinahe noch imposanter als die von Nagarkot. Im Westen reicht sie bis zum Ganesh Himal, an klaren
Tagen sogar bis zum Manaslu und Himalchuli; im Osten
schimmern die Schnee- und Eisfelder des Everest-Massivs mit
dem höchsten Berg der Erde. Dazwischen ziehen sich unabseh-
bare Gletscherreihen vom Langtang über den Gaurishankar
bis zum Numbur und Kariolung.

Die unmittelbare Nachbarschaft
des Kathmandu-Tals

Zwei Tagesausflüge, die zum Programm einer Nepal-Reise
gehören, gehen über das eigentliche Kathmandu-Tal hinaus.
Der erste Ausflug leitet von Kathmandu und der Ringstraße
aus an der Ostseite des Bagmati-Flusses entlang nach Süden,
zunächst zur Ortschaft **Chobar**, die sich auf einem Hügel
oberhalb der Straße ausbreitet. Ein mit Steinplatten belegter
Weg führt hinauf zur *Adinath-Pagode*, dem höchsten Punkt
der Siedlung. Den Eingang dieses buddhistischen Heiligtums,
das mit Adinatha Lokeshwara einer tantrischen Erscheinungsform des Bodhisattva Avalokiteshvara zugeordnet ist, bewa-
chen zwei Steinlöwen, auf dem bronzenen Tympanon sind
Buddha Gautama Shakyamuni und die fünf transzendenten
Meditationsbuddhas dargestellt. Die Wand darüber ist mit
Votivgaben von Wasserkesseln, Töpfen und Pfannen gepflastert. Auf dem Hof stehen Chaityas aus der Licchavi-Zeit,
während der Tempel selbst erst aus dem 15. Jahrhundert stam-

men soll. Wieder auf der Straße, gelangt man nach wenigen Schritten zur berühmten **Chobar-Schlucht**, die der legendäre Bodhisattva Manjushri mit seinem Schwert in den Bergrücken geschlagen haben soll. Unterhalb der Schlucht steht, von einer Reihe neuer Gebäude mauerartig umgeben, die dreistufige *Jalvinayaka-Pagode*. Daß es sich hierbei um ein Ganesh-Heiligtum handelt, bezeugt die vor dem Haupteingang des Tempels auf einem Steinpodest sitzende bronzene Ratte, das Reittier des Gottes. Die Stützbalken der Dächer weisen unter anderem kunstvoll geschnitzte Astamatrikas und Astabhairavas auf. Kultbild ist ein Naturstein, in den der Umriß von Ganesh eingemeißelt wurde. Leider hat der Jalvinayaka-Tempel viel von seinem Reiz verloren, da direkt neben ihm, mit Hilfe der Bundesrepublik Deutschland, eine Zementfabrik errichtet wurde, die alle Bauwerke der Umgebung mit feinem Zementstaub überzieht – Schulbeispiel einer verfehlten Entwicklungs- und Umweltpolitik. Das im karstigen Bereich der Chobar-Schlucht befindliche, inzwischen genau kartierte *Höhlensystem* stellt ein einzigartiges Natur- und Kulturdenkmal dar, das sicher schon in grauer Vorzeit für religiöse Kultzwecke genutzt wurde. Diese Höhlen unter Schutz zu stellen, ist dringend notwendig. Außerdem sollte man den Kalkabbau, wie auch das Ablagern von Gesteinsschutt und Abraum einstellen. Ein Stück südlich des Jalvinayaka-Tempels liegt der **Taudaha-See**, die Heimstatt der Nagas, der Schlangengötter, die nach dem Auslaufen des Sees im Kathmandu-Tal hierher geflüchtet sein sollen.

Die nächste Station an der Straße nach Süden ist **Pharping**, an dessen nördlichem Ortseingang die bedeutende dreigeschossige *Vajrayogini-Pagode* steht, zu der eine steile Steintreppe hinaufführt. Dieses buddhistische Heiligtum, das im obersten Stockwerk das Kultbild der tantrischen Gottheit Vajrayogini beherbergt, zeichnet sich durch einen schönen Votivstupa im Hof der Vihara-Anlage aus. Etwas weiter oben am Hang liegt ein *Höhlenheiligtum*, das der Gottheit Goraknath geweiht ist. Ein kleiner offener Schrein auf dem langgezogenen Vorplatz wurde über den Fuß-Skulpturen dieser Gottheit errichtet. Folgt man nun der Straße in eine scharfe S-Kurve, so gelangt

Südlich von Kathmandu bricht die Bagmati durch die Chobar-Schlucht.

man am Fuß einer senkrechten Felswand an den Vishnu gewidmeten *Shesh-Narayan-Tempel*. Vor dem Tempelbezirk und gleich neben der Straße sind künstliche Teiche angelegt worden, aus denen die Steinfigur und ein aus dem 13. Jahrhundert stammendes Steinrelief des Gottes Surya ragen. Rechts neben dem Shesh-Narayan-Heiligtum befindet sich eine kleine *Padmasambhava-Höhle*, in der gelegentlich ein Lama meditiert, der das Schweige-Gelübde abgelegt hat. Steigt man oberhalb von Pharping noch ein Stück zwischen den Feldern hinauf, so gelangt man zu einem neuerbauten *Shakya-Kloster*, das sich, abseits der ausgetretenen Touristenpfade, zu einem Meditations- und Lehr-Zentrum entwickelt hat. Noch weiter oben steht eine ebenfalls neue kleine *Nyingmapa-Gompa*, die zum großen Kloster dieses Ordens in Bodnath gehört.

Die Fahrstraße endet schließlich auf einem großen Parkplatz bei **Dakshinkali**. Ein *Opferheiligtum* liegt hier in dem engen, bewaldeten Tal westlich der Bagmati, wo zwei zusammenfließende Bergbäche einen kleinen Schwemmkegel bilden. In einer gefliesten, gemauerten Grube steht das Kultbild der Göttin Kali aus schwarzem Stein, umgeben von den übrigen sieben Matrikas, dem Ganesh, dem Kumar und dem Bhairava. An jedem Dienstag und Samstag pilgern ganze Hindu-Familien hierher, um der Göttin Hähne, Ziegen, Schafe, Enten und gelegentlich einen Büffel zu opfern. Das Blut der getöteten Tiere wird von Priestern über die Kultbilder gespritzt. Neben den nepalischen Gläubigen finden sich auch zahlreiche Touristen ein, die das blutige Schauspiel erleben wollen. Ihre Empörung über die öffentliche Schlachtung ist zwar verständlich, aber man muß bedenken, daß das Opfern von Tieren für die Nepalesen eine religiöse Handlung darstellt. Überdies wird schnell und ohne unnötige Quälerei getötet; in europäischen Schlachthöfen dürfte es vielfach grausamer zugehen. Die Opfertiere werden anschließend ausgeweidet, am Bach gewaschen, zerteilt, am offenen Feuer gebraten und im Kreis von Familienangehörigen und Freunden auf einem der umliegenden Picknick-Plätze verzehrt – eine Verknüpfung von Blutritual und Gastmahl, die dem Ort manches von seinem dämonischen Schrecken nimmt.

Hinter Dakshinkali führt ein Weg durch lichten Kiefernwald hinauf zum offenen Schrein der Mutter Kalis, der *Dakshinkaliko Ama* genannt wird. In der friedlichen Atmosphäre
dieses Heiligtums verblaßt allmählich der düstere Eindruck
der Opferstätte unten im Tal.

Der zweite Ausflug über den Ostrand des Kathmandu-Tals
hinaus führt auf dem Aniko Highway an Bhaktapur vorbei
und erreicht zunächst **Banepa** im gleichnamigen Tal. Vor dem
Bau der großen Autostraße war das Städtchen ein Umschlagplatz für den Handel mit Tibet und den östlichen Landesteilen.
Heute ist es in den einst so belebten Basarstraßen still geworden, die Handelskontore sind verwaist. Sehenswert aber sind
zwei *Vishnu-Pagoden* aus dem 16. Jahrhundert, von denen eine
in neuerer Zeit mit belgischer Finanzhilfe restauriert wurde.
Außerdem begegnet man einer ganzen Anzahl von Figuren
und Schreinen des Sonnengottes Surya, ein Hinweis darauf,
daß Banepa wohl ehemals ein *Zentrum der Sonnenverehrung*
war. Östlich des Ortes liegt vor einem bewaldeten Bergrücken
der *Chandeshvari-Tempelbezirk*, dessen Mittelpunkt eine der
Göttin Parvati geweihte Dreistufen-Pagode mit schönen
Schnitzereien an den Stützbalken bildet. Die Westwand des
Tempels ziert ein riesiges Wandgemälde in leuchtend blauen,
gelben und braunroten Farben, das den Gott Bhairava darstellt. Vor dem Eingang hat man eine Löwen- und eine Pfauensäule aufgestellt, daneben einen Shiva-Schrein im Shikhara-
Stil. Früher führte der Fußweg nach Osten in das Solu- und
Khumbu-Gebiet am Chandeshvari-Tempel vorbei. Da seit
dem Bau der großen Tibetstraße die Wanderung zum Mount
Everest in Bharabise am oberen Sun Koshi beginnt, wird
dieser Pfad heute von Touristen nicht mehr begangen. Es lohnt
sich jedoch immer noch, das kurze Stück auf den nahegelegenen Paß zu laufen und von dort die Bergaussicht zu genießen.

In der Nähe von Banepa gibt es weitere interessante Besich-
tigungspunkte: Nördlich der Stadt liegt das Dorf **Nala** mit
zwei bedeutenden Heiligtümern, das man nur zu Fuß über
einen Feldweg erreichen kann. An der höchsten Stelle der
Siedlung steht – nach dem Harisiddhi-Tempel südlich von
Patan – die zweite *Vierstufen-Pagode* Nepals, die Bhagvati

geweiht ist und von König Jagatprakasha Malla im 17. Jahrhundert in der heutigen Form erbaut wurde. Unter dem zweiten und vierten Dach erkennt man geschnitzte Matrika- und Bhairava-Darstellungen. Etwas westlich außerhalb des Ortes steht der buddhistische *Karunamaya-Tempel*, ein rechteckiger Bau mit einem Pagodentürmchen als Aufsatz. Neben einem gemauerten Teich entdeckt man im Hof bemerkenswerte Stein-Chaityas und Skulpturen des Bodhisattva Padmapani.

Von Banepa nach Süden fahrend, kommt man auf einer unbefestigten Straße zur kleinen Stadtsiedlung **Panauti**, die auf einer Landzunge zwischen zwei hier zusammenlaufenden Flüssen angelegt wurde. Einst ein wichtiges Handelszentrum, hat Panauti heute seinen wirtschaftlichen Einfluß verloren und ist zu einer Stadtbauernsiedlung geworden. Blickfang von Panauti ist die dreigeschossige *Indreshvara-Mahadeva-Pagode*, die zu den schönsten Beispielen newarischer Pagodenarchitektur zählt und ihre heutige Gestalt im frühen 15. Jahrhundert erhielt. Vorbild war auch hier der Tempel von Pashupatinath. Die beiden unteren Dächer sind mit Ziegeln gedeckt, das oberste mit vergoldeten Metallplatten. Die Stützbalken des ersten Daches stellen Baumnymphen dar, die mit der rechten Hand in ein Blätterdach greifen und auf hockenden Gnomen stehen. Die Balken des zweiten Daches geben Götter und Helden der großen Hindu-Epen wieder. Im Hof verdienen ein Bhairava-Schrein und ein kleines Narayan-Heiligtum Beachtung. Der Platz vor dem Indreshvara-Tempel wird im Süden von einem kastenförmigen Haus abgeschlossen, dessen Vorderfront prächtig geschnitzte Tür- und Fensterstöcke aufweist. Die beiden anderen *Dreistufen-Pagoden* von Panauti stehen direkt am Ufer des Punyamata Kola. Das Erdgeschoß des schlanken *Krishna-Mandir* direkt an der Flußmündung besteht aus einer von Holzpfeilern gestützten Halle. Im Hof des Tempels findet man Skulpturen von Attributen Shivas – Nandi-

Rechts: Panauti mit seinem Dächergewirr ist typisch für die kleinen Städte im Kathmandu-Tal.
Vorhergehende Doppelseite: Die Indreshvara-Mahadeva-Pagode ist der beherrschende Tempel des Städtchens Panauti.

Bulle und Lingam –, von Ganesh, Vishnu und Surya. Der *Brahmayani-Mandir* am gegenüberliegenden Ufer, den hohe Bäume umgeben, zeigt sich etwas breiter und wuchtiger. An den Stützbalken der Ziegeldächer erkennt man wieder die Astamatrikas. Vor einigen Jahren wurde dieser Pagodenbau mit französischer Finanzhilfe restauriert.

Auf einer Wanderung von Panauti nach Dhulikhel gelangt man über einen bewaldeten Bergrücken zum buddhistischen Heiligtum **Namobuddha** mit schönen Stupas und Chaityas. Unter den weiteren Steinskulpturen fällt ein Buddha mit einer Tigerin und ihren Jungen ins Auge. Diese Darstellung nimmt auf eine Legende Bezug, nach der sich Buddha aus übergroßem Mitleid einer ausgezehrten Tigermutter zum Fraß angeboten hatte, damit sie ihre Jungen vor dem Hungertod rette. Die Stimmung in Namobuddha ist voller Frieden und lädt zu längerem Verweilen ein.

Der Ausflug von Kathmandu nach Osten endet schließlich in **Dhulikhel**. Da man von diesem Städtchen aus eine der großartigsten Aussichten rund um Kathmandu genießt, hat sich hier eine Reihe von kleinen Hotels und Lodges angesiedelt, die preisgünstige Unterkunft anbieten. Wenn man am Morgen ein Stück oberhalb der Siedlung bergan steigt, erblickt man die gesamte Himalaya-Kette, vom Himalchuli im Westen bis zum Mount Everest und Makalu im Osten.

Zu sehen in dem Ort gibt es nur noch einige Pagodenbauten aus dem 19. Jahrhundert. In der Stadtmitte steht auf dem Dutol-Platz der dreigeschossige *Shesh-Narayan-Mandir*, etwas weiter im gleichen Stadtteil ein *dreistöckiger Tempel* der Göttin Harisiddhi. Am Stadtrand erhebt sich auf dreistufigem Unterbau der *Bhagvati-Tempel*, ebenfalls eine Ziegel-Holz-Pagode, in der die gleichnamige Göttin verehrt wird. Von diesem Platz eröffnet sich überdies ein weiter Blick über das Tal von Banepa, durch das der Rückweg nach Kathmandu genommen wird.

Viele Trekkingrouten
führen durch das Land –
Nepals Straßen sind Fußwege

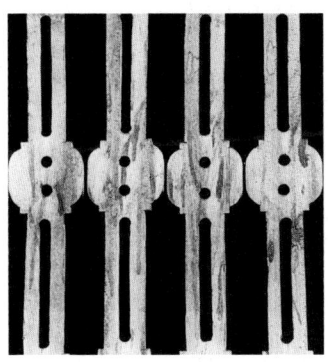

Die Niederungen des Terai
mit Nationalparks
und buddhistischen Ausgrabungsstätten

Das Terai-Tiefland vor den Bergen sucht man zwar nicht auf, um dort Fußwanderungen zu unternehmen, doch bietet auch diese Gegend interessante Besichtigungsziele an. Im wesentlichen beschränken sich die touristischen Attraktionen hier allerdings auf das Tal des östlichen Rapti-Flusses mit seinem Nationalpark und die buddhistischen Ausgrabungsstätten von Lumbini und Kapilavastu. Als erstes soll nun der **Chitwan-Nationalpark** im Rapti-Tal vorgestellt werden.

Mit dem Auto erreicht man ihn von Kathmandu aus auf der Straße nach Pokhara, biegt bei Mugling nach Süden ab und fährt bei Narayanghat auf einer Nebenstraße direkt in den Park. Mit dem Flugzeug kann man von Kathmandu aus die Landepiste bei Meghauli innerhalb des Nationalparks anfliegen. Für Gruppenreisende und wohlhabende Touristen stehen anspruchsvolle Unterkünfte wie die Baumhäuser der Tiger Tops Jungle Lodge, die Zelthütten des Tiger Tops Tented Camp am Ufer des Rapti-Flusses oder die Lodges im Gaida Wildlife Camp zur Verfügung. Einfachere Übernachtungsmöglichkeiten gibt es in den Rasthäusern des Dorfes **Sauraha** mit dem Sitz der Nationalparkverwaltung, das auf der Straße von Narayanghat nach Osten über Tandi Basar zu erreichen ist. Auf Exkursionen ist die Begleitung eines einheimischen Führers zu empfehlen – denn Begegnungen mit einem Nashorn, einem Leoparden oder gar einem Tiger können gefährlich werden. Am besten reitet man auf Elefanten durch das hohe Elefantengras und den lichten Dschungel, um von sicherer Höhe aus die interessante Tierwelt zu beobachten. Zu den häufig hier vorkommenden Wildarten gehören Sambar- und Axishirsche, Wildschweine, Lippenbären und manchmal ein Gaur. In den Bäumen turnen Langur- und Rhesusaffen; die Begegnung mit Panzernashörnern gehört zur Regel. Nur mit viel Glück bekommt man auf dieser Safari einen der wenigen Tiger oder einen Leoparden zu Gesicht.

Zur bunten Vogelwelt gehören Kuhreiher, Kormorane, Königsfischer und Sittiche, aber auch Goldnackenspechte, Pirole oder Nashornvögel. Vom Ufer des Rapti-Flusses aus kann man Gangesgaviale mit ihren langen, schmalen Schnauzen beobachten. Manchmal taucht sogar ein Sumpfkrokodil aus den Fluten auf. Im offenen Gelände kann man gelegentlich auf Bengalenwarane oder gar auf armdicke Tigerpythons treffen.

Wer aber nicht nur an Tieren und Pflanzen, sondern auch an sportlichen Abenteuern interessiert ist, kann sein Terai-Erlebnis mit einer Flußfahrt auf dem Trisuli-Fluß oder dem Kali Gandaki Narayani kombinieren. Solche ›Rafting‹-Fahrten werden von lokalen Reiseunternehmen angeboten.

Der zweite lohnende Ausflug im Terai führt nach Lumbini und Kapilavastu, zur Geburtsstätte des historischen Buddha Gautama Shakyamuni. Man fliegt dazu nach **Bhairawa**, einer größeren Stadt unmittelbar an der nepalisch-indischen Grenze, die auch per Auto auf der Straße von Kathmandu nach Pokhara und weiter durch eine landschaftlich reizvolle Gegend mit Ackerterrassen und malerischen Bauernhäusern über die Städte Tansen und Butwal zu erreichen ist. Von hier führt eine Straße in südwestlicher Richtung nach **Lumbini**. Zu Fuß geht es dann vom Lumbini Guest House zu den Ausgrabungsstätten, vorbei an Reisfeldern, die sich in der flachen Ebene bis zu den ersten Hügelketten im Norden dehnen, über denen wie ferne, weiße Phantome einige Eisgipfel am Horizont erscheinen. Wenn man im Sommermonat August unterwegs ist, stehen rotköpfige Saruskraniche paarweise auf den Feldern.

Am Eingang zu der parkähnlichen Anlage von Lumbini kann man sich auf einer großen Tafel über die Planung des sogenannten Lumbini-Projekts informieren, das unter japanischer Federführung ein Zentrum des Weltbuddhismus anstrebt. Noch ist dies im wesentlichen ein Plan; zu besichtigen ist bisher nur der *Geburtshain Buddhas*, ein Park mit der *Gedenkstätte des Königs Mahendra Bir Bikram Shah* und neue *Klosterbauten*, vor allem eine vom Fürsten von Mustang errichtete *Gompa*. Den Mittelpunkt der Anlage bildet die eigentliche *Ausgrabungsstätte*. Hier hat man einen gemauerten Teich, in dem der Legende nach Königin Maya vor der Geburt des

Shakyamuni Buddha ein Bad genommen haben soll, und die Grundmauern einiger Stupas und Tempelhallen freigelegt. Vor einem neuerbauten Tempel erhebt sich jene *Steinsäule Ashokas*, mit der der Religionskaiser etwa 250 Jahre vor unserer Zeitrechnung diesen Platz als Geburtsstätte des Erleuchteten ausgewiesen hat. Im 13. Jahrhundert pilgerte König Ripu Malla aus Westnepal an den Geburtort des Gautama Shakyamuni Buddha. Von seinem Besuch kündet eine Inschrift oberhalb des alten Ashoka-Textes. Nachdem die islamischen Invasionen und die Herrschaft der Mogulkaiser den Buddhismus in Nordindien ausgelöscht hatten, geriet Lumbini in Vergessenheit. Urwald überwucherte die Ruinen der zerstörten Stätten. Neben der Inschriftensäule steht heute ein *moderner Tempel* mit einem uralten Steinrelief, das die Geburt Buddhas darstellt. Der deutsche Forscher Alois Führer hat es gegen Ende des 19. Jahrhunderts in dem Wald entdeckt, der sich über Lumbini gelegt hatte. Dabei stießen er und der Nepalese Kadga Shumsher Rana auf die unter Buschwerk am Boden liegende Ashoka-Säule. Die in den Jahren 1933 bis 1939 von nepalischer Seite veranlaßten umfangreichen Ausgrabungen werden seit 1971 unter der Aufsicht der nepalischen Regierung systematisch fortgesetzt. Als ich mit einer Gruppe von Reisegefährten, die am Buddhismus interessiert waren, zum ersten Mal nach Lumbini pilgerte, war ich beeindruckt, mit welchem Geschick und welcher Behutsamkeit die Arbeiten durchgeführt wurden ohne die religiöse Atmosphäre des Ortes zu stören. Unter dem Schattenbaum am Rand des gemauerten Teichs stehend, spürten wir die Gegenwart von zweieinhalbtausend Jahren buddhistischer Geschichte: An dieser Stätte war die Weltreligion des Gautama Shakyamuni Buddha geboren worden, deren oberste ethische Maxime Mitleid und liebevolle Zuwendung zu jeglicher Kreatur ist.

Etwas westlich von Lumbini fand man schließlich neben der Siedlung Tilaurakot das alte **Kapilavastu**, die Heimatstadt Gautama Shakyamuni Buddhas, mit den Ruinen des Fürstenpalastes und buddhistischen Heiligtümern. Obwohl hier weniger erhalten geblieben ist als am Geburtsort Buddhas, lohnt es sich doch, auch diese Ausgrabungsstätte zu besichtigen.

Für den Touristen schwer zugänglich sind die **Naturreservate des Koshi Tappu** im Osten, des **Bardia Karnali** bei Nepalganj und des **Shukla Phanta** im äußersten Westen des Terai, die nur selten von speziell interessierten Forschern oder Naturfreunden aufgesucht werden. Wenn man indessen auf dem Flug zu den nördlichen Trekking-Gebieten im Terai umsteigen muß – in Biratnagar und Dharan Basar zum Makalu oder Kangchendzönga, in Nepalganj zum Rara-See oder Kanjiroba Himal –, kann man den Reiz dieser Ebene mit ihrer milden Luft, ihren vielfältigen Gerüchen und ihren fremdartigen Tierstimmen ebenfalls erleben. Man wird vielleicht auch die religiöse Sehnsucht der Menschen dieser Gegend – angefangen vom historischen Buddha bis zu den Bewohnern der lärmenden Städte unserer Zeit – nach den Schneegipfeln über den dunklen Vorbergen des Nordens verstehen.

Nepals ferner Westen

Rara-See und Kanjiroba Himal

Im Februar und März des Jahres 1961 wanderte ich mit einer Gruppe von Einheimischen am unteren Karnali-Fluß entlang, um im Auftrag der UNO die geographischen Grundbedingungen für ein Kraftwerk zu erkunden. Aus der Terai-Ebene kommend, durchquerten wir die Siwalik-Berge und standen schließlich auf der Mahabharat-Kette. Weit im Norden zeichneten sich am Horizont schneebedeckte Bergriesen ab, zwischen denen der Oberlauf des großen Karnali liegen mußte – und ich wünschte mir, dort einmal zu wandern.

28 Jahre später brach ich Anfang Oktober mit einer kleinen Trekkinggruppe auf, um den Rara-See zu besuchen und am Kanjiroba Himal entlangzuziehen. Diese Wanderung begann im 2300 Meter hoch gelegenen Verwaltungs- und Basarstädtchen **Jumla**, das man von **Nepalganj** im westlichen Terai mit

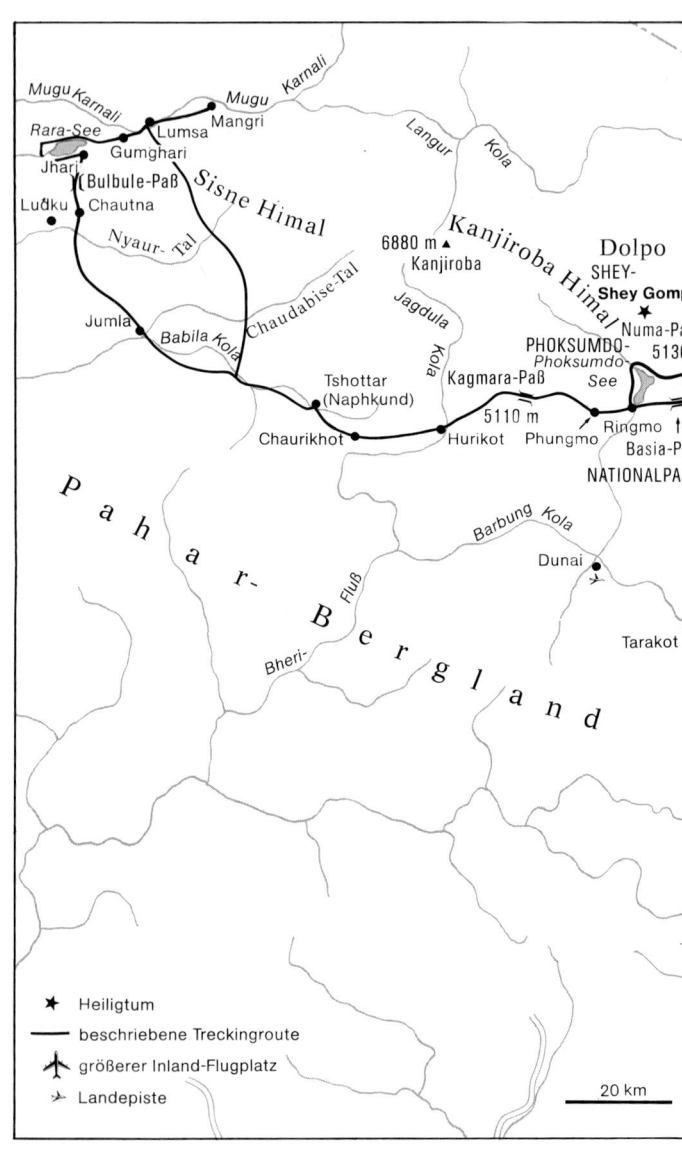

Heiligtum
— beschriebene Treckingroute
✈ größerer Inland-Flugplatz
⇟ Landepiste

20 km

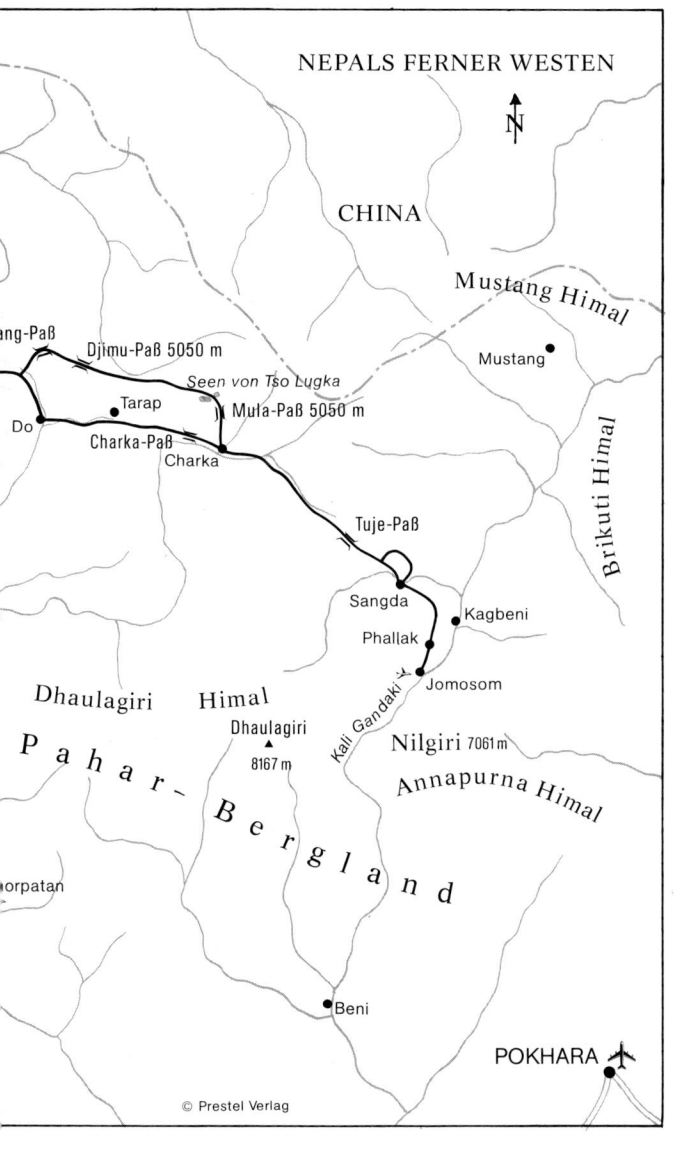

NEPALS FERNER WESTEN

N

CHINA

Mustang Himal

Mustang

ang-Paß

Djimu-Paß 5050 m

Seen von Tso Lugka

Brikuti Himal

Do

Tarap

Mula-Paß 5050 m

Charka-Paß

Charka

Tuje-Paß

Sangda

Kagbeni

Phallak

Jomosom

Dhaulagiri   Himal

Dhaulagiri

8167 m

Kali Gandaki

Nilgiri 7061 m

P a h a r -

Annapurna Himal

B e r g l a n d

orpatan

Beni

POKHARA

© Prestel Verlag

einer kleinen Twinottermaschine erreicht. Von hier aus wanderten wir nordwärts über den 3500 Meter hohen **Daphe-Banyang-Paß** in das **Nyaur-Kola-Tal** und weiter durch die Dörfer **Chautna** und **Bulbule**, über den **Bulbule-Paß** (3350 Meter) bis zum Dorf **Jhari**. Die Landschaften, durch die wir kamen, waren dünner besiedelt als jene in Zentral- und Ostnepal; die Hänge waren mit ausgedehnten Bergwäldern aus Tränenkiefern, Fichten, Eichen, Ahorn-, Rhododendron-Bäumen und ab 3000 Meter mit Weißtannen bedeckt. An den Pässen und der Baumgrenze übernahmen Birken das Kommando und bildeten in der Höhe eine Krummholzzone, wie im Osten die Rhododendren. Kleine Chetri-Dörfer mit Flachdachhäusern, umgeben von Terrassenfeldern mit Weizen, Hirse, Mais, Kartoffeln und Bohnen lagen an unserem Weg. Frauen schleppten riesige Bündel aus geerntetem Bohnenkraut nach Hause, um die Schoten auf den flachen Dächern auszudreschen und zu verlesen. Rings um die Siedlungen standen mächtige Walnußbäume, und am Boden lagen Unmengen von Nüssen.

Von Jhari gelangten wir über einen flachen Bergrücken auf eine locker mit Kiefern, Fichten und Wacholdern bestandene Wiesenfläche, die in etwa 3000 Meter Meereshöhe den Blick auf den tiefblauen bis türkisfarbenen **Rara-See** freigab. Er war von dunklen Waldbergen umgeben, hinter denen schneeweiße Eisberge aufragten. Wie in einer großen Schüssel lag er hoch über den Tälern, zu denen es an drei Seiten rund tausend Meter tief hinabging. Der 1972 verstorbene König Mahendra hat die Schönheit dieses Sees, der heute Mittelpunkt eines unbesiedelten Nationalparks ist, in poetischen Versen besungen. Bis in die Zeit der mittelalterlichen Malla-Könige weist eine uralte, mit Steinornamenten eingefaßte Quelle am nördlichen Uferweg. Über eine Waldschwelle zur kleinen Basarstadt **Gumghari** hinabsteigend, stießen wir in 1800 Meter Höhe auf das Flußbett des **Mugu Karnali**, jenes Oberlaufs des breiten Stromes, den ich vor vielen Jahren unbedingt hatte sehen wollen. Ein Stück flußaufwärts erreichten wir das 2250 Meter hoch gelegene und von tibetstämmigen Mugupas besiedelte Dorf **Mangri**. Tschörten und Mani-Mauern wiesen auf die buddhistische Religion der Einheimischen hin, von den Flachdachhäusern wehten Gebetsfahnen, oberhalb des Dorfs stand eine alte Gompa mit schönen Buddha-Figuren.

Von Mangri querten wir über **Lumsa** und einige andere Chetri-Dörfer hinüber auf die Hochalmen des zum Kanjiroba-Massiv gehörenden **Sisne Himal**. Zwischen der Baumgrenze bei etwa 3800 und Gipfeln von bis zu 4600 Meter dehnte sich hier ein Wandergebiet, das seinesgleichen suchte und einen überwältigenden *Rundblick* bot: Fern im Westen erhob sich über dem tiefblauen Rara-See der mehr als 7000 Meter hohe Saipal, im Norden an der Grenze zu Tibet ein Meer von schnee- und eisbedeckten Gipfeln; ganz nahe im Osten standen die Eisdome der Sechstausender Kanjiroba, Kani und Sisne Himal, im Süden verliefen die braunen Wellen der Vorberge, an deren Ende man im Dunst die nordindische Ebene ahnte. Von dem Almengebiet führte der Weg bergab in dichte Bergwälder und über mehrere Waldpässe hinweg in das breite **Chaudabise-Tal** mit seinen großen Chetri-Dörfern, in deren Umgebung sich auf fast 2800 Meter das höchstgelegene Reisanbaugebiet der Erde findet. Der Reis wurde im Oktober gerade geerntet; in gleichmäßigen Mustern lagen die goldenen Garben auf den Feldern und wurden von den Frauen am Stirntragband in das nächstgelegene Dorf geschleppt. Typisch für diese Gegend sind die geschnitzten Hausgötter auf jedem Dach, die von der animistischen Religiosität der Bewohner zeugen. Wir besuchten noch das in einem stillen Waldtal gelegene Dorf **Tshottar** oder **Naphkund**, das von einer Mischbevölkerung aus Chetris und Tibetern bewohnt wird und sich um eine buddhistische Gompa gruppiert.

Mit einem letzten Blick auf den Kanjiroba Himal hoch über den Waldbergen ging es dann durch das **Babila-Kola-Tal** zurück nach **Jumla** – Ausgangs- und Endpunkt dieser Tour.

Der Weg durch Dolpo

Der Weg durch das Dolpo-Gebiet gehört zu den Traumrouten für Nepalkenner. Auch er beginnt im 2300 Meter hoch gelegenen **Jumla**, dem Verwaltungszentrum Westnepals, das man – wie bereits erwähnt – am besten per Flugzeug erreicht. Der

Ort selbst wirkt eher ungastlich, ist aber von schönen Waldbergen umgeben. Man wandert zunächst entlang der höchst-
gelegenen Reisfelder im Himalaya, die sich bis 2800 Meter
hinaufziehen. Der Jumla-Reis gilt als so schmackhaft, daß der
König ihn sich eigens für seine Tafel einfliegen läßt. Wiesentä-
ler, klare Bergbäche und Wälder aus Fichten, Kiefern, Eichen
und Birken begleiten den Weg, bis man in rund 3900 Meter
Höhe einen Paß überschreitet, hinter dem die Ortschaft **Chaurikhot** bereits tief in den Vorbergen des mächtigen *Kanjiroba*
liegt. An diesem Bergstock entlanggehend, steuert man den
mehr als 5000 Meter hohen Kagmara-Paß an, den direkten
Zugang zur Landschaft Dolpo. Im Frühjahr sind die Rhododendron-Bäume hier übersät mit faustgroßen violetten oder
dunkelroten Blütenbüscheln. Um die wenigen Dörfer stehen
hohe Walnußbäume, die im Herbst reiche Frucht tragen. In
der Nähe der Ortschaft **Hurikot** kommt man bisweilen an
kleinen Schreinen mit Holzfiguren und Pfählen mit geschnitzten Gesichtern vorüber. Sind dies verehrte Ahnen oder lokale
Naturgottheiten? In Hurikot wohnt eine Mischbevölkerung
aus Chetris und Tibetern, deren Religion hinduistische, buddhistische und animistische Elemente vereint.

Es geht nun den **Jagdula-Fluß**, über dem die leuchtend
weißen Gipfel der Kagmara-Berggruppe thronen, talaufwärts.
In den Wald haben Lawinen, die im Winter oft ganze Baum-
gruppen abrasieren und zu Tal schleudern, tiefe Schneisen
gezogen. Die Baumgrenze kündigt sich in etwa 3900 bis 4000
Meter mit Rhododendren und Birken an. Es empfiehlt sich,
auf einem Almboden in rund 4250 Meter Höhe ein Hoch-
lager aufzuschlagen und am frühen Morgen über die hartge-
frorene Schneedecke weiterzuwandern. Problemlos ist dann
der Aufstieg zum **Kagmara-Paß** in 5110 Meter, dessen Gipfel durch einen Votiv-Steinhaufen (Latho) mit zerschlissener
Gebetsfahne gekennzeichnet ist. Außerdem belohnt ein gran-
dioser Blick die Mühen der Paßbesteigung. Beim Abstieg
nach Osten muß man oft steile Hänge queren, was im Frühjahr bei rutschiger Schneeauflage schwierig werden kann und
Trittsicherheit erfordert. Ein geeigneter Lagerplatz findet sich
an dieser Seite des Passes auf einem kleinen, flachen Almboden

Lastträger sind für den Bergwanderer eine unersetzliche Hilfe.

in etwa 4200 Meter Höhe. Hier blühen im Frühjahr unzählige rosa Kugelprimeln und winzige blaue Enziane. Weiter unten holt uns dann wieder ein Märchenwald mit seinen bizarren Birkenbeständen, Baumwacholdern und Tränenkiefern ein. Übernachten kann man im **Sommerdorf von Phungmo**, das nur zur Zeit der Kartoffel- und Gerstenernte bewohnt wird. Die graubraunen Natursteingebäude mit ihren offenen Dachveranden passen sich ihrer Umgebung vollständig an. Nach einigen Stunden Bergabwanderung stößt man schließlich auf das große Dorf **Phungmo**, das von einem Aprikosenhain umgeben wird. Hier betritt man zum erstenmal den Boden der Landschaft Dolpo, deren Bewohner ebenfalls eine Mischung aus Chetris und Tibetvölkern darstellen. Ein Stück weiter unten im Tal – etwa auf 3000 Meter Höhe – passiert man einen Polizeiposten und betritt den **Shey-Phoksumdo-Nationalpark**. Hinauf zum Dorf Ringmo führt ein steiler, von Baumwacholdern, Rosen, Berberitzen und wilden Johannisbeerbüschen gesäumter Weg. Ringsum türmt sich ein mächtiges Kalkgebirge auf, Erinnerung an das Thetis-Meer, das sich hier im Erdmittelalter ausdehnte.

Über einen Bergriegel gelangt man schließlich an das Ufer des 3600 Meter hoch gelegenen **Phoksumdo-Sees** mit seinem kalten klaren Wasser, das Trinkwasserqualität besitzt. Kein einziger Fisch schwimmt in diesem etwa fünfhundert bis sechshundert Meter tiefen See, und man kann weder Wasserinsekten noch Algen darin entdecken – Ergebnis einer außerordentlichen Nährstoffarmut. Die Schwelle, auf der das Dorf **Ringmo** mit seinen lehmbraunen Häuserwürfeln liegt, wurde in grauer Vorzeit durch einen riesigen Bergsturz gebildet, der das dahinterliegende V-Tal aufstaute und mit Wasser füllte. Man sollte bei einer Wanderung zum Phoksumdo-See mindestens einen Rasttag an seinem Ufer einlegen. Ein schöner Weg führt von Ringmo am Ufer entlang durch einen lichten Kiefernhain nach Osten zu einer kleinen Gompa-Siedlung, in der heute nur noch zwei Häuser bewohnt sind. In einem hat ein Emtschi, ein tibetischer Heilkundiger, seine Klause. Von der Decke hängen Kräuterbüschel und Säckchen mit getrockneten Heilpflanzen herab, die zusammen mit dem Buttertee einen intensiven Duft verbreiten. Die Altarfiguren und Wandmalereien lassen Patriarchen, Buddhas und Gottheiten der Bön-Religion erkennen, darunter die Gestalt des Sherab Gyaldsen, des Hauptheiligen der Bönpos.

Ein zweiter Pfad führt am Westufer des Phoksumdo-Sees entlang nach Norden. Er beginnt gleich hinter Ringmo direkt über dem Wasser, klettert dann hinauf und senkt sich an der Stelle wieder hinab, die Peter Matthiessen in seinem Buch ›Auf der Spur des Schneeleoparden‹ schwärmerisch als Silber-birkenwald bezeichnet. Von hier aus geht es noch einmal steil aufwärts, bis man genau nördlich über dem See in etwa 4100 Meter Höhe steht und eine atemberaubende Aussicht genießen kann. Tief unten liegt der Y-förmige Phoksumdo-See mit seinen beiden nach Norden weisenden Armen und seinem azurblauen Wasser, das am Rand von einem türkisgrünen Streifen gesäumt wird, im Süden die Landschwelle mit dem Dorf Ringmo. Über allem aber erheben sich die Berge des Himalaya mit ihren blinkenden Schneefeldern und Eismassen.

Nach diesen Abstechern geht die Wanderung von Ringmo weiter in das Tal von Tarap, das auf zwei verschiedenen Wegen zu erreichen ist. Der eine führt direkt vom Dorf in südöstlicher Richtung in ein Hochtal und auf den etwa 5400 Meter hohen **Basia-Paß**, der andere verläuft im Norden um den See herum und stößt am ebenfalls mehr als 5000 Meter hohen **Schula-Banyang-Paß** auf den Pfad nach *Shey Gompa*. Dieses kleine Kloster sollte nur der besuchen, der Einsamkeit und meditative Ruhe zu schätzen weiß und bereit ist, sich in der Rücksicht-nahme des echten, buddhistischen Pilgers zu üben. Beide Wege vereinen sich dann wieder am 5150 Meter hohen **Numa-Paß**, wo sich ein großartiger Blick auf die gesamte Nordflanke des mehr als 8000 Meter hohen Dhaulagiri-Massivs öffnet. Beim Abstieg nach Tarap trifft man auf die Eingangslöcher von Murmeltierbauen, meerschweinchengroße Pfeifhasen huschen zwischen den Felsbrocken in ihre Verstecke, und Felsentauben fliegen mit klatschendem Flügelschlag über den Wanderer hinweg. Auf den Hängen tummeln sich Spornammern, Kar-mingimpel und Rotschwänzchen. Mit einigem Glück lassen sich sogar Blauschafe mit ihrem mächtig ausladenden Gehörn sehen. Die ersten Tschörten tauchen auf. Schließlich erreicht man große Gehöfte, die aus Lehmziegeln erbaut sind. Meist sind sie durch einen Vorhof gegen den täglichen Wind abgeschirmt. Ihre flachen Dächer begrenzt ein Wall aus Gestrüpp. Die kontaktfreudigen Bewohner dieser Gebäude sehen sehr tibetisch aus; die Frauen tragen schönen Türkis- und Korallenschmuck, breite Silberspangen an der linken Schulter und Ponyfrisuren, die Männer hingegen lange Zöpfe, die meist, durch Yak-Haare verlängert, um den Kopf geschlungen sind. Besonders vergnüglich ist die Begegnung mit den Kindern, deren schwarze Kulleraugen neugierig in die Zelte der Trekkingtouristen lugen und die sich aufgeregt all die merkwürdigen Dinge zeigen, mit denen die Fremden sich umgeben.

Tarap – das ist Südtibet, wie man es vor der Besetzung durch die Chinesen kannte. Oder vielleicht noch früher, noch altertümlicher, vielleicht Tibet vor zweihundert Jahren. Die karge Landschaft mit ihren grauen Häusern, die Menschen mit ihrem Hang zu Brauchtum und Religion – all das wirkt

Pfeifhasen leben in großen Populationen von der Baumgrenze bis an den ewigen Schnee.

sehr ursprünglich. Selbst die Gompas sind unscheinbar wie
gewöhnliche Bauernhäuser, nur wehen mehr Gebetsfahnen
vor und auf den oft dunkelrot gestrichenen Gebäuden. Ein
typisches Beispiel hierfür ist *Djamba Gompa* im oberen Tarap-
Tal, die Gompa des zukünftigen Buddha Maitreya, die von
einem Abt der Rotmützenkirche (Nyingmapa) geführt wird.
Am Altar von *Kahar Gompa* im Ortsteil **Takyu**, ein Stück
talabwärts, ist die Hauptfigur Padmasambhava, der Heilige,
der als wichtigster Patriarch der Nyingmapa verehrt wird. In
dieser Gompa kann man überdies schöne Holzmasken bewundern, die man bei den Tscham-Tänzen trägt; auf einem Balken
stehen als Votivgaben kleine – leicht verstaubte – hölzerne
Yaks, Schafe und Hunde.

Die Bauernhäuser des Tarap-Tals, das durchweg mehr als
4000 Meter hoch liegt, entsprechen einem bestimmten Typ.
Man betritt das Gebäude durch einen finsteren Vorraum und
muß auf einer Baumstammleiter mit Kerben in das obere
Stockwerk klettern, um in die große Küche zu gelangen. Licht
fällt in den dunklen, verräucherten Raum einzig durch ein
winziges Fenster. In der Feuerstelle am Fußboden wird Yak-
Mist verbrannt; darüber stehen eiserne Dreifüße mit Töpfen
für Buttertee, Nudelsuppe oder Reis. An der Wand hinter
dem Feuer befinden sich dunkle Holzregale mit glänzendem
Porzellan- und Messinggeschirr, sichtbares Zeichen für den
Wohlstand einer Familie. Meist wird man mit Buttertee und
Tsampa aus gerösteten Gersten- oder Weizenkörnern bewirtet, gelegentlich auch mit dem leicht alkoholhaltigen Tschang.
Die von kleinen Steinmäuerchen umgebenen Äcker rings um
die Hänge werden im Mai zur Aussaat von Kartoffeln, Gerste
oder Grannenweizen bearbeitet. Zunächst wird dabei der
Acker mit Yak-, Schaf- oder Ziegenmist gedüngt und anschließend durch einen abgeleiteten Bach bewässert. Danach
streut man die Gersten- oder Dinkelsaat aus. Erst jetzt pflügen
Yak-Gespanne mit einfachen Hakenpflügen aus Holz die Saat
unter. Die Felder werden meist mit mehreren Gespannen
gleichzeitig in genossenschaftlicher Zusammenarbeit bestellt,
dabei singen die Bauern ein Lied, das unvermittelt abbricht
und damit signalisiert, wann die Pflüge wenden.

Hoch über dem Hauptort **Do** im Tarap-Tal liegt *Ripumba Gompa*, der Dorftempel dieser Siedlung. Der hier residierende Lama ist ein im ganzen Tal geschätzter und hervorragender Thanka-Maler. Seine Werke hängen im Tempel und im großen Wohnraum seines Hauses. Die Hauptfiguren am Tempelaltar sind Padmasmabhava und Buddha Shakyamuni. Die schönen Wandmalereien zeigen dämonische Schutzgottheiten und die beiden Dolmas, weibliche Bodhisattvas. Der Eingang wird – an der Wand der Vorveranda – von den vier Weltenhütern bewacht. Hier sieht man auch eine seltene Darstellung des heiligen Berges Kailash in Tibet, daneben die im tibetischen Kulturkreis äußerst beliebten ›tibetischen Bremer Stadtmusikanten‹, der Turm der Tiere aus Elefant, Affe, Hase und Vogel.

Nur schweren Herzens verläßt man das Tarap-Tal, über dem der Hauch von Shangrila liegt, der zeitlosen Welt der Zufriedenheit und der Harmonie. In östlicher Richtung gabelt sich der Weg: Ein Pfad führt jetzt über den fast 5500 Meter hohen **Charka-Paß**, der andere weiter nördlich im Bogen über drei Pässe, die etwas niedriger sind (ca. 5000 Meter). Die Begehung der Nordroute über die **drei Pässe Kang** (5030 m), **Djimu** (5050 m) und **Mu** (5050 m) ist besonders im Frühjahr zu empfehlen, wenn die kürzere Route aufgrund der Schneelage den Übergang verwehrt. Diese sollte man besser im Herbst einschlagen. Beide Wege führen durch eine großartige, tibetisch wirkende Gebirgslandschaft. Ständig bewegt man sich in Höhen von mehr als 4500 Meter. Schroffe Felswände wechseln mit weiten Wiesen- oder Geröllhängen und sanften Almböden ab. Dies ist das Revier der Blauschafe, deren größter Feind – der Schneeleopard – ihnen ständig auflauert. Seine Spuren im Schnee oder im feuchten Sand kann man oft finden, er selbst bleibt stets verborgen. Auch Murmeltiere, denen die aufgeworfenen Erd- und Steinwälle vor ihren Bauen als Ausguck dienen, lassen sich gelegentlich beobachten. Sobald der Schatten eines Bartgeiers über den Wiesenhang fällt oder durch eine vorbeiziehende Touristengruppe ›Gefahr droht‹, ertönen von allen Seiten die hochfrequenten Schreie, die sogenannten ›Murmeltierpfiffe‹.

Kurz vor dem Mu La, der in das Barbung-Kola-Tal und zum Dorf Charka hinunterführt, kommt man in 4900 Meter Höhe an zwei zauberhaften Bergseen vorüber: den **Moränenseen von Tso Lugka**. Hier findet sich einer der schönsten Lagerplätze auf der ganzen Route. Weit schweift der Blick nach Westen und Norden über die südtibetische Gipfelflur. Vom etwas höhergelegenen **Mu-Paß** aus gesehen scheinen die gleißenden Gletscher und Firnfelder des Dhaulagiri-Massivs zum Greifen nahe. Der Weg hinunter zum Dorf **Charka** zieht sich in die Länge. Endlich liegt es vor dem Wanderer, wie eine Burg mit eng zusammengedrängten Häusern auf einem Schwemmkegel hoch über dem Barbung-Fluß. Mit rund 4300 Metern handelt es sich hier um die höchste Dauersiedlung Nepals. An Tschörten und Mani-Mauern vorbei betritt man die schmalen Gassen des Dorfes, die auf einen kleinen Platz in der Mitte des Ortes führen. Hier treffen sich um die Mittagszeit jene Dorfbewohner, die weder auf den Feldern arbeiten noch auf Handelsreisen unterwegs sind. Sie sitzen in der Sonne, plaudern, drehen die Handspindel oder sehen den Kindern zu, die mit Stöckchen und Steinen an den Hauswänden spielen. Als ich das letzte Mal dort war, erbot sich ein junger Bön-Lama, uns sein *Kloster* am jenseitigen Flußufer zu zeigen. Lange Mani-Mauern führten hinauf zum Tempel, der von schönen Tschörten umgeben war. Im Inneren fiel eine fein ausgeführte Wandmalerei des Sherab Gyaldsen, des obersten Bön-Patriarchen, auf. In einem Nebenraum wird eine seltene Kollektion von alten Bön-Tanzmasken aufbewahrt. Oberhalb des Dorfes, am Weg nach Tarap, hat man eine kleine Klosterschule für junge Bön-Lamas errichtet.

Von Charka nach Jomosom im Kali-Gandaki-Tal folgt man zunächst dem großen Handelsweg Richtung Mustang. Hinter einem Votiv-Steinhaufen mit vielen zerschlissenen Gebetsfahnen biegt dann der Pfad zum **Kali Gandaki** rechts in ein Seitental ab. Lockere Block- und Schuttfelder begleiten stundenlang den kaum merklich ansteigenden Talboden. Schließlich erreicht man, sanft ansteigend, erneut einen Fünftausenderpaß, den rund 5120 Meter hohen **Tuje La**, der einer geneigten Hochfläche gleicht. Einige Latho-Steinhaufen markieren die höchste Stelle. Der Ausblick auf die nahen Eiswände des *Dhau-lagiri-Massivs* ist überwältigend. Vom Tuje La gibt es wieder zwei Wegalternativen: entweder nördlich im Bogen über zwei fast 5500 Meter hohe Pässe, oder geradewegs hinein in eine atemberaubende, unglaublich steile Schlucht. Bei der Dolpo-Durchquerung, die ich im Mai 1989 zusammen mit einer Touristengruppe unternahm, wählten wir den Weg durch die Schlucht. Es wurde ein wilder Abstieg. Oft war der schmale Steig abgebrochen oder von Schuttrinnen überflutet, die man nur auf einigen Trittspuren überspringen konnte. Rechts unter uns schäumte grauschwarz der Schmelzwasserfluß. Einmal öffnete sich der Blick in eine Seitenschlucht, die wie ein Riß in den Felsbergen aussah. Rundum nur himmelragende, senkrechte Felswände. Gelegentlich blinkte hoch über uns der ferne Gletscherschnee. Aber wir waren nicht die einzigen auf diesem Weg: Uns entgegen kamen vier nepalische Wanderer, die sich ebenso wie unsere Sherpas und Träger wie Gemsen in dem gefährlichen Gelände bewegten. Unser abenteuerlicher Abstieg erreichte seinen Höhepunkt, als wir am unteren Ende der Schlucht auf ein luftiges Brücklein aus wenig vertrauenerweckenden Wacholderstämmen traten, die von Felsblock zu Felsblock über die Ausgangsklamm gelegt waren. Mit angehaltenem Atem balancierten wir darüber hinweg. Die Träger, mit ihren Lasten am Stirnband, betraten die Brücke zunächst ganz vorsichtig und hüpften dann mit immer schneller werdenden Sprüngen hinüber. Spätestens hier wurde uns klar, daß der über die beiden Pässe führende Weg der sicherere, wenn auch längere gewesen wäre. Schließlich erreichten wir das Dorf **Sangda**, das in circa 3750 Meter Höhe immer noch in einer trockenen Hochgebirgs-Steppenlandschaft liegt. Auch diese Siedlung wirkt tibetisch, mit eng zusammengedrängten Häusern, deren flache Dächer von Balustraden aus Gestrüpp und Wacholderzweigen umgeben sind.

Von Sangda braucht man nur noch eineinhalb Tage bis nach Jomosom im Kali-Gandaki-Tal. Die Bergflanken sind jetzt wieder von Bäumen, Birken an den Nord- und Wacholder an den Südhängen bestanden. Am Boden blühen im Frühjahr Steinbrech, Primeln und kurzstengeliges Edelweiß. Ein letzter

sanfter Paß von rund 4400 Meter Höhe – und man steht ganz
vorne auf einer Bergkante über dem Tal des Kali Gandaki.
Die Aussicht ist mit Worten kaum zu beschreiben. Im Osten
zeichnen sich der Brikuthi Himal und der Torong Peak über
dem Weg von Manang nach Muktinath ab. Rechts, im Südosten, blickt man auf die mehr als 7000 und 8000 m hohe
Gipfelflur der Annapurna und des Nilgiri. Links dehnt sich
im Norden die unendliche Weite des Mustang-Gebiets mit
braungelben Wüstenbergen bis an den Horizont aus. Wie
Türkise leuchten die grünen Flecken der kleinen, künstlich
bewässerten Oasensiedlungen herauf. Es fällt schwer, sich von
diesem Anblick loszureißen. Dann aber eilt man hinunter zu
den fruchtbaren Feldern des Dorfes **Phallak**, zwischen denen
Rosensträucher, Wacholderbüsche und Pappeln stehen. Wenn
im Frühjahr im hochgelegenen Tarap-Tal gerade die Saat ein-
gepflügt wird, stehen hier schon wogende Gersten- und Gran-
nenweizenfelder. Ein Abstecher zum malerischen Dorf **Kagbeni** unten im Tal mit seinen engen Gassen und Winkeln lohnt
allemal. Freilich kann man auch direkt am Hang entlang nach
Jomosom gehen, dem Endpunkt der großzügigen Dolpo-
Durchquerung.

Die zentrale Gebirgsregion

Rund um die Annapurna

Eine der großartigsten Trekkingtouren im nepalischen Himalaya führt rund um das Annapurna-Massiv. Die Route orientiert sich an zwei großen Flüssen, die nördlich des Himalaya-
Hauptkamms entspringen und mit tiefen Schluchten das Gebirge nach Süden durchbrechen, dem Marsyandi und dem
Kali Gandaki. Dazwischen liegt der mehr als 5300 Meter hohe
Paß, der Torong La.

Den Anfang dieser Tour bewältigt man am besten mit dem
Bus, der auf der Straße von Kathmandu nach Pokhara bis
zur Ortschaft **Dumre** fährt. Hier, auf 350 Meter Meereshöhe,
beginnt der Fußmarsch. Zunächst geht es, dem **Marsyandi-**

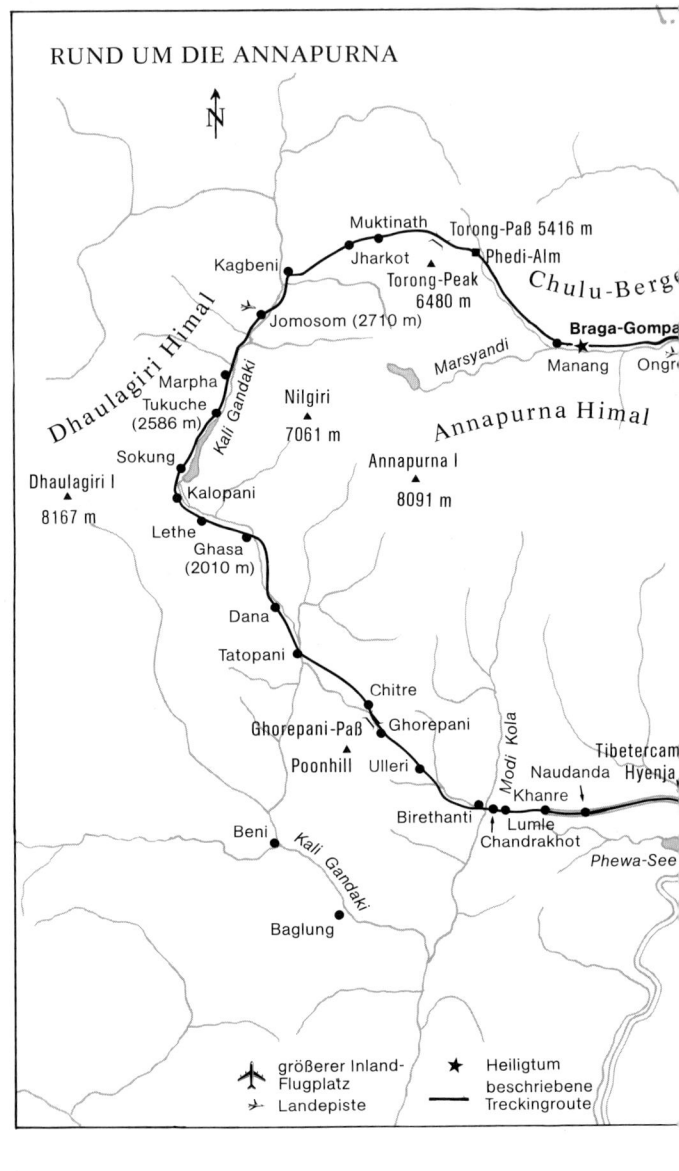

RUND UM DIE ANNAPURNA

größerer Inland-Flugplatz
Landepiste
Heiligtum
beschriebene Treckingroute

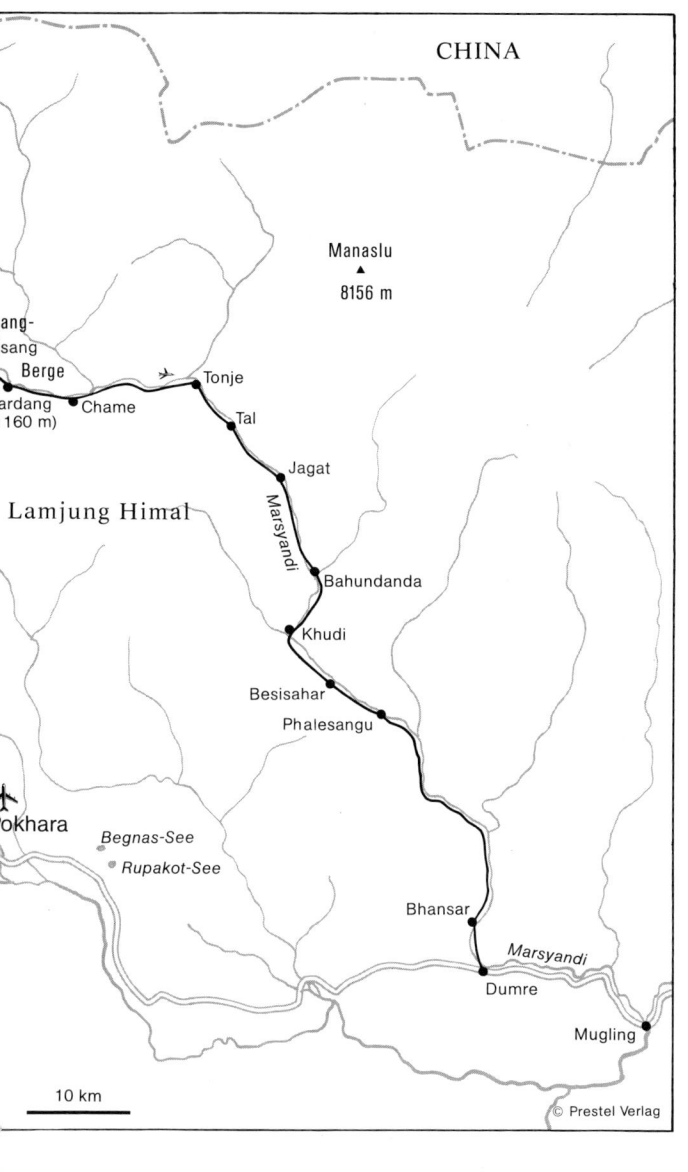

CHINA

Manaslu
▲
8156 m

ang-
sang
Berge
ardang   Chame   ✈ Tonje
(160 m)   Tal

Lamjung Himal   Jagat

                    Marsyandi

                           Bahundanda

                     Khudi

              Besisahar
              Phalesangu

✈
okhara   *Begnas-See*
          Rupakot-See

                           Bhansar
                                     Marsyandi
                                Dumre

                                     Mugling

10 km
                              © Prestel Verlag

Fluß aufwärts folgend, nach Norden durch Bauernland mit Tausenden von Reisterrassen. In den tieferen Lagen handelt es sich um Siedlungsgebiet der Chetris und Brahmanen, weiter oben wohnen die Gurungs in ihren stattlichen Haufendörfern. Klima und Vegetation sind in den tieferen Lagen subtropisch. Tagelang wandert man am Flußufer dahin, streift die Orte **Bhansar, Phalesangu, Besisahar, Jagat** und **Tal**. Unterwegs zweigt bei Khudi ein Weg ab, der nach Westen zu den Bergseen **Rupakot Tal** und **Begnas Tal** und schließlich nach Pokhara verläuft. Das malerische Brahmanendorf **Bahundanda** auf etwa 1200 Meter, dessen Häuser um einen gewaltigen Schattenbaum erbaut sind, bietet eine weite Aussicht über die zahlreichen Dörfer, Ackerterrassen und die nur von schütteren Baumbeständen bewachsenen Berghänge ringsum. Am Wegrand stehen Teehäuser und Lodges, in denen es leicht ist, mit den Einheimischen ins Gespräch zu kommen, selbst wenn man dabei Hände und Füße zu Hilfe nehmen muß. Von der Siedlung **Tal** in 1700 Meter Höhe geht es ständig bergauf, und man betritt schon bald ausgedehnte Wälder. Im dicken Moos der Baumstämme stecken große Mengen von Orchideenbulben; wenn man Glück hat, kann man im Geäst eine Gruppe von Languraffen beobachten. Bei **Thonje** mündet in rund zweitausend Meter ein Flußtal, das vom Larkya-Paß hinter dem Manaslu herunterkommt. Hier werden die Trekking permits der vorbeiziehenden Trekker von einem Polizeiposten kontrolliert. Bis **Chame** führt der Weg durch schönen Bergwald aus Eichen, Tränenkiefern und Fichten; handtellergroße Schmetterlinge gaukeln durch die Luft. Direkt unterhalb des Dorfes Chame, auf 2700 Meter Höhe, entspringt am Ufer des Marsyandi eine heiße Quelle mit schwefelhaltigem Wasser. Von Chame an aufwärts mischen sich in die schon bekannten Baumbestände weitere Gehölze wie Eichen, Wacholder, Heckenkirschen, wolliger Schneeball und die ersten Azaleenbüsche. Bei **Bardang** in etwa 2800 Meter Meereshöhe biegt der Marsyandi-Fluß mit seinem zunächst westöstlich gerichteten Oberlauf nach Süden um und hat sich hier durch eine Schlucht mit senkrechten Felswänden gefressen. Mehrere Dörfer des oberen Marsyandi-Tals haben an dieser Stelle eine *Apfelfarm*

eingerichtet, die sie in genossenschaftlicher Arbeit bewirt-
schaften.

Oberhalb der Schlucht weitet sich das Tal, und man schreitet
durch einen Kiefern-Wacholder-Wald, der eine eigenartig be-
ruhigende Stimmung vermittelt. Die ersten Tschörten zeigen
an, daß man buddhistisches Gebiet, die Landschaft Manangbhot, betreten hat. An der Ortschaft **Pisang** mit dem kleinen
Flugplatz vorbei, erreicht man das Dorf **Bragha**, dessen Häuser
am Steilhang so dicht übereinander geschachtelt sind, daß es
aussieht, als stünde eines auf dem Dach des anderen. Zum
Zelten eignet sich der schöne, grüne Dorfanger. Hoch über
den Wohnhäusern liegt die große *Bragha Gompa*, die mit ihren
drei Tempeln auf den tibetischen Dichterheiligen Milarepa
zurückgeführt wird. Er gehörte mit Atisa und Marpa zu
einer Reihe von religiösen Lehrern, die an der Wende vom
10. zum 11. Jahrhundert sowohl im südlichen Tibet als auch
in Nordnepal wirkten und dem Buddhismus in dieser Region
neue Impulse gaben. Milarepa wurde als › Dichter der tausend
Gesänge‹ im Volk besonders populär und wird meist mit
der Hand hinter dem rechten Ohr, dem Echo seiner Lieder
lauschend, dargestellt. Als ich vor Jahren im Monat Mai nach
Bragha kam, fanden im Haupttempel religiöse Maskentänze
statt. Ein Großteil der Dorfbewohner hatte sich hier versammelt, ließ sich nach den Tänzen von einem Großlama segnen
und feierte anschließend mit volkstümlichen Stampftänzen ein
fröhliches Fest.

Etwa eine Stunde von Bragha talaufwärts liegt das große
Dorf **Manang**, das der Landschaft Manangbhot ihren Namen
gab. Gegenüber im Süden streben die gewaltigen Hänge des
Annapurna-Massivs empor, dehnen sich wildzerrissene Glet-
scher von den Eisgipfeln bis tief zwischen die Almhänge aus.
Der Weg steigt jetzt steil bergan, durchquert das kleine Dorf
Gunsang und erreicht in etwa 4400 Meter Höhe die Phedi-
Alm mit ihren einfachen Unterkunftshütten – letzte Raststa-

*Folgende Doppelseite: Hängebrücken aus Eisenketten können vom
Hochwasser nicht erreicht werden und vermitteln sichere Flußübergänge.*

tion vor dem großen Paß. Der Aufstieg ist mühsam und erfordert gleichmäßiges, kräfteschonendes Gehen. Die Paßhöhe des **Torong La** in etwa 5400 Meter wird von einem Votivsteinhaufen mit Gebetsfahnen markiert. Der Blick von hier oben auf die Annapurna-Gipfel im Süden, die Chulu- und Pisang-Berge im Osten, den Brikuthi Himal im Norden und den schneegleißenden Torong Peak direkt über dem Paß ist überwältigend. Der Abstieg nach Westen zum Wallfahrtsort **Muktinath** ist wiederum sehr kräfteraubend, da man einen Höhenunterschied von 1600 Meter überwinden muß. Diese heilige Stätte wird von Hindus und Buddhisten gleichermaßen besucht. Die Hindus pilgern zu einer *Shiva-Pagode* mit einer heiligen Quelle, die ihr Wasser durch 108 stierköpfige Wasserspeier schickt. Die Buddhisten verehren ein *heiliges Feuer*, das als natürliche Erdgasquelle unter dem Altar in einer Gompa brennt. Der Blick wandert von hier an den mehr als siebentausend Meter hohen Nilgiri-Gipfeln vorbei auf die Nordflanke des Achttausenders Dhaulagiri.

Der Abstieg führt über das tibetisch wirkende Dorf **Jharkot** und durch eine halbwüstenhafte Region hinunter in das **Kali-Gandaki-Tal**, an den zweiten großen Fluß dieser Himalaya-Wanderung. Man erreicht sein breites Schotterbett bei der Ortschaft **Kagbeni** und setzt von dort die Wanderung flußabwärts fort. Man bewegt sich nun im Siedlungsgebiet der Thakalis, einer aufgeschlossenen und unternehmungslustigen Volksgruppe, die jahrhundertelang die Geschäfte entlang der großen Handelsroute nach Tibet kontrolliert hat. Die Thakalis bewohnen stattliche, gut organisierte Dörfer, die man ab **Jomosom** (2700 Meter) mit seinem kleinen Flugplatz durchwandert. Es folgen das malerische Straßendorf **Marpha**, das Handelsstädtchen **Tukuche** mit seinen hübschen Atriumhäusern, **Sokung** mit der tunnelartig unter den Wohnhäusern durchführenden Dorfstraße und endlich **Kalopani** und **Lethe** mit dem schönen Kiefernwald hinter den Häusern, der bis **Ghasa** (2030 Meter), unmittelbar vor der großen Kali-Gandaki-Schlucht, reicht. Neben dem Pfad rauscht der Fluß und spült gelegentlich ammonitenhaltige Schwarzjurakiesel an das Ufer, die von der Bevölkerung als Glückssteine angesehen ›Saligrame‹.

Hoch über dem Tal stehen die Riesen der Annapurna (8091 Meter) im Osten und des Dhaulagiri (8167 Meter) im Westen. Unterhalb von Ghasa stürzen sich die Fluten eines Wasserfalls in die **Kali-Gandaki-Schlucht**, die mit einem Höhenunterschied von mehr als 6400 Meter eine der gewaltigsten Durchbruchsschluchten der Erde darstellt. Darunter weitet sich das Tal wiederum, und über die wohlhabende, von Newars und Chetris bewohnte Ortschaft **Dana** erreicht man in 1200 Meter Höhe das Basar-Dorf **Tatopani**, in dem erst in jüngster Zeit eine verheerende Flutwelle die in Steinbecken gefaßten heißen Quellen und einen Teil des Orts vernichtet hat.

Über eine Hängebrücke quert man den Kali Gandaki und steigt in einem Zug 1600 Höhenmeter hinauf zum Ghorepani-Paß. Das sich an den Hängen entlangziehende Bauernland mit seinen ansehnlichen Dörfern und unzähligen Terrassenfeldern wird vor allem von Magars besiedelt. Oberhalb der Ortschaft **Chitre** betritt man wieder Eichen- und Rhododendronwälder, bis man bei **Ghorepani** in 2850 Meter eine Rodungssiedlung erreicht, die aus Teestuben und Unterkunftshäusern besteht. Der Wald wurde hier bis weit hinauf an die Hänge abgeholzt und liefert ein abschreckendes Beispiel für die rücksichtslose Zerstörung der Natur im Interesse einer unkontrollierten Tourismus-Entwicklung.

Bei klarem Wetter sollte man in der Morgendämmerung auf den rund 3000 Meter hohen Aussichtspunkt **Poonhill** steigen, um den Sonnenaufgang hinter der Annapurna zu erleben. Durch ausgedehnte Bergwälder mit eindrucksvollen Baumriesen, an denen dicke Orchideenbüschel haften, geht es sodann hinab nach **Ulleri**, einem malerischen Magar-Dorf, und weiter bis zum Basarort **Birethanti**, der in 1100 Meter Meereshöhe, am Zusammenfluß von Bhurungdi Kola und Modi Kola, liegt. Noch einmal steigt man steil hinauf nach **Chandrakhot** in 1560 Meter Höhe und genießt von dort bei klarem Wetter einen großartigen Ausblick nach Norden auf die eisüberzogenen Flanken der Annapurna Süd (7273 Meter) und des Patal Hiunchuli (6336 Meter). Die letzte Wegstrecke über einen in südöstlicher Richtung verlaufenden Bergrücken, vorbei an den Chetri-Dörfern **Lumle**, **Khanre** und **Naudanda**, führt schon wieder durch subtropische Umgebung. Man geht jetzt durch die Reisfelder der **Ebene von Suikhet** und erreicht über das **Tibetercamp Hyenja** das weite Tal von **Pokhara** mit seinen Basargassen, Hotels und Autostraßen.

25 *Neben der Straße von Kathmandu nach Pokhara spannt sich eine schöne Hängebrücke über den Trisuli-Fluß.*

26 *Bei Chobar im Kathmandu-Tal stehen die Bauernhäuser mitten in den fruchtbaren Feldern, die zweimal im Jahr Ernte liefern.*

27 *Auf den Terrassenfeldern beim Dorf Bungamati im südlichen Kathmandu-Tal wird im Oktober der Reis geerntet.*

28 *Der Gangchenpo (6397 m) mit seinen abweisenden Eisflanken steht an der tibetischen Grenze im Langtang Himalaya.*

29 *Blick vom Yala Peak (5485 m) nach Norden in die Gletscherwelt der Langtang-Eisriesen im Himalaya-Hauptkamm.*

Nicht weit von Kathmandu

Das Langtang-Tal,
die heiligen Gosainkund-Seen und Helambu

Ein wenig nördlich vom Kathmandu-Tal gelangt man bereits in Gebiete, die mit urwüchsigen Bergwäldern, hochgelegenen heiligen Seen und großartiger Aussicht auf die Gletscherregionen das Herz eines jeden Trekkers höher schlagen lassen.

Das Langtang-Tal und die heiligen Seen von Gosainkund kann man dabei zu den Glanzstücken nepalischer Trekkingziele rechnen. Man nähert sich diesem Gebiet am besten mit dem Bus von Süden her auf der kurvenreichen Straße von Kathmandu nach Trisuli Basar. Neuerdings führt eine Straßentrasse vorbei an den Tamang-Dörfern Ramche, Grang, Thare und Bokajhunga hinauf bis **Dhunche** (1970 Meter), den Verwaltungsort dieses Distrikts mit Schule, Teehäusern, Läden, Krankenstation und Polizeiposten. Von hier aus geht es dann zu Fuß weiter, zunächst durch Bauernland der Tamang-Volksgruppe. Mitten auf den über und über terrassierten Hängen liegt das Dorf **Bharku**, in dem die Tamangs in ihren stattlichen Holzhäusern mit Balkonen, Veranden und reich geschnitzten Tür- und Fensterstöcken leben. Bei Bharku teilt sich der Weg. Die eine Route folgt der alten Handelsstraße nach Norden zum Grenzort **Rasua Garhi** und in das Dorf **Birdim**, in dem mit finanzieller Hilfe der Gesellschaft ›Freunde Nepals e. V.‹ ein Dorfentwicklungsprogramm betrieben wird; die andere Route wendet sich nach Nordosten und erreicht durch dichten Bergwald bei etwa 2300 Metern das Straßendorf **Shyabru** mit seinen attraktiven Holzhäusern. Von hier führt der Weg rund eineinhalb Tage lang durch unbesiedelte Bergwälder mit mächtigen Bäumen, an deren Ästen lange Flechtenbärte von der hohen Luftfeuchtigkeit während der Monsunmonate zeugen und an senkrechten und überhängenden Felswänden kleben riesige Waben der Wildbienen. Unterwegs überquert man auf einer stabilen Brücke den wild schäumenden Langtang-Fluß und ist damit im Gebiet des **Langtang-Nationalparks** mit seinen dichten Urwäldern, in denen noch gute Bestände von

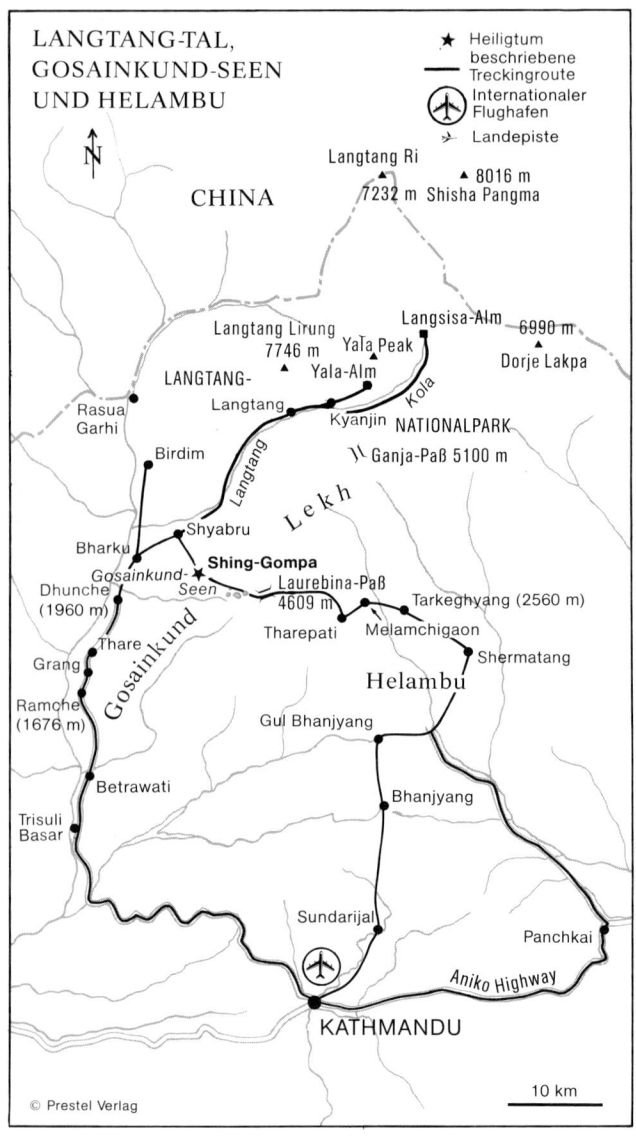

LANGTANG-TAL, GOSAINKUND-SEEN UND HELAMBU

★ Heiligtum
— beschriebene Treckingroute
✈ Internationaler Flughafen
✈ Landepiste

N

CHINA

Langtang Ri
7232 m

▲ 8016 m
Shisha Pangma

Langsisa-Alm
6990 m

Langtang Lirung
7746 m

Yala Peak

Dorje Lakpa

LANGTANG-

Yala-Alm

Rasua Garhi

Langtang

Kyanjin

Kola

NATIONALPARK

Birdim

Langtang

Ganja-Paß 5100 m

Lekh

Shyabru

Bharku

Shing-Gompa

Gosainkund-Seen

Laurebina-Paß
4609 m

Tarkeghyang (2560 m)

Dhunche
(1960 m)

Tharepati

Melamchigaon

Shermatang

Thare

Grang

Gosainkund

Helambu

Ramche
(1676 m)

Gul Bhanjyang

Betrawati

Bhanjyang

Trisuli Basar

Sundarijal

Panchkai

Aniko Highway

KATHMANDU

© Prestel Verlag

10 km

Bären, Languraffen, Gorals, Leoparden und Muntjak-Hirschen beheimatet sind. Aber der Nationalpark verursacht den hier lebenden Bauern auch manche Probleme, da die Wildtiere nicht getötet, sondern nur mehr mit Geschrei und Feuer verjagt werden dürfen. Der Weg geht jetzt auf der Nordseite des Langtang-Tals weiter bis zur Ansiedlung **Chongang**, wo es einfache Unterkünfte gibt. Schließlich gelangt man nach **Langtang**, zum Hauptort des Tals. Hier befindet sich die Verwaltung des Nationalparks, gibt es Teestuben und einige Lodges. Außerdem steht im Dorf eine kleine, mit Holzschindeln gedeckte *Gompa*, deren Wände mit ikonographischen Darstellungen des tibetischen Buddhismus ausgemalt sind. Vom Dorf Langtang aufwärts weitet sich das Tal, und man erreicht nach gut zwei Stunden in 3800 Meter Höhe die Siedlung **Kyanjin**, in der es eine mit Schweizer Hilfe eingerichtete *Käserei* und eine weitere *Gompa* gibt.

Im Sommer des Jahres 1975 hatte ich eine Gruppe von Pflanzen- und Vogelfreunden hier heraufgeführt. Es war Monsun, und es regnete fast täglich. Aber die Fülle von Blumen war unvorstellbar. Sikkimprimeln, Nepallilien, gelb und violett blühende Läusekräuter, mehrere Arten von Aronstabgewächsen, Tragant, Wiesenraute, Knöterich, gelber Scheinmohn, Frauenschuhorchideen und gelb oder rosa blühende Zwergrhododendren ließen uns in einem überdimensionalen, natürlichen Steingarten wandeln. Auch für Ornithologen ist dieses Gebiet ein Traum. Von Himalayakrähen und Bergdohlen angefangen, über Pfeifdrosseln, Himalayawürger, Zaunkönige, Laubsänger, Pieper bis zu Bachstelzen, Schmätzern, Braunellen und Karmingimpeln reicht das Spektrum. Am Fuß des *Langtang Lirung* (7246 Meter) erlebten wir, wie der Bergriese am Morgen sein eisgepanzertes, mit Neuschnee bedecktes Haupt vor dem blauen Himmel enthüllte. Oben in einer niedrigen Almhütte sitzend, tranken wir die erfrischende, ›Dahi‹ genannte Yak-Sauermilch und plauderten mit den Hirten. Auf der Dorfwiese von Kyanjin fand gerade ein Volksfest mit Bogenschießen, Steinstoßen, Kartenspielen und einem Festmahl statt, auf dem große Mengen von Tschang und Rakschi für eine ausgelassene Stimmung sorgten.

Von Kyanjin aus bieten sich mehrere lohnende Exkursionen an. Man kann, vorbei an einer Landepiste für kleine Flugzeuge, das Tal aufwärts bis zur **Langsisa-Alm** gehen und dort auf eine große Moräne oder einen der umliegenden Hänge klettern, um den großartigen Ausblick auf die Gletscher zu genießen, die von den Siebentausendern Langtang Ri (7232 Meter) oder Langpo Gang (7083 Meter) und ihren Nebelgipfeln herunterfließen. Ferner lohnt der Aufstieg zur **Yala-Alm** in rund 4600 Meter Höhe und auf einen der umliegenden Bergrücken oder auf den **Yala Peak** selbst, die alle einen herrlichen Einblick in die Gletscherwelt der Langtang-Berge vermitteln. Im Sommer dehnen sich hier Bergblumenwiesen mit Primeln, Mannsschild, Steinbrech und Himalaya-Scharten, die von einer Art weißem Gespinst überzogen sind. Pfeifhasen tummeln sich zwischen den Zwergrhododendronbüschen oder an den Steinmauern der Almhütten, und bisweilen ertönt das rauhe Gakkern von Königshühnern aus den Geröllhalden.

Auf der südlich von Kyanjin liegenden, nach Norden gerichteten Bergseite führt ein steiler Pfad hinauf zum 5100 Meter hohen **Ganja-Paß**, der in das Gebiet der Gosainkund-Seen leitet. Ihn zu überwinden, ist allerdings schwierig und nicht ungefährlich. Es sollten sich daher nur erfahrene Bergwanderer nach vorheriger Erkundigung bei den einheimischen Hirten an dieses Unternehmen wagen. Sicherer ist der Rückweg über das **Langtang-Tal** bis **Shyabru** und von dort aufwärts durch dichten, hochstämmigen Nebelwald über das verlassene *Kloster Shing Gompa*, neben dem eine kleine *Käserei* steht. Durch Tannen- und Rhododendron-Wald geht es weiter hinauf zur Baumgrenze in rund 3800 Meter und entlang an steilen Wiesenhängen bis zu den Seen von Gosainkund. In der Monsunzeit sind diese Wiesen mit Teppichen von fast mannshohem, gelbem Scheinmohn bedeckt. An klaren Tagen schweift der Blick weit hinüber nach Westen über den Ganesh Himal (7406 Meter), den Himalchuli (7893 Meter) und den Manaslu (8156 Meter) bis zur Annapurna (8091 Meter) und zum Dhaulagiri (8167 Meter). Das Gebiet mit seinen vielen kleinen und größeren Bergseen gilt als heilig. Im Sommer pilgern Scharen von frommen Hindus hier herauf, um Shiva

Gebetsfahnen in Helambu bekunden buddhistische Frömmigkeit.

am Ufer des Saraswatikund, Bhairavkund oder Surjakund zu verehren. Die größte Verehrungsstätte mit einem Lingam und einem steinernen Nandibullen steht indessen am Nordufer des etwa 4300 Meter hoch gelegenen **Gosainkund-Sees**. In seiner Mitte erkennt man unter der Wasseroberfläche eine große natürliche Steinplatte. Für den gläubigen Hindu soll sie Shiva darstellen, der dort schläft, nachdem er haschischtrunken mit dem Dreizack Wasser aus dem Felsen geschlagen hatte und danach entschlummert war. Aus dem düsteren Bhairavkund entspringt der **Trisuli**. Im Jahr 1975 mußten bei der Überquerung dieses Flusses kurz vor Dhunche alle Teilnehmer einer von mir geleiteten Expedition – auch Träger und Sherpas mit dem Gepäck – an einer improvisierten Seilverspannung bis zum Bauch durch die eiskalten reißenden Fluten waten, da die weggeschwemmt worden war.

Von den Gosainkund-Seen aus gibt es zwei Möglichkeiten zurückzukehren; entweder zurück über Dhunche nach Trisuli Basar und von dort über die Autostraße ins Kathmandu-Tal oder über den etwa 4600 Meter hohen Laurebina-Paß, vorbei an den vier kleinen Surjakund-Seen und tief hinunter in das Sherpa-Siedlungsgebiet **Helambu**. Über Almwiesen und durch schöne Bergwälder wandernd, erreicht man schließlich in 3600 Meter Höhe die aus Hirtenunterkünften bestehende Saisonsiedlung Tharepati. Von hier kann man durch Siedlungsland der Tamangs direkt nach Süden in das Kathmandu-Tal gehen oder noch ein wenig bei den gastfreundlichen Sherpas im Helambu, vielleicht in *Melamchigaon* oder in *Tarkeghyang*, verweilen. Hier stehen stattliche, mehrstöckige Häuser, die noch wohnlicher eingerichtet sind als die der Solu-Sherpas. Gompas, Tschörten, Gebetsfahnen und wassergetriebene Gebetszylinder zeugen von der buddhistischen Frömmigkeit der Helambu-Bewohner. Von Tarkeghyang nach Kathmandu wandert man am bewaldeten Bergrücken des Yangri Danda entlang nach Shermatang, dann hinunter zum Indrawati-Fluß und hinaus nach Panchkal an den Aniko-Highway, oder man quert den oberen Melamchi-Fluß und geht hinüber auf die westliche Bergseite, direkt von Gosainkund nach *Sundarijal* im Kathmandu-Tal.

Die Täler und Berge im Osten

Zwischen Sun Koshi
und Dhud Koshi

Die klassischen Wanderrouten von Kathmandu aus in die entfernteren Bergregionen führen nach Osten. Ziel aller Sehnsucht – vor allem von Bergsteigern – war von jeher das Khumbu-Gebiet mit dem Mount Everest als Höhepunkt. Da bis in die siebziger Jahre keine Straßen in diese Region führten, mußte man zu Fuß durch das Bergland westlich und südwestlich der touristisch attraktiven Khumbu-Region wandern. Mittlerweile ist die Strecke zur tibetischen Grenze und nach Jiri durch ausgebaute Straßen erheblich abgekürzt worden, die Flugroute Lukla – Kathmandu eröffnet zudem – wenn die Twinottermaschinen nicht gerade ausgebucht sind – die Aussicht auf schnellere Rückkehr.

Es lohnt sich aber auch heute noch, das Gebiet zwischen Sun Koshi und Dhud Koshi zu Fuß zu durchqueren. Man beginnt am besten in dem kleinen Basar-Ort **Bharabise** und steigt hinter den schmutzigen Gassen steil bergauf, vorbei an unendlichen Terrassenfeldern mit Reis, Mais, Hirse und Buchweizen. Durch schönen Eichenwald, der später von Weißtannen und Baumrhododendren abgelöst wird, erreicht man den 3300 Meter hohen **Tinsang-Paß**. Ein großartiger Ausblick nach Osten öffnet sich hier. Vor uns ragt der elegant geschwungene Doppelgipfel des *Gaurishankar* (7145 Meter) auf. Der Blick gleitet weiter über *Numbur* und *Kariolung* zu den Eisfluren der *Everest-Gruppe*.

Der Abstieg vom Tinsang La führt erneut durch schönen Bergwald, in dem Weißtannen, Wacholderbäume, Rhododendron-Bäume, weiter unten auch Hemlocktannen und Eichen stehen. Unterwegs muß man einen Hang queren, der vollständig aus dem weichen weißen Mineral Talkum besteht, das sich die umliegenden Bewohner von hier holen, um es zu Pulver zu zerreiben und mit Wasser vermischt im Herbst auf ihre Häuser zu streichen. Noch weiter absteigend, erreicht man dann das in etwa 2500 Meter Höhe gelegene Kloster **Bigu**

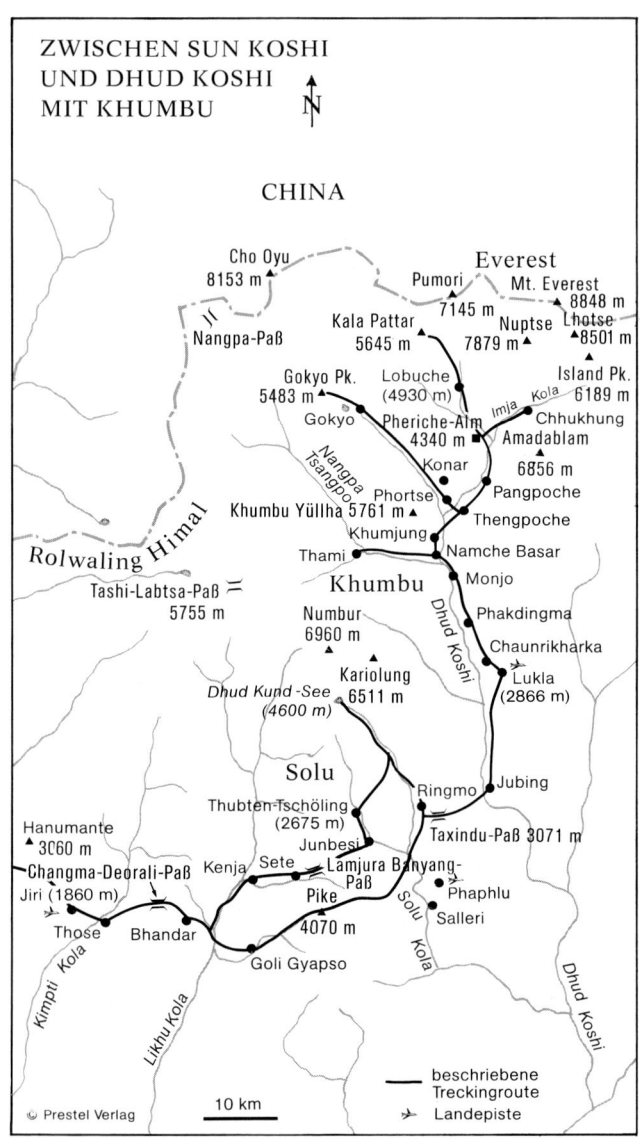

ZWISCHEN SUN KOSHI
UND DHUD KOSHI
MIT KHUMBU

N

CHINA

Cho Oyu
8153 m ▲

Everest

Pumori
7145 m

Mt. Everest
8848 m

Nangpa-Paß

Kala Pattar
5645 m ▲

Nuptse
7879 m ▲

Lhotse
▲8501 m

Gokyo Pk.
5483 m ▲

Lobuche
(4930 m)

Imja Kola

Island Pk.
6189 m ▲

Gokyo

Pheriche-Alm
4340 m ■

Chhukung

Nangpa Tsangpo

Konar

Amadablam
6856 m ▲

Phortse

Pangpoche

Khumbu Yüllha 5761 m ▲

Thengpoche

Khumjung

Namche Basar

Rolwaling Himal

Thami

Monjo

Tashi-Labtsa-Paß
5755 m

Khumbu

Phakdingma

Numbur
6960 m ▲

Dhud Koshi

Chaunrikharka

Kariolung
6511 m ▲

Lukla
(2866 m)

Dhud Kund -See
(4600 m)

Solu

Ringmo

Jubing

Thubten-Tschöling
(2675 m)

Hanumante
▲ 3060 m

Junbesi

Taxindu-Paß 3071 m

Changma-Deorali-Paß

Kenja

Sete

Lamjura Banyang-
Paß

Phaphlu

Jiri (1860 m)

Pike

Salleri

Those

Bhandar

4070 m

Solu Kola

Goli Gyapso

Kimpti Kola

Likhu Kola

Dhud Koshi

——— beschriebene
      Treckingroute

✈ Landepiste

© Prestel Verlag

10 km

Gompa. Es gehört zum tibetbuddhistischen Orden der Drukpa Kargyüpa und beherbergt sowohl eine Mönchs- als auch eine Nonnengemeinde. Bigu wird bis hinüber ins Sherpa-Land als religiöses Zentrum angesehen, und zu dem dort stattfindenden herbstlichen Mani-Rimdu-Fest, dessen Höhepunkt die Pantomimen-Aufführung der Mönchstänzer mit ihren schwarzen Hüten und Dämonenmasken darstellen, strömen die Gläubigen von weither. Der Eingang des Haupttempels wird vom Rad der Lehre Buddhas bekrönt und von den Hütern der vier Weltrichtungen bewacht. Das dämmrige Tempelinnere beherrscht ein großes Standbild des Padmasambhava am Altar, begleitet von zahlreichen Tonfiguren des Bodhisattva Genresi (Avalokiteshvara), die in Wandnischen hinter den niedrigen Sitzplätzen der Lamas aufgestellt sind. Es wird hier vorausgesetzt, daß alle Besucher des Tempels, auch Touristen, eine Gabe oder kleine Spende am Altar hinterlassen. Man ist immer willkommen bei den Mönchen und Nonnen von Bigu, die den Besucher an den wild bellenden, furchterregenden Tibetmastiffs vorbei in die Klosterküche führen, um ihn dort mit Buttertee und Tsampa zu bewirten. Rings um das Kloster stehen solide Sherpa-Bauernhäuser, weiter unten im Tal liegen Tamang- und Tami-Dörfer.

Von Bigu geht man in zweieinhalb Tagen hinüber zum Basardorf **Jiri**. Steil führt der Weg vom Kloster hinunter zum **Tamba Koshi**, dem ›Kupferfluß‹, der schäumend seinen Weg durch die steilen Himalaya-Berge sucht. In der Ortschaft **Singhati Basar** am Tamba Koshi wohnen vor allem Newars und Brahmanen, die mit ihren kleinen Läden den Ort zu einem Einkaufszentrum für das ganze Umland gemacht haben. Über eine schwankende Hängebrücke gelangt man an das Ostufer des Flusses und steigt dann steil bergauf, von 1100 Meter an der Brücke bis auf 2800 Meter beim Übergang unterhalb des Berges Hanumante. Tief unten verläuft das Silberband des Flusses, hoch oben ragt über dem Hanumante der schneeglitzernde Doppelgipfel des heiligen Berges *Gaurishankar* auf, der aus religiösen Gründen nicht bestiegen werden darf. Der Legende zufolge sitzt dort oben Shiva (Shankar) mit seiner Gemahlin Parvati (Gauri) in göttlicher Umarmung. Lange

Zeit – bis der Mount Everest vermessen wurde – galt der Berg wegen seiner gewaltigen Steilwand als höchster der Erde.

Die Bergkuppen um Jiri sind noch dicht bewaldet; aber dies ändert sich wegen des steigenden Bedarfs an Bau- und Feuerholz in dem neuangelegten Basarstädtchen ständig.

Als ich im Jahr 1983 nach 22 Jahren das erstemal wieder nach Jiri kam, war ich verblüfft. Das ehedem so ruhige, ausschließlich auf Landwirtschaft ausgerichtete Tal präsentierte sich nun als Verwaltungs- und Handelszentrum. Große Gebäudekomplexe standen jetzt dort, wo einst Bauern die Felder bestellten: ein forstwirtschaftliches Institut, eine höhere Schule, ein städtischer Basar mit Läden und hohen Stadthäusern. Zwar dürfte vor allem die von der Schweizer Entwicklungshilfe angelegte neue Straße zur Störung der landschaftlichen Harmonie im Jiri-Tal beigetragen haben, doch muß man andererseits die wirtschaftlichen Fortschritte erkennen, die mit ihrer Hilfe erzielt wurden. Von der Schweizer Büffelfarm, deren Gebäude immer noch im Talgrund stehen, waren ursprünglich die Schweizer Käser ausgezogen, um in Thodung und am Pike-Berg die ersten Käsereien für Yak-Käse zu errichten. Inzwischen sind die Käsereien längst in nepalische Hand übergegangen und werden von gut ausgebildeten Sherpa- oder Tamang-Käsern geleitet.

Nur wenige Stunden von Jiri, talauswärts marschierend, erreicht man das alte Städtchen **Those**. Hier wurde einst in primitivem Bergbau und mit einfacher Verhüttung Eisen gewonnen und sofort weiterverarbeitet. Die Kukris, nepalische Haumesser aus Those, waren gefragt, und dreibeinige, mit Öl gespeiste Kugelleuchter gaben formschöne Souvenirs ab. Bergbau und Verhüttung sind inzwischen eingestellt worden, und heute muß man lange suchen, ehe man solche Leuchter findet. Those besitzt zwar immer noch Bedeutung als Handelsplatz für die ländliche Umgebung, doch wird der neue Basar in Jiri ihm wohl bald den Rang ablaufen.

Hinter Those steigt der Weg steil an und führt hinauf zum **Changma-Deorali-Paß**. An langen Mani-Mauern entlanglaufend, betritt man jetzt zum erstenmal reines Sherpa-Siedlungsgebiet. Für die vielen durchziehenden Trekkingtouristen gibt es auf der Paßhöhe einfache Lodgehütten, mit denen sich die Einheimischen einen Zusatzverdienst verschaffen.

Von Changma Deorali führt der Weg bergab in das **Likhu-Tal**, vorbei an den beiden Stupas und der kleinen Gompa des Orts **Bhandar**. Man überquert den Fluß auf einer Hängebrücke und geht flußaufwärts bis zum Basardorf **Kenja**. Hier beginnt der steile Aufstieg über die Gompa von Sete zum Lamjura-Paß. Ein Stück oberhalb des einfachen Sherpa-Tempels in Sete erreicht man ausgedehnte Tannen- und Rhododendronwälder, die im oberen Teil einem bizarren Krummholzwald aus Rhododendren Platz machen. Von April bis Mai sind diese Bäume mit Kaskaden von weißen und violetten Blüten überzogen. Im Oktober dagegen sind die Wiesenflächen am Wegrand übersät mit tausenden von blauen Trompetenenzianen. Auf dem 3550 Meter hohen **Lamjura-Banyang-Paß** bläst meist ein kalter Wind um die großen, mit Gebetsfahnen behangenen Votivsteinhaufen. Man blickt in eine weite Waldlandschaft mit abgerundeten Bergrücken und dicht bewaldeten Hängen. Beim Abstieg erreicht man **Junbesi** mit seinem weißen Stupa am Ortseingang und den beiden Zwillings-Tränenkiefern am nördlichen Ende.

Im Gegensatz zu Jiri habe ich Junbesi bei meinem Nepal-Aufenthalt im Jahr 1983 wenig verändert vorgefunden. Einige Häuser, eine Schule und eine kleine Krankenstation waren dazugekommen, aber sonst sah das Dorf genauso aus wie früher, und die Wälder ringsum schienen sogar eher dichter und kräftiger geworden zu sein. Wir besuchten den Ort zur Zeit des Dassein-Festes, als im dortigen Tempel eine vegetarische Opferfeier, eine unblutige Alternative zum blutigen Fest der Schlachtopfer veranstaltet wurde, an der die gesamte Dorfbevölkerung teilnahm. Am Altar mit der großen Buddha-Statue waren Opfergaben – Getreide, Kartoffeln, Blumen, Früchte und Getränke – aufgebaut. Ein fröhliches Fest mit Rezitationsgebeten, religiöser Musik, lustvollem Verschmausen der Opfergaben und Volkstanz nahm seinen Lauf. Es dauerte bis in die Morgenstunden.

Am nächsten Tag war das neuerbaute Kloster *Thubten Tschöling* in **Mobung** mit seinem hochverehrten Abt Tulshig

Rimpoche unsere nächste Anlaufstation. Dem Großlama aus dem von den Chinesen zerstörten Kloster Rongphuk auf der Nordseite des Mount Everest hatte die Sherpa-Bevölkerung diese Zuflucht in der abgeschiedenen Ruhe eines Waldtales errichtet.

Von Mobung führt der Weg durch eine schöne Bauern- und Waldlandschaft mit Kiefern, Tannen und Rhododendren hinauf zum Weiler **Phungmoche**, in dem der Sherpa-Lama Nawang Jimba einer kürzlich eingerichteten Klosterschule zur Weitergabe alter religiöser Sherpa-Traditionen vorsteht. Wie eine weiße Pyramide ragt über dem Tal der 6960 Meter hohe *Numbur* auf, an dessen Fuß der heilige See **Dhud Kund** liegt. Er ist entweder über das Tal oberhalb Phungmoche, die Tso-kua-Alm und einen 4300 Meter hohen Paß, der in das oberste Dhud-Kund-Tal leitet, oder auf einem Weg, der von Junbesi um den Solu-Berg herum und durch die Streusiedlung Ringmo direkt nach Dhud Kund führt, zu erreichen. Der türkisfarbene Moränensee liegt in rund 4600 Meter Höhe und wird im Sommer von Buddhisten und Hindus aus den tiefer gelegenen Tälern zum rituellen Baden und Opfern aufgesucht. Im glasklaren Wasser liegen kleine Shiva-Dreizacke aus Metall und Münzen – Gaben von frommen Pilgern. Der Weg zurück nach Süden zum Taxindu-Paß und nach Ringmo führt durch ein Almtal mit üppiger Buschvegetation aus Berberitzen, Wacholdern, Zwergrhododendren und -mispeln. Auf dem Bergrücken genießt man in der Nähe einiger Tschörten einen großartigen Ausblick auf das Everest-Massiv mit dem höchsten Berg der Erde. Ab 4000 Meter taucht man wieder in den Tannen-Rhododendron-Wald ein, der erst kurz vor dem **Taxindu-Paß** endet. Von hier führt der Weg hinunter zum Dhud-Koshi-Fluß und dann nach Norden in das Khumbu-Gebiet. Ein wenig unterhalb des Passes steht auf dem ostexponierten Hang die kleine *Taxindu Gompa*, deren Wände mit Buddhas, Bodhisattvas und Dämonengottheiten dicht bemalt sind und auf deren Altar schöne Figuren von Padmasambhava, Avalokiteshvara und buddhistischen Heiligen zu bewundern sind. Man kann auf dem Paß in einer der Lodges übernachten. In der Nähe steht eine von Schweizern gegründete *Käsefarm*, in der man Yak-Käse erhält. Außerdem sind in der Umgebung viele *Apfelplantagen* angelegt worden – im Jahre 1961 gab es im ganzen Solu noch keinen einzigen Apfelbaum.

Von Taxindu aus führt der Weg nach Süden über die sanft geneigten Hänge der Ortschaft **Ringmo** mit ihren weit verstreuten stattlichen Bauernhöfen. Linker Hand liegt, wie ein Greifvogelhorst, auf einem Bergvorsprung die *Gompa von Tschiwong*. Schließlich erreicht man den Basarort **Phaphlu** mit einem Wochenmarkt und einer Landepiste für kleine Flugzeuge. Zwischen Ringmo, Phaphlu und dem Distriktzentrum **Salleri** stehen mit bis zu vier Stockwerken die größten Sherpa-Häuser in dieser Region. Sie bezeugen den Wohlstand ihrer Bewohner, von denen einige inzwischen herausragende Positionen in der nepalischen Politik und Regierung bekleiden.

Auf der Westseite des Solu-Kola-Flusses führt ein Weg hoch oben am Hang in das Loding-Tal und erreicht schließlich Loding, das letzte Dorf vor dem Aussichtsberg Pike. Man muß vom Dorf einen kleinen Paß in 3500 Meter Höhe ersteigen, dann an der Nord- und Nordwestflanke einen Wald mit knorrigen Stämmen queren, bis man auf einer Waldalm das Lager aufschlagen kann. Zwischen vier und fünf Uhr morgens sollte man dann das Camp verlassen und bergauf durch die Rhododendron-Krummholzzone wandern, in der im Frühjahr die bunt schillernden Glanzfasanen ihren lauten Balztanz hören lassen. Nach etwa eineinhalb Stunden ist der kahle Gipfel des 4070 Meter hohen **Pike** erreicht, von dem man bei klarem Wetter im Osten – vornehmlich von Februar bis April und von Mitte Oktober bis Dezember – hinter dem Kangchendzönga-Massiv einen wundervollen Sonnenaufgang erleben kann. Mit einer Drehung des Kopfes lassen sich sieben der neun Achttausender Nepals auf einen Blick erfassen: angefangen vom *Kangchendzönga* im Osten über *Makalu*, *Mount Everest*, *Lhotse*, *Shishapangma*, *Manaslu* bis zur *Annapurna* fern im Westen. Dazwischen kann ein Ortskundiger im Meer der Sechs- und Siebentausender so markante Bergformationen wie die *Amadablam*, den *Gaurishankar* oder weiter westlich den *Himalchuli* ausmachen. Die Gletscherberge *Numbur* und

Kariolung, an deren Fuß der Dhud-Kund-See liegt, treten etwas näher hervor und verdecken den achten Achttausender, den *Cho Oyu*. Reich angefüllt mit Eindrücken und von der Morgensonne angenehm durchwärmt, steigt man wieder zum Camp hinab und folgt dem Weg an der Westflanke abwärts über Ngaor und **Goli Gyapso** in das Likhu-Tal. In **Ngaor** gibt es mitten im Tannenwald eine weitere Schweizer *Käserei*, in deren Regalen große Käseräder auf den Abtransport warten. Weiter unten gehen die Weißtannenbestände in einen Wald aus Hemlocktannen und Eichen über, auf den schließlich offenes Gelände mit Ackerflächen und behäbigen Sherpa-Anwesen folgt. Vielleicht wird man in eines der stattlichen Häuser eingeladen, kann am offenen Feuer mit dem Hausherrn plaudern und den Frauen zusehen, wie sie dampfenden Buttertee in einem mit Messing beschlagenen Holzrohr mischen.

Auch von Goli Gyapso öffnet sich ein eindrucksvoller Blick nach Norden auf die Eisberge, nach Osten auf die Waldhänge des Pike und nach Süden über Terrassenhänge und bewaldete Bergrücken bis an den Rand der nordindischen Ebene, die man im fernen Dunst nur ahnen kann.

Über den steilen Pfad zur **Likhu Kola** hinunter verläßt man dann bald das Siedlungsgebiet der Sherpas und stößt in tieferen, subtropischen Regionen auf stattliche Chetri-Gehöfte mit Gärten und Terrassenfeldern. An einer Hängebrücke kommt man wieder auf den Weg ins Khumbu-Tal und trifft nach Tagen einsamen Wanderns erstmals wieder zahlreiche Rucksacktouristen. Über **Bhandar**, **Changma Deorali** und **Those** geht es zurück nach **Jiri**, von wo Busse oder Lastwagen über kurvenreiche Bergstraßen nach Kathmandu fahren.

*Ins Khumbu,
zum höchsten Berg der Erde*

Das Khumbu-Gebiet mit dem Mount Everest, der auf tibetisch Chomolongma und in Nepal Sagarmatha genannt wird, ist das spektakulärste Wander- und Bergsteigergebiet der Erde. Auf engstem Raum stehen hier drei Achttausender, darunter der **Mount Everest**, der mit 8848 Meter der höchste ist. Die beiden anderen sind der **Lhotse** mit 8501 Meter und ein wenig weiter westlich der **Cho Oyu** mit 8153 Meter. Selbst der **Nuptse** ist mit 7879 Meter noch ein Riese und wirkt mit seiner fast dreitausend Meter hohen Südwand wie eine gewaltige Mauer. Auf der Südseite dieses mächtigen Bergmassivs öffnen sich Täler, die alle nach Süden entwässern und in denen die tibet-stämmigen Sherpas ein hochgelegenes, relativ abgeschlossenes Siedlungsgebiet gefunden haben. Neben dem Hauptort Nam-che Basar gibt es hier noch zahlreiche Dörfer, Saisondörfer und Almen. Man nennt die Landschaft, die den oberen Dhud Koshi und seine von den großen Gletschern herunterkommen-den Nebenflüsse umfaßt, das Khumbu. Zusammen mit den Sherpa-Landschaften Pharak und Solu heißt das Hauptsied-lungsgebiet der Sherpas auch Solu Khumbu. Das eigentliche Khumbu wurde 1976 zum Nationalpark erklärt und erhielt damals den Namen **Sagarmatha-Nationalpark**. Drei Jahre spä-ter wurde der Park von der UNESCO zum Welt-Kulturerbe (World Heritage) erhoben.

Bei Jorsale unterhalb Namche Basar entrichtet man die Eintrittsgebühr für den Park und erhält eine Liste von Verhal-tensregeln für den Aufenthalt in diesem Gebiet, etwa die kein Holz zu schlagen oder zu verbrennen, mit Gas oder Kerosin zu kochen und keinen Abfall zu hinterlassen. Man will mit diesen Maßnahmen in der touristisch besonders stark belaste-ten Region der Abholzung vorbeugen und die Erholung der Pflanzen- und Tierwelt fördern.

Das Khumbu-Gebiet erreicht man entweder von Jiri aus über Solu und den Dhud-Koshi-Fluß aufwärts, oder man fliegt bis Lukla und geht von hier zu Fuß weiter nordwärts. Beide Routen treffen sich in der Ortschaft **Chaunrikharka** und folgen nun über **Ghat**, **Phakdingma** und **Monjo** dem Weg nach Namche Basar. Hinter **Jorsale**, der Eingangspforte zum Nationalpark, geht es dort, wo sich die Flüsse Imja Drangka und Nangpa Tsangpo vereinen, steil bergauf. Nach etwa 150 Höhenmetern öffnet sich zum ersten Mal die Aussicht auf das Everest-Massiv mit der Nuptse-Lhotse-Bergmauer und dem Gipfel des ›Königs der Berge‹ dahinter. Ein breiter Pfad führt dann hoch am Hang und etwas weniger steil durch ein Ge-

Oft müssen die nepalischen Piloten winzige Landepisten in schwierigem Gelände anfliegen.

strüpp von Kiefern, Rhododendren und Wacholder nach **Namche Basar** (3440 Meter). Dieses Städtchen, früher wichtigster Umschlagplatz für den Tibethandel über den 5716 Meter hohen Paß Nangpa ist heute sowohl touristischer als auch wirtschaftlicher Mittelpunkt und Verwaltungszentrum der Region. In den typischen Sherpa-Häusern sind Läden, Restaurants und Hotels eingerichtet worden; auch die Nationalparkverwaltung hat hier ihren Sitz. Auf einem Hügel östlich des Zentrums gibt es ein kleines *Nationalparkmuseum*. Seit einigen Jahren sorgt ein einfaches Wasserkraftwerk für elektrischen Strom. Jeden Samstag wird am unteren Ortseingang ein farbenprächtiger *Wochenmarkt* abgehalten, auf dem die Bauern der tieferen Bergregionen Reis, Mais, Gemüse, Obst, Eier und Fleisch feilbieten, auf dem es aber auch Gebrauchsgegenstände, Kleidung und Souvenirs zu kaufen gibt.

Wer im Khumbu wandern will, kann zwischen vielen Touren und Zielen auswählen und wochenlang in den Hochtälern herumstreifen. Wer überdies einen Khumbu-Sherpa als Begleiter oder Träger anwirbt, kommt vielleicht in den Genuß der sprichwörtlichen Gastfreundschaft dieses Volkes und wird in den Familienkreis seines Begleiters eingeführt. Die Wanderungen selbst in Höhen von 3500 bis über 4000 Meter sollte man mit langsamem Gehrhythmus und der nötigen Gelassenheit angehen.

Von Namche Basar nach Nordwesten führt ein Weg das Tal des **Nangpa Tsangpo** aufwärts durch die Ortschaften **Thamo** und **Thomde** nach **Thami** (3800 Meter). Nördlich des Ortes beginnt das für Trekker unzugängliche Sperrgebiet, das sich bis zum **Nangpa La** hinaufzieht. Westlich liegt am Fuß eines Felsabsturzes das sehenswerte *Kloster Thami*, in dem während des Vollmonds im Mai Maskentänze veranstaltet werden. Hoch über dem Dorf und seiner Gompa erheben sich die Eisgipfel des *Tengi Ragi Tau* (6940 Meter) und des *Bigpherago Shar* (6930 Meter); zwischen ihnen führt der schwierige und nicht ungefährliche **Tashi-Labtsa-Paß** über eine Höhe von 5755 Meter nach Westen in das Rolwaling-Tal hinüber. Weil sich dort oben eine Reihe von tödlichen Bergunfällen ereignet hat, ist dieser Paßübergang inzwischen für Touristen gesperrt.

Eine weitere Tour, deren Ziel die Gokyo-Alm ist, führt zunächst von Namche Basar zu den beiden unmittelbar benachbarten Dörfern Khumjung und Kunde und zu einem Platz, ›Shyangpoche‹ geheißen, von dem sich ein überwältigender Blick auf die Eisbalkone der *Amadablam* (6856 Meter) sowie das *Everest-Massiv* bietet. Hier hat man eine Landepiste für einmotorige ›Pilatus Porter‹-Flugzeuge angelegt. Ein Stück weiter oben steht das luxuriöse **Everest View Hotel**, dessen Betrieb sich allerdings wegen der hohen Preise kaum lohnt. **Khumjung** und **Kunde** liegen in einer rund 3800 Meter hohen, ebenen Senke, überragt vom 5761 Meter hohen *Khumbu Yüllha*, dem heiligen Berg der Sherpas und zugleich ihre steingewordene Schutzgottheit. Aus Khumjung und Kunde stammen viele der berühmten Expeditionssherpas. Hier hat Sir Edmund Hillary, zusammen mit dem Sherpa Tensing Norkay Erstbesteiger des Mount Everest, ein großzü-

Sir Edmund Hillary
und Sherpa Tensing Norkay,
die Erstbesteiger des Mount Everest.

giges Dorfentwicklungsprogramm ins Leben gerufen, das zur Einrichtung einer gut funktionierenden Wasserversorgung, einer ausgezeichneten Schule in Khumjung und einem mit neuseeländischer Hilfe betriebenen Krankenhaus in Kunde, dem nach ihm benannten ›Hillary Hospital‹, führte. In der Gompa von Khumjung wird ein angeblicher *Yeti-Skalp* aufbewahrt.

Man geht nun weiter bis zur großen Ortschaft Phortse und am vom Ngozumba-Gletscher herunterfließenden Bach entlang aufwärts. Über das Almgelände der Sommersiedlungen Tongba, Luza, Machherma und Pangka wandert man dann bis zum westlichen Rand des Ngozumba-Gletschers und erreicht nach einem kleinen See in 4650 Meter Höhe einen zweiten, der um hundert Meter höher liegt und an seinem Norufer die **Gokyo-Alm** einen guten Lagerplatz bereithält. Im Norden steht über dem Talschluß der mächtige Achttausender Cho Oyu (8153 Meter). Man kann nun von der Alm aus den 5483 Meter hohen **Gokyo Peak** besteigen, einen Aussichtsberg erster Güte. Das Panorama reicht vom Cho Oyu und Gyachu Kang im Norden über die Siebentausender Pumori, Mount Everest, Nuptse und Lhotse bis zum Makalu im Osten; im Süden liegen die Sechstausender Kangtaiga, Tramserku und Amadablam zum Greifen nahe. Der Rückweg erfolgt auf demselben Pfad wie der Anmarsch oder auf der gegenüberliegenden Talseite über Na, Thare und Konar bis nach Phortse.

Der letzte Trekkingausflug im Khumbu führt von Khumjung aus geradewegs auf das Chomolongma-Massiv zu. Man steigt zunächst zum Imja-Fluß ab und dann weit hinauf zum *Kloster Thengpoche*, dessen Lage vor der Kulisse von Kangtaiga und Amadablam bis zu den Eismauern der Everest-Gruppe überwältigend ist. Es gibt wohl kaum eine religiöse Stätte auf Erden, die in ähnlich traumhafter Landschaft wie dieses Kloster liegt. **Thengpoche** wurde 1923 von dem berühmten Gulu Lama aus Khumjung gegründet. Es stand immer in enger Beziehung zum tibetischen Kloster Rongphuk auf der Nordseite des Mount Everest, bis diese Verbindung mit der Zerstörung der tibetischen Klosteranlage durch die Chinesen vor

Hütten auf einer Yak-Alm im Sherpa-Land.

rund 25 Jahren abriß. Zwei harte Schicksalsschläge trafen das Hauptkloster der Sherpas: das heftige Erdbeben im Jahre 1933 und ein Brand im Januar 1989. Beide Unfälle wurden indessen durch gelungenen Wiederaufbau wettgemacht. Gegenwärtig wird, finanziell von Bergsteigerorganisationen unterstützt, die Wiederherstellung des Sherpa-Kulturzentrums geplant.

Man geht nun vom Thengpoche-Kloster hinunter zum Nonnenkloster *Debuche* und weiter über den Imja-Fluß in das fast 4000 Meter hoch gelegene Dorf **Pangpoche**. In der Dorfgompa werden ein Skalp und ein Handskelett aufbewahrt, die angeblich von einem Yeti stammen sollen. Der Tempel ist der älteste im Khumbu, er wurde vermutlich vor dreihundert Jahren von Lama Sange Dorje aus Rongphuk errichtet. Über dem Dorf kann man zwischen Zwergbüschen von Rhododendren, Berberitzen, Wacholdern und Rosen hindurch zur Taboche-Alm aufsteigen und von hier noch auf einen 5503 Meter hohen Aussichtsgipfel klettern. Besonders schöne Einblicke in die Wände des Nuptse und Lhotse belohnen die Aufstiegsmühe. Der Weg talaufwärts führt von Pangpoche weiter über Bergwiesen zur 4240 Meter hoch gelegenen **Pheriche-Alm**, die sich inzwischen zu einem Touristenzentrum mit einfachen Unterkünften und einer Erste-Hilfe-Station für Trekker und Bergsteiger entwickelt hat. Von hier wendet man sich in das Khumbu-Tal nach links, streift die Almen Dusa, Phalang, Karpo und Duglha und erreicht schließlich mit **Lobuche** in 4930 Meter Höhe die letzten Almhütten im Khumbu-Tal und damit die unterste Zunge des Khumbu-Gletschers. Über den Almboden **Gorakshep**, auf dem ein kleiner, meist zugefrorener See liegt, kann man den Gipfel des **Kala Pattar** (5545 Meter) direkt unterhalb des Siebentausenders Pumori besteigen und eine grandiose Aussicht auf den Khumbu-Gletscher und die Südwestwand des Mount Everest genießen. Wem genügend Zeit bleibt, der sollte auf dem Rückweg von Pheriche zum großen Sommerdorf Dingboche hinübergehen, um noch einen Abstecher in das landschaftlich eindrucksvolle Hochtal der oberen **Imja Kola** und zur 4730 Meter hoch gelegenen **Chukhung-Alm** zu unternehmen. Die Szenerie der eisgepanzerten Gipfel ringsum ist atemberaubend. Man steht nun unmittelbar unter den himmelstürmenden Südwänden von Nuptse und Lhotse. Alles vom Menschen Geschaffene – Almhütten, Steinmauern und Zelte – erscheint winzig. Von hier nimmt die Besteigung des 5546 Meter hohen **Chukhung Ri** oder die nicht allzu schwere Eistour auf den 6189 Meter hohen **Island Peak**, neuerdings **Imja Tse** genannt, ihren Anfang. Der Rückweg zieht sich dann wieder talauswärts das Imja-Drangka-Tal hinab und führt über Dingboche, Pangpoche, das Kloster Thengpoche und Khumjung nach Namche Basar. Ab hier steigt man erneut zum Dhud Koshi hinunter und kann bei gutem Wetter und nicht allzu großem Touristenandrang von Lukla nach Kathmandu zurückfliegen. Dasselbe Ziel erreicht man auch zu Fuß auf der weiten, aber abwechslungsreichen Strecke durch das Solu-Gebiet bis nach Jiri.

Yaks werden auch für Handelsfahrten
über die hohen Pässe gebraucht.

Nepal
auf einen Blick

314   Reisehinweise von A bis Z
336   Daten zur Geschichte
338   Kleine Sprachhilfe
340   Glossar
345   Literaturverzeichnis
349   Götter- und Personenregister
353   Orts- und Sachregister
364   Abbildungsnachweis

Karten

Übersichtskarten Nepal:
Vordere und rückwärtige Einband-Innenseiten

Übersichtskarten Kathmandu-Tal   12 f.
Trekkingtouren-Karten   258 f., 272 f., 290, 296

Stadtpläne	Palastbezirke	Tempelbezirke
Kathmandu 168	Kathmandu 170 f.	Swayambunath 208
Patan 182	Patan 183	Changu Narayan 221
Bhaktapur 194	Bhaktapur 197	

Ein Rikschafahrer im Basar von Kathmandu

Ärztliche Behandlung

Im Kathmandu-Tal moderne Ärzte und Krankenhäuser. Ayurvedische Medizin (altindische Medizin mit Schwerpunkt auf pflanzlichen Arzneien) steht hoch im Kurs.

Ärztliche Behandlung **außerhalb des Kathmandu-Tals** nur in Pokhara und den großen Städten des Terai einigermaßen befriedigend. Viele Gesundheitsposten (Sanitätsstationen) für die einheimische Bevölkerung im Bergland. Naturheiler und Schamanen haben großen Zulauf (S. 59 f.).

Krankenhäuser: Bir Hospital (Kanti Path, Kathmandu) – Patan Hospital – Shining Hospital (Pokhara) – Jiri Hospital der Schweizer Entwicklungshilfe (SATA) – Baglung Hospital (Zentralnepal) – Hillary-Hospitäler in Phaphlu (Solu) und Kunde (Khumbu) – Pheriche Trekkers Aid Post (Khumbu, Erste-Hilfe-Station für Trekker und Bergsteiger). (→ medizinische Vorsorge)

Anreise

Heute aus Europa **ausschließlich per Flugzeug**: entweder über Delhi mit Umsteigen nach Kathmandu oder mit Direktflug Frankfurt–Kathmandu und München–Kathmandu (Charterflug).

Weitere Anreise von Delhi auch mit Bahn bis zur Grenzstation Raxaul und mit Bus oder Auto auf der Tribhuwan-Rajpath-Straße über Birganj–Hetauda nach Kathmandu möglich (schlechte Straße, aber herrliche Ausblicke). Weitere *Grenzübergänge im Westen*: Nanpara (Indien)–Nepalganj (Nepal), *in Zentralnepal*: Sunauli–Bhairawa, dann Bhutwal–Pokhara–Kathmandu (schnellste Straßenverbindung zur Hauptstadt), *im Osten*: Jogbani–Biratnagar.

Vor der Krise im Mittleren Osten Anfahrtmöglichkeit mit dem **Auto** über Türkei, Iran, Afghanistan und Indien.

Für die Einreise sind gültiger *Reisepaß* (mindestens drei Monate) und nepalisches *Touristenvisum* (Gültigkeit 30 Tage) notwendig, erhältlich bei den Konsulaten in München, Stuttgart und Frankfurt oder der nepalischen Botschaft in Bonn; Verlängerung auf drei Monate möglich, aber teuer. Sieben-Tage-Visum bei Einreise am Flughafen Kathmandu erhältlich, kann durch das Central Immigration Office an der Tri Devi Marg in Thamel, Kathmandu (täglich 10–16 Uhr, außer Samstag und Feiertag) verlängert werden. Rückflug rechtzeitig bestätigen lassen. Bei Ausreise Flughafengebühr.

Auskunft

Noch gibt es kein nepalisches Fremdenverkehrsbüro in Deutschland.
Auskünfte kann man bei **Reiseunternehmen** mit Schwerpunkt Nepal, der **Königlich-Nepalischen Botschaft** in Bonn und den **Königlich-Nepalischen Konsulaten** in München, Stuttgart und Frankfurt am Main einholen (→ Botschaften).
Die vier **Partnerschafts-Gesellschaften** in Deutschland und der Schweiz informieren ihre Mitglieder mit eigenen Mitteilungsschriften: *Deutsch-Nepalische Gesellschaft e. V.* (Asia-Pacific-Center, Kaiser-Wilhelm-Ring 20, 5000 Köln 1, Tel. 02 21/1 60 21 46) mit Nepal-Information; *Deutsch-Nepalische Hilfsgemeinschaft e. V.* (Handwerkstr. 5-7, 7000 Stuttgart 80, Tel. 07 11/7 86 46 17) mit Nepal-Notizen; *Freunde Nepals e. V.* (Siegfriedstr. 6/1, 8000 München 40, Tel. 0 89/33 21 11) mit drei Rundbriefen pro Jahr; *Freundeskreis Nepal/Association Suisse-Népal* (Ursulaweg 4, 8404 Winterthur, Schweiz) mit Namaskar-Mitteilungsbulletin.
In Nepal informieren das **Tourist Information Center** (Ganga Path, Kathmandu) und die kostenlose *Monatszeitschrift Nepal Traveller* (liegt in vielen Hotels und am internationalen Flughafen auf).

Ausrüstung

Wegen der großen Temperaturunterschiede sowohl leichte als auch warme Kleidung, selbst im Sommer Pullover mitnehmen.
Beim *Trekking* Bergkleidung erforderlich, vor allem feste Wanderschuhe (Leichtbergschuhe), Pullover, Anorak, Sonnenhut; in größeren Höhen und im Winter Daunenjacke oder Faserpelz; warmer Schlafsack. Für die Besteigung höherer Berge ist Ausrüstung mit Seil, Pickel und Steigeisen notwendig. Gebrauchte Trekking- und Bergsteigerausrüstung ist in Kathmandu im Stadtteil Thamel erhältlich.
Schirme als Schutz gegen Regen (Monsun) und Sonne können preiswert in Kathmandu gekauft werden. Ausreichend Filme, eventuell Videokamera und Fernglas mitnehmen.

Autofahren

Als Fahrzeuge stehen Busse oder Taxis (beachte: Taxameter einschalten), auf Bergstraßen Jeeps zur Verfügung; einen Autoverleih gibt es nicht.
Trolleybus-Verbindung Kathmandu−Bhaktapur. In Nepal herrscht Linksverkehr. Nur wenige Straßen: Ost-West-Verbindung im Terai vor den Bergen, Indien−Kathmandu über Birganj−Hetauda oder Bhairawa−Pokhara−Mugling, Straßenverbindung von Kathmandu zum Chitwan-Nationalpark über Mugling−Narayanghat; Aniko-Highway (sogenannte Chinesenstraße) von Kathmandu nach Lhasa in Tibet; Stichstraßen Nepalganj−Surkhet, Kathmandu−Trisuli Basar, Kathmandu−Jiri und Biratnagar−Dharan−Dhankuta.

*Goldene Gajura-Türmchen
bekrönen die Pagodendächer.*

In Kathmandu Großstadtverkehr
mit Rush-hour und Ampeln.
Selbstfahrer benötigen internationalen Führerschein. KFZ-Versi-
cherung gibt es nicht.
Wichtig: keine Kühe anfahren, da
hohe Strafen bei Verkehrsunfällen
mit diesen heiligen Tieren.

Banken

Nepal ist dem internationalen
Zahlungsverkehr angeschlossen.
Filialen der größten Banken – Nepal Bank und Nepal Rastra Bank –
an der New Road in Kathmandu.
Öffnungszeiten, mit Ausnahme
von Samstagen und Feiertagen,
am Vormittag. Außer in den
Wechselstuben der großen Banken kann man in den mittleren
und großen Hotels tauschen.
(→ Geld)

Baudenkmäler

KATHMANDU (S. 166-179)
Durbar-Platz mit Königspalast,
Pagoden – vor allem Taleju-Tempel –, Götter- und Königsfiguren,
Kumari-Haus; Kasthamandapa;
buddhistische Bahals mit Tempeln; Akashu-Bhairava-Tempel
am Indra Chowk; Annapurna-
Pagode am Asantol; Singa-Dur-
bar.

PATAN (S. 179-193)
Durbar-Platz mit Königspalast
(vor allem Manikeshar Chowk
und königliche Brunnenanlage),
Tempeln im Pagoden- und Shi-
khara-Stil (Bala-Gopala-Krishna-
Mandir), Götter- und Herrscher-
figuren; fünfstufige Kumbeshvar-
Pagode; Kwa Bahal (Goldener
Tempel); Mahabodhi-Tempel
(Terrakotta-Stupa); Matchhen-
dranath-Pagode.

BHAKTAPUR (S. 195-207)
Durbar-Platz mit Bhupatindra-
Malla-Säule, Goldenem Tor, Pa-
last der 55 Fenster, vielen Pagoden

und Shikhara-Tempeln; auf dem Taumadhitol fünfstufige Nyata- pola-Pagode und großer Bhaira- va-Tempel; am zentralen Tacha- paltol der Oberstadt Bhimsen- und Dattatraya-Tempel sowie Pujari Math; im Stadtteil Tekha- cho dreistufige Matchhendra- nath-Pagode.

KIRTIPUR (S. 226–228)
Dreigeschossiger Bhagbhairava- Tempel im Stadtzentrum; Kva- thalayaku-Pagode; Chilanchu- Vihara.

IM KATHMANDU-TAL
(S. 209–252)
Stupas von *Swayambunath, Chaba- hil* und *Bodnath*; *Pashupatinath* mit Shiva-Pagode, Steinfiguren und vielen Lingams; *Changu Narayan*

Darstellung Shivas und Parvatis am Palasttympanon in Patan.

Folkloristische Wandmalerei an einem Haus in Kirtipur.

mit Zweistufen-Pagode und al- ten, steinernen Vishnu-Figuren; Karunamaya-Shikhara-Mandir in *Bungamati*; Vajravarahi-Heilig- tum bei *Chapagaon*; viergeschos- sige Harisiddhi-Pagode im gleich- namigen Dorf; dreistufige Balku- mari-Pagode in *Thimi*; Shiva- Tempel in *Gokarneshwar*; Vajra- yogini-Heiligtum mit Dreistufen- Pagode bei *Sankhu*; Chandeshva- ri-Tempelanlage bei *Banepa*; vier- stufige Bhagvati-Pagode im Dorf *Nala*; Städtchen *Panauti* mit den Dreistufen-Pagoden Indreshvara- Mahadeva-, Krishna- und Brah- mayani-Mandir.
Achtung: Manche Tempel und Paläste sind für Nichthindus und Touristen nicht zugänglich.

Im Zentrum des Himalaya: Mount Everest (links) und Lhotse (rechts).

Bergsteigen

Gipfel über 6000 Meter sind geneh-migungs- und gebührenpflichtig, höchste Berge auf Jahre hinaus ausgebucht (Wartelisten). Als Be-gleiter sind Verbindungsoffizier (Liaisons Officer), Sirdar (Leiter der einheimischen Begleitmann-schaft), Hochträger (Sherpas) und Köche obligatorisch; sie müssen ausgerüstet und versichert wer-den. Einige Gipfel sind als Trek-kingberge freigegeben.

Erstbesteigungen der nepalischen Achttausender

Mount Everest (8848 m) durch Sir Edmund Hillary und Sherpa Ten-sing Norkay am 29.5.1953 (briti-sche Expedition, Leiter J. Hunt). Der Mount Everest wurde 1978 von Reinhold Messner und Peter Habeler zum erstenmal ohne Sauerstoff und 1980 ebenfalls von R. Messner im Alleingang (Nord-seite) bestiegen.

Kangchendzönga (8586 m) durch
G. Band, J. Brown, N. Hardie und
T. Streather am 25. und 26. 5. 1955
(britische Expedition, Leiter
C. Evans);

Lhotse (8501 m) durch E. Reiss
und F. Luchsinger am 18. 5. 1956
(Schweizer Expedition, Leiter
A. Eggler);

Makalu (8475 m) durch neun
Bergsteiger am 15., 16. und
17. 5. 1955 (französische Expedition, Leiter J. Franco);

Dhaulagiri (8167 m) durch A.
Schelbert, E. Forrer, K. Diember-
ger, P. Diener, Nyima Dorji und
Nawang Dorji am 13. 5. 1960
(Schweizer Expedition, Leiter
M. Eiselin);

Manaslu (8156 m) durch T. Ima-
nishi, Gyaltsen Sherpa, K. Kato
und M. Higeta am 9. und
11. 5. 1956 (japanische Expedition,
Leiter Y. Maki);

Cho Oyu (8153 m) durch H. Tichy, S. Jöchler und Pasang Dawa
Lama am 19. 10. 1954 (österreichi-
sche Expedition, Leiter H. Tichy);

Annapurna I (8091 m) durch
M. Herzog und L. Lachenal am
3. 6. 1950 (französische Expedition, Leiter M. Herzog);

Der *Shisha Pangma* (8016 m) liegt
unweit der nepalischen Grenze
vollständig in Tibet und wurde
1964 von einer chinesischen Expedition zum erstenmal bestiegen.

Die Gipfel der *heiligen Berge Gaurishankar* (7145 m) und *Mahtsapuchare* (6999 m) dürfen von Bergsteigern nicht betreten werden.
(Bergsteigerausrüstung
→ Ausrüstung, Einkaufen)

Botschaften

In Deutschland: *Königlich Nepalische Botschaft*, Im Hag 15, 5300
Bonn 2-Bad Godesberg, Tel.
02 28/34 30 97; *Königlich Nepalische Konsulate* in *München* (Lands-
berger Straße 191, 8000 München
21, Tel. o 89/5 70 44 06), *Stuttgart*
(Handwerkstr. 5-7, 7000 Stuttgart
80, Tel. 07 11/7 86 46 14), *Frankfurt*
(Flinschstr. 63, 6000 Frankfurt/
Main 60, Tel. o 69/4 08 71).
In der Schweiz (Junkerngasse 31,
CH-3011 Bern, Tel. 31/22 71 88)
und *in Österreich* (Krapfenwald-
gasse 11, A-1190 Wien,
Tel. 1/32 11 05).
In Nepal: Botschaften der Bun-
desrepublik Deutschland (Kanti
Path, Kathmandu, Tel. 1 17 30,
1 17 63), Großbritanniens (Lain-
chaur, Kathmandu, Tel. 1 10 81),
Indiens (Lainchaur, Kathmandu,
Tel. 1 13 00), der Sowjetunion
(Maharajgunj, Kathmandu, Tel.
1 12 55) und der Volksrepublik
China (Maharajgunj, Kath-
mandu, Tel. 1 12 89).
Die Schweiz und Österreich wer-
den von ihren Botschaften in New
Delhi vertreten.

Drogen

In den siebziger Jahren war Nepal
ein Eldorado für Hippies und Aussteiger, vor allem wegen der Toleranz der Nepalesen und der gün-
stigen Lebenshaltungskosten. Leider mißbrauchten manche dieser
›Aussteiger-Touristen‹ die Gastfreundschaft, sie waren auch wesentlich am Import des Drogen-
problems beteiligt. Deshalb wur-

den strengere Vorschriften zum Geldmittel-Nachweis und zur Visumverlängerung erlassen; außerdem wurden der Besitz, Handel und Export von Drogen offiziell verboten.
Im Zuge dieser Verschärfungen zog es die Hippies immer mehr nach Indien; in Nepal gibt es nur noch wenige Aussteiger.

Einkaufen

Kathmandu-Tal: Einkaufsparadies für Touristen. Angeboten werden vor allem *handwerkliche Kunst* wie Bronze- und Weißgußarbeiten (Statuen, Chaityas, Gebetsglocken, Vajras, Gebetszylinder), Holzschnitzereien (Figuren, kleine Modelle von Fenstern, Türstöcken, Stützbalken), Thanka-Malereien, Schmuck, Webereien (Decken, Jacken, Taschen, Schals aus feinster Wolle, Baumwollsaris, Bettdecken mit

Handgeschöpftes Nepal-Papier ist ein begehrtes Souvenir.

Die Holzschnitzkunst hat sich in Nepal bis heute erhalten.

Handdrucken), tibetische Teppiche, Göttermasken aus Papiermaché, Marionetten von Hindugöttern (in Bhaktapur), Holzdrucke auf handgeschöpftem ›Nepali-Papier‹, Tonwaren. Ausführung sehr unterschiedlich, daher beim Kauf sorgfältige Qualitätsprüfung vornehmen.
Weitere nepalische *Souvenir-Spezialitäten*: Khukri (gebogenes Haumesser), schwarze und bunte Topi-Kappen (Kopfbedeckung der Männer), Tee und Gewürze.
Besonderer Tip: spottbillige aus Bambus geflochtene Körbe und Tabletts.
Handeln wird erwartet; feste Preise nur in offiziellen Regierungsläden. Gute *Buchhandlungen*

mit umfangreicher Literatur über Nepal, Indien und die übrigen Himalaya-Länder. Gebrauchte *Trekking- und Bergsteigerausrüstung* im Stadtteil Thamel in Kathmandu (Angebot von Sherpas und Sirdars aus Bergexpeditionen). *Beste Einkaufsmöglichkeiten*: in Kathmandu um den Durbar-Platz, in der Basar-Straße, New Road, Sukra Path, Durbar Marg, Thamel; in Patan um den Durbar-Platz; in Bhaktapur vom Durbar-Platz bis Taumadhitol; in Thimi und um den Stupa von Bodnath.

Warnung: keine Antiquitäten kaufen, da Ausfuhrverbot für Gegenstände, die älter als 100 Jahre sind (strenge Zollkontrollen bei der Ausreise). Im Zweifelsfall beim Archaeological Department (am Ram Shah Path) eine Bestätigung holen. Die internationale Artenschutzgesetzgebung verbietet den Kauf von Elfenbeinprodukten und Pelzen gefährdeter Tiere (Listen beim → Zoll).

Essen und Trinken

Vorweg eine Warnung: rohes Obst und rohen Salat meiden, kein ungekochtes Wasser trinken; Gefahr von Durchfällen.
Alle großen und mittleren Hotels kochen überwiegend europäisch bzw. international. In Kathmandu findet man viele – meist sehr preiswerte – Restaurants mit internationaler, indischer, chinesischer und tibetischer Küche, vor allem an der Durbar Marg, im Stadtteil Thamel (beliebter Treffpunkt:

Restaurant Aagan im Dachgeschoß des Einkaufszentrums Fanchay-Kosh-Building) und südlich des alten Königspalasts.
Neben dem Hauptgetränk Tee gibt es Coca-Cola, Mineralwasser, Limonade und in Nepal gebrautes Bier (Star-Bier).
Nepalesen essen traditionell zweimal am Tag: morgens vor der Arbeit und abends nach Sonnenuntergang. Gegessen wird mit der rechten Hand, die linke gilt als unrein.
Grundnahrung ist *Dhal Bhat* (Reis mit Linsensoße), dazu vielerlei Gemüse, *Chapati* (Mehlfladen), Hühner-, Ziegen-, Schaf- und Büffelfleisch. Rindfleisch ist für Hindus verboten! Alles wird scharf mit Chili und Curry ge-

Bei der Reisernte werden die Körner aus den trockenen Ähren geschüttelt.

würzt. Hauptgetränk zur Mahlzeit ist Wasser. Außerdem trinkt man *Tschang* (Most aus vergorenem Reis, Mais, Gerste oder Hirse) und *Rakschi* (Schnaps aus Weizen, Gerste oder Reis). Tibetische Spezialitäten: *Thukba* (Gemüsesuppe mit Fleisch), *Mongmo* (mit Fleisch oder Gemüse gefüllte Teigtaschen), *Tsampa* (geröstetes Gersten- oder Weizenmehl), gesalzener *Buttertee*.

Fahrradfahren

Das Fahrrad ist eine ideale Alternative zu teuren Taxis und überfüllten Bussen.
Alle Exkursionsziele im Kathmandu-Tal können damit erreicht werden. Fahrräder kann man in den meisten Hotels und zahlreichen Fahrradläden für wenige Rupien pro Tag mieten. Wichtigstes Zubehör: Klingel und funktionierende Bremsen (überprüfen). Nachts braucht man zumindest eine Taschenlampe. Manche Trekking-Unternehmen bieten Mountainbike-Touren an.

Fauna (S. 145-162)

Die Tierwelt Nepals ist, je nach Höhenlage, in unterschiedliche Faunen-Bereiche gegliedert. Die Lebensräume reichen vom Terai über das untere und obere Bergland, die Baumgrenze und die Hochalmen bis zu den Trockentälern des Inneren Himalaya.
Hier einige für Nepal charakteristische Tierarten:

Säugetiere: Blauschaf (Pseudois nayaur), *Goral* (Nemorrhaedus goral), *Kleiner Panda* oder *Katzenbär* (Ailurus fulgens), *Languraffe* (Presbytis entellus), *Moschushirsch* (Moschus moschiferus), *Muntjak-Hirsch* (Muntjacus muntjak), *Panzernashorn* (Rhinoceros unicornis), *Pfeifhase* (Ochotona roylei), *Rhesusaffe* oder *Makak* (Macaca mulatta), *Riesenflughund* (Pteropus giganteus), *Schneeleopard* (Panthera uncia) und *Thar* (Hemitragus jemlaicus)

Vögel: Bartgeier (Gypaetus barbatus), *Blaue Grandala* (Grandala coelicolor), *Blutfasan* (Ithaginis cruentus), *Drongo* (Dicrurus macrocercus), *Glanzfasan* (Lophophorus impejanus), *Hirtenstar* oder *Maina* (Acridotheres tristis), *Königshuhn* (Tetraogallus himalayaensis), *Kuhreiher* (Bulbulus ibis), *Langschwanz-Menningvogel* (Pericrocotus ethologus), *Saruskranich* (Grus antigone), *Schwarzmilan* (Milvus migrans), *Weißkappen-Rotschwanz* (Chaimarrornis leucocephalus).

Reptilien: Felsenagame (Agama tuberculata), *Gavial* (Gavialis gangeticus), *Himalaya-Grubenotter* (Agkistrodon himalayanus), *Himalaya-Natter* (Rhabdophis himalayanus), *Hodgson-Natter* (Elaphe hodgsoni), *Kobra* oder *Brillenschlange* (Naja naja), *Krötenkopf-Agame* (Phrynocephalus theobaldi), *Nebelwald-Agame* (Japalura tricarinata).

Amphibien: Bergbachfrosch (Rana polunini), *Himalaya-Kröte* (Bufo

Den Radnetzspinnen begegnet man überall im unteren Bergland.

himalayanus), *Schwarznarben-Kröte* (Bufo melanostictus).

Insekten: *Radnetzspinne* (Gattung Nepha), *Schwalbenschwanz-Schmetterling* (Gattung Papilio), *Vogelflügler-Schmetterling* (Ornithoptera aeacus), *Zikade* (Familie Cicadidae).

Flora (S. 134-144)

Die Pflanzenwelt Nepals folgt den Höhenstufen mit ihren unterschiedlichen Klimabereichen – vom subtropischen Terai bis zu den zentralasiatischen Trockentälern – und bildet dabei charakteristische Vegetations-Gesellschaften aus. Zu den typischen Arten in diesen Regionen des nepalischen Himalaya gehören:

Gehölze *(Bäume und Sträucher)*: *Salbaum* (Shorea robusta), *Roxburgkiefer* (Pinus roxburghii), *Trä-nenkiefer* (Pinus excelsa), *Banyanbaum* (Ficus bengalensis), *Pipalbaum* (Ficus religiosus), *Himalaya-Weißtanne* (Abies spectabilis), *Bergbambus* (Gattung Arundinaria), *Baumrhododendron* (Rhododendron arboreum), *Berberitze* (Gattung Berberis), *Wacholder* (Gattung Juniperus), *Azalee* (Gattung Rhododendron), *Gelber Zwergrhododendron* (Rhododendron antopogon), *Meerträubel* (Ephedra gerardiana).

Blütenpflanzen: *Nepal-Türkenbund* (Lilium nepalense), *Aronstabgewächs* (Gattung Arisaema), *Sikkimprimel* (Primula sikkimensis), *Kugelprimel* (Primula denticulata), *Zwergiris* (Iris kumaoensis), *Läusekraut* (Gattung Pedicularis), *Blauer Scheinmohn* (Meconopsis horridula), *Himalaya-Rhabarber* (Gattung Rheum), *Himalaya-Scharte* (Saussurea gossypiphora), *Trompetenenzian* (Gentiana ornata), *Bergrittersporn* (Delphinium brunonianum), *Goldorchidee* (Dendrobium densiflorum), *Zölogyne-Orchidee* (Coelogyne cristata), *Himalaya-Frauenschuh* (Cypripedium himalaicum).

Geld

Nepalische Währungseinheit ist die *Nepali Rupie* (Rs oder NC = Nepalese Currency), die sich an der Indischen Rupie (IC = Indian Currency) orientiert. Eine Rupie sind 100 Paisa. Banknoten: 1, 2, 5, 10, 20, 50, 100, 500 und 1000 Rupien.
Bei der Einreise darf man alle

Währungen – mit Ausnahme von Indischen und Nepalischen Rupien – in unbeschränkter Höhe einführen. Gewechselt werden am liebsten US-Dollar, DM, Englische Pfund, Schweizer Franken und Japanische Yen. Wechsel in Geld-Umtauschkarte eintragen lassen (wird bei der Einreise am Flughafen ausgehändigt). Rücktausch bei Ausreise möglich, allerdings nur bis 15% der nachgewiesenen Umtauschsumme. Schwarztausch ist verboten. Travellerschecks und Kreditkarten werden nur in den Wechselstuben der Banken und in größeren Hotels akzeptiert. Jedes mittlere und große Hotel hat einen Wechselschalter (schnellster Umtausch). Devisen-Tausch nur im Kathmandu-Tal, in Pokhara und den großen Grenzstädten des Terai möglich. Im Land werden ausschließlich Nepali Rupien angenommen, deshalb beim Trekking genügend einheimisches Geld in kleinen Noten mitnehmen.

Vorschlag: die Hälfte der Reisemittel in Travellerschecks, die andere Hälfte in bar (Einkäufe); zur Sicherheit Kreditkarte (Euroschecks werden nicht angenommen). Internationale Geldüberweisungen auf nepalische Großbanken sind durchführbar, aber langwierig.

Kalender

Das nepalische Jahr beginnt Mitte April und hat zwölf Monate mit je 29 bis 32 Tagen. Die Zeitrechnung in Nepal wird vom Jahr 57 v. Chr. an gezählt. Ein Vergleich der Monate im nepalischen und gregorianischen Kalender:

Baisakh April/Mai
Jestha Mai/Juni
Asadh Juni/Juli
Shrawan Juli/August
Bhadra August/September
Ashwin September/Oktober
Kartik Oktober/November
Mangshir November/Dezember
Poush Dezember/Januar
Magh Januar/Februar
Falgun Februar/März
Chaitra März/April

In vielen nepalischen Behörden werden beide Monatsbezeichnungen benutzt. Der wöchentliche Feiertag in Nepal ist der Samstag, nicht der Sonntag.

Karten

Übersichtskarten

Nepal gesamt 1 : 1 500 000, Nepal Osthälfte 1 : 500 000 Nelles-Verlag, München. *Nepal Reliefkarte* 1 : 1 408 000, Kümmerly & Frey, Bern.

Detailkarten

Die sogenannten *Schneider-Karten* sind die besten (aufgenommen vom Österreicher Erwin Schneider und herausgegeben von der Arbeitsgemeinschaft für vergleichende Hochgebirgsforschung, München): Maßstab 1 : 50 000 Khumbu Himal – Shorung/Hinku – Dhud Koshi – Tamba Koshi – Rolwaling Himal – Lapchi Kang – Langtang/Jugal Himal – Kathmandu Valley; Maßstab 1 : 10 000 Kathmandu City – Patan City. *Mandala Trekking Maps* (Blaupausen, recht ungenau, aber das ganze Land abdeckend; in Kathmandu erhältlich): Maßstab schwankend zwischen 1 : 100 000 und 1 : 250 000, Dankuta to Kanchenjunga, Mt. Everest, Makalu and Arun Valley – Kangchenjunga, Makalu, Mt. Everest – Lamosangu to Mt. Everest – Gosainkund, Helambu, Langtang – Kathmandu to Manaslu, Ganesh Himal – Kathmandu to Pokhara – Pokhara to Jomosom, Manang – Jomosom to Jumla – Jumla to Api and Saipal Himal (Far West). Außerdem wird in Kathmandu eine Anzahl gezeichneter Karten und Stadtpläne mit unterschiedlicher Genauigkeit angeboten.

Klima (S. 134-137)

Zwei Hauptjahreszeiten: Trockenzeit im *Winter* (kalt, niederschlagsarm, November-Februar) und Monsunzeit im *Sommer* (warm, schwere Regengüsse, hohe Luftfeuchtigkeit, Juni-September). Dazwischen Übergangsperioden: *Frühjahr* (April-Mai) mit heftigen Gewittern (meist in der zweiten Tageshälfte) und Hitzeabschnitten; *Herbst* (Oktober) mit zeitweiligen Regenfällen (gelegentlich Zyklone), zunehmend kühler werdend.
Über 3000 Meter im Winter Schnee. Große Temperaturgegensätze je nach Tageszeit und Höhenlage. Im Terai subtropischwarm; im Hochgebirge rauh und kalt; dazwischen viele Übergänge.

Knigge

Grundlage für das Verhalten gegenüber der nepalischen Bevölkerung sind Respekt, Rücksicht, Toleranz und besonders Geduld. Einige Anregungen:
Zurückhaltung beim Betreten von Privaträumen (Schuhe ausziehen).
Angemessene Kleidung tragen; Frauen sollten nicht in Shorts oder Miniröcken spazierengehen (nepalische Frauen tragen knöchellange Kleider). Keine Zärtlichkeiten in der Öffentlichkeit austauschen (shocking für Nepalesen). Nicht mit dem eigenen Reichtum protzen.
Nicht wahllos mit Geschenken um sich werfen; Bonbons sind auch für die Zähne nepalischer Kinder Gift. Geschenke nur für wirklich erbrachte Leistungen geben. Bei Einladungen allerdings ein kleines Geschenk mitbringen. Buddhistische Tempel und Gompas ohne Schuhe betreten und eine Geldspende hinterlassen.
Auf den Kauf von altem Schmuck und religiösen Antiquitäten verzichten, sie gehören in ihr Ursprungsland.
Man begrüßt sich mit vor der Brust zusammengelegten Händen und dem Wort ›Namaste‹. Worte für ›bitte‹ oder ›danke‹ gibt es auf Nepali nicht – ein freundliches Lächeln genügt. (→ Trinkgeld)

Märkte

Ständige Märkte gibt es nur im Kathmandu-Tal. Beispiele: in Kathmandu Gemüse- und Obstmarkt am Kasthamandapa und am Asantol, Souvenirmarkt auf dem Basantapur-Platz südlich des alten Königspalasts; in Bhaktapur *Töpfermarkt* in der südlichen Unterstadt.

Im Bergland *Wochenmärkte*, beispielsweise in Jiri, in Salleri (Solu) oder bei Changma Deorali. Berühmt ist der samstägliche Markt von Namche Basar im Khumbu.

Getreidehändlerin auf dem Markt in Kathmandu.

Tontöpfe trocknen auf dem Töpfermarkt in Bhaktapur.

Wochenmarkt in Salleri in der Sherpa-Landschaft Solu.

Medien

Fernsehen gibt es seit ein paar Jahren; es überträgt jeden Tag vor allem lokale und internationale Nachrichten in Nepali und Englisch.

Der nepalische *Rundfunk* (Radio Nepal) sendet neben Informationen über Nepal und folkloristischer Musik täglich Nachrichten in englischer Sprache (morgens um 8 Uhr, abends nach 20 Uhr); wird auch in abgelegenen Landesteilen empfangen.

Von den mehreren Dutzend *Zeitungen* in Nepali ist › Gorkha Patra ‹ die bedeutendste. Zwei Tageszeitungen in Englisch, › Rising Nepal ‹ und › Motherland ‹, bringen internationale Nachrichten, ebenso › The Everest Weekly ‹, eine englischsprachige Wochenzeitschrift.

Medizinische Vorsorge

Auch wenn Impfungen für Nepalreisende nicht mehr vorgeschrieben sind, raten manche Ärzte zu *Typhus- und Cholera-Vorsorge.*
Empfehlenswert *Gammaglobulin-Prophylaxe* gegen Hepatitis und Infektionen.
Tetanus-Impfung sollte vorgenommen oder aufgefrischt werden.
Bei Aufenthalt im Terai *Malaria-Impfung* ratsam; zusätzlichen Schutz bieten *Insektenmittel* zum Einreiben und das *Moskitonetz* (Mücken stechen nur abends und nachts).
Erfahrene Naturheil-Ärzte empfehlen heute auch homöopathische Impf- und Gesundheitsvorsorge oder stellen auf Wunsch eine homöopathische Reiseapotheke zusammen.
Die häufig auftretenden *Durchfälle* können prophylaktisch oder im Anfangsstadium mit Elektrolyten (Elotrans, Oralpädon, Mineraldrinks) und Perenterol bekämpft werden, in schweren Fällen braucht man Imodium oder Antibiotika.
Zur Desinfektion von Trink- und Zahnputzwasser im Hotel Micropur.
Beim Trekking über 3000 Meter kann *Höhenkrankheit* ein Problem werden. Symptome sind rasende Kopfschmerzen, Übelkeit, Schwindelgefühl, unsicheres Gehen, Apathie, Depressionen. Die einzig wirksame Maßnahme dagegen ist der Abstieg in tiefere Lagen. Vorsorge gegen Höhenkrankheit: langsames Gehen, Streßvermeidung, ruhige Bewegung, viel Flüssigkeit.
Gegen Blutegel hilft Salz sofort; auch prophylaktisch Schuhe und Hosenbeine damit einreiben.
Für die *Trekker-Apotheke* Durchfallmittel, Schmerztabletten, Antibiotikum, Hustenbonbons, Halswehtabletten, Grippemittel, Verbandszeug, Salben für Wunden und Verstauchungen, Mineraldrinks.

Museen

Namhafte Museen gibt es lediglich im Kathmandu-Tal.
Das *National-Museum* liegt an der Straße von **Kathmandu** nach Swayambunath (Holzschnitzereien, Bronzen, Waffen, Uniformen, Dokumentation zur Geschichte der Rana-Zeit).
Bei **Patan** *Zoologischer Garten.* Im Palastgarten von Patan *Sammlung alter Skulpturen.*
In **Bhaktapur** im alten Königspalast die *National Art Gallery* mit sehenswerten Beispielen nepalischer Thanka-Malerei; am Dattatraya-Platz (Tachapaltol) im Pujari Math ein *Museum newarischer Kunst*, ein Stück weiter eine kleine *Keramik-Ausstellung.*
In **Swayambunath** *Naturkundemuseum* Nepals.
In **Pokhara** in der Nähe des Basars *kleines Museum* (Schwerpunkt Bevölkerung Zentralnepals und ihr Lebensraum); *Annapurna-Regionalmuseum* (Tier- und Pflanzenwelt des Annapurna Conservation Project) auf dem Prithvi-Narayan-Campus im Norden der Stadt.

Notruf

Für Trekker und Bergsteiger wurde ein erstaunlich effektiver Hubschrauberrettungsdienst eingerichtet, der bei schweren Unfällen per Funk angefordert werden kann.

Funkstationen existieren in wichtigen Verwaltungsorten wie Jumla, Dunai, Jomosom, Pokhara, Dhunche, Jiri, Salleri, Namche Basar, Tumlingtar, Taplejung.

Öffnungszeiten

Behörden, öffentliche Gebäude, Regierungsläden und Museen sind wochentags zwischen 10 und 16 Uhr geöffnet; samstags und feiertags geschlossen (beachte: viele Feiertage).

Die meisten privaten Geschäfte halten jeden Tag offen, außer an hohen Festtagen und bei Familienfeiern.

Post und Telefon

Nepal ist Mitglied des Weltpostvereins.

Hauptpost in Kathmandu an der Kanti Path; eigener Schalter für *Sonderbriefmarken* (hübsche Motive, reiche Auswahl); bei *Briefaufgabe* das Abstempeln überwachen. Post am besten am **Hotel-Counter** abgeben (sicherste Beförderung). Briefe von und nach Europa brauchen etwa eine Woche, Päckchen etwas länger. Einschreiben wird empfohlen.

Postlagernde Sendungen möglich (Familiennamen des Adressaten unterstreichen), Ausgabe nur gegen Paßvorlage.

Telefonverbindung von und nach Nepal über Selbstwähldienst (Satellit). Telex in fast allen Trekking-Reiseagenturen vorhanden, in zunehmendem Maße auch Telefax.

Vorwahlnummer aus Nepal:
nach Deutschland: 00 49
nach Österreich: 00 43
in die Schweiz: 00 41

Rafting

Viele Trekking-Agenturen bieten Schlauchbootfahrten auf den Flüssen Trisuli, Gandaki-Narayani (in Verbindung mit Besuch des Chitwan-Nationalparks) und Sun Koshi an. Schwere Touren auf Arun, Marsyandi, Bheri oder Karnali. Gelegentlich auch Kajak-Fahrten.

Tibetische Hunde

Langhaarige Kleinhunde der Rassen *Lhasa Apso* (kurzbeinig, lange

Die tibetischen Lhasa Apsos sind geliebte und gepflegte Kleinhunde.

Gesichtsbehaarung, lang behaarter Schwanz), *Tibet-Terrier* (wie Apso, aber hochbeiniger) und *Tibet-Spaniel* (kurzhaariges Gesicht, seidenweiches Fell, langhaariger Schwanz).
Diese Hunderassen sind sehr wachsam, robust und familienfreundlich. Werden besonders von Tibetern gezüchtet und gelegentlich auch untereinander gekreuzt.
Beliebtes Reisemitbringsel. Junghunde können im Handgepäck mitgenommen werden (Korb mit Deckel); vor Abreise Tollwutimpfung und Gesundheitszeugnis im staatlichen Veterinäramt besorgen.
Große, scharfe Hütehunde: *Tibet-Mastiffs*, ebenfalls sehr langhaarig, oft in Klöstern gehalten, Nomadenhunde.

Der Autor und sein Sherpa als Trekkingpartner im Hochgebirge.

Trekking (S. 253-311)

Trekking bedeutet Bergwandern in abgelegenen Gebirgsregionen, meist unter Begleitung von Sherpas, Trägern (seltener Tragtieren) und Köchen.
Das Hauptgepäck wird getragen; der Wanderer übernimmt nur einen kleinen Tagesrucksack. Geschlafen wird in Zelten; Einzelwanderer und Kleingruppen kommen in Häusern (Lodges) unter. Verpflegung, Unterkunft und Hygiene sind einfach, erfordern Bescheidenheit und Komfortverzicht. Dafür sind die »Trekking-Erlebnisse« unübertrefflich.
Beste Jahreszeiten: Februar-Mai und Oktober-November.
Trekking-Permit beim Central Immigration Office in Thamel, Kathmandu.

Wichtige Trekkingrouten

Rara-See–Kanjiroba Himal (S. 257-261)
Sehr schöne, nicht allzu schwere Tour. Höhen bis über 4000 Meter.

Dolpo-Durchquerung (S. 261-271)
Eine der großartigsten Routen im nepalischen Himalaya. Anspruchsvolle Wanderung, mehrere Pässe über 5000 Meter.

Am Fuß der Annapurna (Annapurna-Basecamp)
Leichte Wanderung durch reizvolles Bergland mit malerischen Gurung-Dörfern. Ausdauer erforderlich.
Pokhara – Gandrung – Chumrong – Annapurna Sanctuary (Basecamp) – Pokhara oder

Ghorepani-Paß – Ulleri – Biretanti – Pokhara.

Rund um die Annapurna
(S. 271–280)
Lange und anstrengende Trekkingtour. Torong-Paß über 5000 Meter.

Rund um den Manaslu
Schwere und lange Tour, die große Ausdauer erfordert.
Das Buri-Gandaki-Tal aufwärts, über den 5200 Meter hohen Larkya-Paß und hinunter zum Marsyandi-Fluß. Die beherrschenden Berge sind der Achttausender Manaslu und der Siebentausender Himalchuli. Gorkha – Arughat Basar – Setibas – Samagaon – Larkya Basar – Larkya-Paß – Dhud Kola – Marsyandi – Dumre.

Ganesh Himal
Mittelschwere Wanderung durch ein wenig begangenes Gebiet. Ausgedehnte Bergwälder, einsame Bergseen.
Trisuli Basar – Singla-Paß – Sathigaon – Gopa Kharka – Panch Pokhari mit Kalo Kund (Schwarzer See) – Sathigaon – Buri Gandaki – Arughat – Gorkha.

Langtang und Gosainkund-Seen, Helambu (S. 289–294)
Mittelschwere Tour, Ausdauer und Höhenverträglichkeit erforderlich (bis etwa 4600 m).

Zwischen Sun Koshi und Dhud Koshi
Nicht allzu schwere Wanderung, die aber Ausdauer verlangt.
Durch das Stammland der Sherpas mit Dörfern, Gompas, schönen Wäldern, einem heiligen See und dem Aussichtsberg Pike.

Das Khumbu, von Lukla nach Namche Basar und zum Mount Everest
(S. 302–311)
Klassische Himalaya-Wanderungen mit langen Wegen und Höhen über 5000 Meter. Kondition und Höhenverträglichkeit notwendig. Großartigste Bergregion der Erde.

Von Jiri nach Tumlingtar
Technisch leichte, aber sehr lange Wanderung; Ausdauer erforderlich.
Jiri – Changma Deorali – Lamjura-Paß – Junbesi – Taxindu – Jubing – Kharikola – Salpa-Paß – Kulung – Tashigaon – Shedua – Khandbari – Tumlingtar.

Makalu Basecamp
Mittelschwere Trekkingtour, Ausdauer und Durchhaltevermögen erforderlich. Einsame Bergwälder, abgelegene Hochalmen, heilige Seen.
Tumlingtar – Khandbari – Num – Shedua – Tashigaon – Barun-Paß – oberes Barun-Tal – Makalu Basecamp – auf demselben Weg zurück.

Zum Kangchendzönga
Lange, anspruchsvolle Wanderung mit Steigungen, die Ausdauer erfordern. Höhen bis 5000 Meter. Selten begangene Route mit Limbu-Dörfern, dichten Bergwäldern und einsamen Hochalmen. Großartiger Ausblick auf den Kangchendzönga.
Tumlingtar – Chainpur – Sanghu – den Tamur-Fluß aufwärts – Thumna – Simbua Kola – Tseram – Yalung – Lapsang-Alm – Ramze – Deorali Danda – Yamphudin – Taplejung – Dhoban – Tumlingtar.

Trinkgeld

Trinkgeld – Bakschisch – wird nicht nur von vielen Dienstleistenden erwartet: dem Hotelboy, Portier, Zimmermädchen, Ober im Restaurant, Busfahrer, Fremdenführer, Taxifahrer und dem Gepäckträger am Flughafen. Meist genügen einige Rupien; im Restaurant sollte man etwa 10 Prozent der Rechnungssumme geben.

Nach erfolgreicher Trekkingtour erhalten die einheimischen Begleiter ein Bakschisch, das sich nach der Hierarchie – Sirdar, dann Sherpas, Köche, am Schluß die Träger oder Lasttier-Treiber – richtet. Diese Rangordnung sollte man nicht willkürlich ändern.

Uhrzeit

Zeitunterschied gegenüber MEZ 4 Stunden und 40 Minuten voraus (indische Zeit minus 10 Minuten); während europäischer Sommerzeit 3 Stunden und 40 Minuten. Beispiel: 12.00 Uhr in Deutschland entspricht 16.40 Uhr in Nepal.

Die Nepalesen messen Zeit und Pünktlichkeit wenig Bedeutung bei; ihnen ist wichtig, daß überhaupt etwas geschieht, nicht wann es sich ereignet. Sich bei Einladungen zu verspäten, wird nicht übelgenommen.

Umweltproblematik

Nepals Naturlandschaft ist stark bedroht. Hauptproblem: *Entwaldung* (Abholzen, Brandrodung) und die damit verbundene extreme *Erosion* (Erdrutsche, Flutwellen, Überschwemmungen). Außerdem an Brennpunkten des Tourismus *Müllproblem*, im Kathmandu-Tal *Ackerland-Verbrauch* für Häuser- oder Hotelbau und *Smog* durch Autoabgase.

Maßnahmen zur *Bekämpfung der Umweltzerstörung*: Regelung des Holzeinschlags, Wiederaufforstung, Umstellung des Energieverbrauchs bei der einheimischen Bevölkerung und bei Trekkingtouristen (Solarenergie, Wasserkraft, Kerosin), geregelte Müllentsorgung (Trekkinggruppen nehmen den nicht verrottbaren Müll zum Ausgangsort zurück), öffentlich zugängliche Toiletten.

Unterkunft

Großes Angebot von Hotels aller Kategorien und einfachen Unterkünften im Kathmandu-Tal und in Pokhara; wenige und meist einfache Hotels in den Terai-Städten und vereinzelt im Bergland.

Die berühmtesten und teuersten *Hotels im Kathmandu-Tal*:

Fünfsterne-Hotels Soaltee Oberroi (Tahachal), Annapurna (Durbar Marg), Everest Sheraton (Straße zum Tribhuwan-Flughafen), Yak and Yeti (östlich der Durbar Marg).

Vier- und Dreisterne-Hotels Shanker (Lazimpath), Malla (Lainchaur westlich des neuen Königspalasts), Shangrila (Lazimpath), Blue Star (Tripureshwar), Vajra

(am Weg Kathmandu–Swayam-
bunath), Dwarika's Kathmandu
Village (an der Straße nach Bodnath), Crystal (Kathmandu Innenstadt neben dem alten Königspalast), Narayani (Patan), Taragaon Village (bei Bhaktapur).

*Einfachere Häuser mit Tradition und
Namen*
Kathmandu Guest House (Tha-
mel), Tukche Peak (Thamel),
Bhaktapur Guest House (Bhakta-
pur), Taragaon Bungalow Hotel
(Bodnath) oder Maya Guest
House (Bodnath).

Bedeutende Hotels in *Pokhara*:
Fishtail-Lodge am Pewa-See und
New Crystal am Flughafen.

Bemerkenswerte *Hotels außerhalb
der Städte*: Everest View (Shyang-
poche oberhalb Namche Basar,
Khumbu), Oms Home (unterhalb
Marpha, Kali-Gandaki-Tal),
Lumbini Guesthouse (Lumbini,
Terai) oder Tiger Tops Jungle
Lodge (Chitwan-Nationalpark,
Terai).

*Übernachtungsmöglichkeiten beim
Trekking*: Zelte oder einfache
Hotels, Lodges und Unterkunfts-
hütten, die entlang der großen
Trekkingrouten entstanden sind.

*Gebetsfahnen mit tibetischer Schrift
am Stupa von Swayambunath.*

Veranstaltungskalender
(S. 75-88)

Januar/Februar
Prithvi Jayanti (Tag der Einheit zu
Ehren Prithvi Narayan Shahs)
Vasant oder Shripanchami (Ver-
ehrung der Göttin Sarasvati)

Februar/März
Losar (buddhistisches Neujahrs-
fest)
Shivaratri (Hochzeit Shivas und
Parvatis)
Holi (Frühlingsfest; Passanten
werden mit rotem Pulver be-
stäubt)
Tribhuvan Jayanti (Nationalfeier-
tag, Befreiung von der Rana-
Herrschaft 1951)

März/April
Sheto Matchhendranath Jatra
(Wagenprozession des Weißen
Matchhendranath)

April/Mai

Bisket Jatra (Wagenprozession von Bhairava und Bhadrakali in Bhaktapur)

Rato Matchhendranath (Prozession des Roten Matchhendranath nach Bungamati)

Mai/Juni

Buddha Jayanti (Buddhas Geburtstag)

Mani Rimdu in Thami (Maskentanzfest, Khumbu)

Dumji (Sommerfest der Sherpas mit Regenritual)

Juni/Juli

Harishayani Ekadasi (Fest des schlafenden Vishnu)

Ghanta Karna (Dämonen-Vertreibung)

Juli/August

Nagpanchami (Verehrung der Schlangengötter)

August/September

Panchadana (buddhistisches Fest des Almosen-Gebens)

Gai Jatra (Totengedenken und Kostümfest)

Gokarna Aunshi (Vater-Verehrung)

Teej (das große Frauenfest)

September/Oktober

Durga Puja oder *Dassein* (Fest der Göttin Kali; Opferung von Tieren)

Oktober/November

Divali oder *Tihar* (Lichterfest)

Mani Rimdu (buddhistisches Maskentanzfest im Herbst)

Haribodhini Ekadasi (Vishnu erwacht aus dem viermonatigen Schlaf)

Unzählige Lichter werden am Divali-Fest entzündet.

November/Dezember

Balachaturdasi (Toten-Gedächtnisfeier)

Dezember/Januar

Geburtstag des Königs Birendra

Sheto Matchhendranath San (das öffentliche Bad des Weißen Matchhendranath)

Verkehrsmittel

Öffentliche Verkehrsmittel (Busse, Taxis, Lastwagen, Auto-Rikschas, Fahrrad-Rikschas) gibt es nur im Kathmandu-Tal, in Pokhara, im Terai und auf den wenigen Autostraßen des Landes. Etwa alle 20 Minuten Trolleybus-Verbindung zwischen Kathmandu und Bhaktapur (Haltestelle in der Nähe des Hotels Blue Star an der Tripureshwar-Straße). Die drei wichtigsten *Busbahnhöfe* liegen um den Tundikhel-Platz (gegenüber dem Post Office, der City Hall und am Ratna Park; Linien und Abfahrtszeiten erfragen). Abfahrt der Busse nach Trisuli Basar (Langtang-Trekking) an der Straßenkreuzung Leknath-Marg und Naya-Basar-Straße. Regelmäßige Busverbindungen von Pokhara und Kathmandu in die großen Terai-Städte.

Kleine *Schmalspurbahn* von Raxaul nach Amlekhganj im Terai südlich von Kathmandu.

Inlandsflüge mit Royal Nepal Airlines Corporation (RNAC) nach Pokhara, Nepalganj, Bhairawa, Janakpur, Rajbiraj, Biratnagar; mit kleinen Flugzeugen (Twinotter, Pilatus Porter) zu einfachen Landepisten in Mahendranagar, Surkhet, Jumla, Dunai, Jomosom, Baglung, Meghauli, Jiri, Phaphlu, Lukla, Okhaldungha, Tumlingtar, Taplejung. Gelegentlich werden auch die Pisten in Simikot, Dhorpatan, Manang und Langtang angeflogen. Charterflüge mit Trekkinggruppen zu diesen Kleinflugplätzen sind üblich; Rundflüge zu den höchsten Bergmassiven (Everest- und Annapurna-Dhaulagiri-Gruppe) werden regelmäßig angeboten.

Zoll

Zollkontrolle bei Ausreise strenger als bei Einreise. *Erlaubte Einfuhr*: 200 Zigaretten, 20 Zigarren, etwas Tabak, 12 Dosen Bier, 3 Flaschen harte Getränke, persönliche Gegenstände, Photoausrüstung, Tonband- oder Kassettengerät, Musikinstrument, Transistorradio, Reiseschreibmaschine, Fernglas; Videokamera (wird gelegentlich in den Paß eingetragen).

Bei der Einreise verboten: Schußwaffen, Munition, Funkgeräte, Drogen, nepalische und indische Rupien.

Erlaubte Ausfuhr: persönliche Gegenstände, Souvenirs, die nicht älter als 100 Jahre sind.

Bei der Ausreise verboten: Antiquitäten, die mehr als 100 Jahre alt sind (im Zweifelsfall Bestätigung durch Department of Archaeology einholen), Wildtiere und deren Häute, unverarbeitetes Gold oder Silber, Schußwaffen, Funkgeräte, Drogen.

Kleine Landepisten werden nur mit Pilatus-Porter-Flugzeugen angeflogen.

Daten zur Geschichte (S. 20-38)

v. Chr.

um 563	Geburt Gautama Shakyamuni Buddhas
um 483	Tod Buddhas
um 250	Ashoka Friedenskaiser in Nordindien

n. Chr.

ca. 200-750	Zeit der Licchavi-Dynastien
464	Errichtung der Inschriften-Säule von Changu Narayan durch König Manadeva I.
8. Jh.	Padmasambhava in Nepal und Tibet
788-820	Hinduisierung Nepals durch Shankaracharya
um 750	Ende der Licchavi-Zeit
9. Jh.	Gründung Bhaktapurs durch den legendären König Anantamalla
ca. 750-1200	Herrscher-Dynastie der Thakuris
10./11. Jh.	die Heiligen und Gelehrten Atisa, Marpa und Milarepa in Nepal
1200-1482	frühe Malla-Zeit
um 1260	Reise des Baumeisters Aniko nach Peking an den Kaiserhof Kubilai Khans
1325/26	Harisimhadeva von Tirhut bringt die Göttin Taleju nach Bhaktapur
1349/50	Einfall eines moslemischen Heeres in das Kathmandu-Tal unter Shams ud-din Ilyas aus Bengalen
1392	Errichtung der Kumbeshvar-Pagode in Patan unter König Jayasthiti Malla
1482	Yaksha Malla teilt das Reich unter seine drei Söhne auf
1482-1768	späte Malla-Zeit
1576	Errichtung der Taleju-Pagode in Kathmandu
1670	Anlage des Tempel-Teichs Rani Pokhri unter König Pratapa Malla
1742	Prithvi Narayan Shah besteigt den Thron von Gorkha
1768	endgültige Eroberung des Kathmandu-Tals, Prithvi Narayan Shah König von Nepal
1775	Tod Prithvi Narayan Shahs
1788-1792	Krieg mit Tibet
1792	Vorstoß einer chinesisch-tibetischen Armee bis Nuwakot, Friede mit Tibet und China

1814–1816	Krieg mit der Britisch-Ostindischen Gesellschaft
1816	Friede von Segauli
1846	Kot-Massaker; Beginn der Rana-Herrschaft mit Jung Bahadur Rana
1854–1856	siegreicher Feldzug Jung Bahadur Ranas gegen Tibet; Errichtung einer Handelsmission in Lhasa
1857	Ghurka-Truppen eilen den Engländern im Sepoy-Aufstand zu Hilfe
1895/96	Dr. A. Führer und Khadga Shamsher Rana entdecken die Ashoka-Säule in Lumbini
ab 1885	die Engländer werben Söldner in Nepal an
1923	Freundschaftsvertrag England–Nepal
1924	Abschaffung der Sklaverei in Nepal
1933	schweres Erdbeben in Nepal, große Schäden im Kathmandu-Tal
15. Febr. 1951	Ende der Rana-Herrschaft; Rückkehr König Tribhuwans auf den Thron in Kathmandu
15. Dez. 1960	Auflösung des Parlaments durch König Mahendra
1961	Proklamierung einer neuen Verfassung und Installierung des Panchayat-Systems
1971	Restaurierung des Pujari Math in Bhaktapur dem Kronprinzen Birendra als Hochzeitsgeschenk gewidmet
seit 1972	regiert König Birendra Bir Bikram Shah
1973	Großbrand des Regierungsgebäudes Singa Durbar
1979	erste Unruhen wegen Unzufriedenheit mit den politischen und wirtschaftlichen Verhältnissen in Nepal
1980	Volksentscheid knapp zugunsten des Panchayat-Systems
März 1989– Juni 1990	indisch-nepalischer Handelskonflikt (Handelsblockade)
März–April 1990	Unruhen in Nepal führen zur Neubildung der Regierung, Wiedereinführung des Parteien-Parlaments und Einrichtung der konstitutionellen Monarchie
8. Nov. 1990	König Birendra verkündet eine neue ›Verfassung des Königreiches Nepal‹

Kleine Sprachhilfe

Die Staatssprache Nepals ist das mit dem nordindischen Hindi verwandte Nepali, Idiom der Brahmanen und Chetris. Geschrieben wird es mit Sanskrit-Buchstaben. Daneben benutzt man bei offiziellen Verhandlungen Englisch, mit dem man sich auch sonst verständigen kann. Die zahlreichen Volksgruppen nicht-indoarischer Abstammung besitzen allerdings ihre eigenen Dialekte und Sprachen. Nepali wird jedoch überall im Land verstanden und gesprochen; es ist daher für den Touristen vorteilhaft, wenn er sich ein paar nepalische Wörter aneignet. Dabei muß er einige Regeln zur Aussprache beachten, die auch für die Namen und Bezeichnungen dieses Buches gelten:

ch	wie	tsch (stimmlos)
j	wie	dsch (stimmhaft)
sh	wie	sch (vorne am Gaumen gesprochen)
y	wie	j (stimmhaft)

Oft wird hinter den Konsonanten ein h gehängt, das man jedoch bei der Aussprache nur andeutet. Die Grammatik ist einfach; Artikel gibt es nicht; auch mit wenigen Worten kann man sich schon verständigen.

kurze Wortliste:

Abend belga
Blutegel dsuga
Bruder (großer) dadsu
Bruder (kleiner) bhai
draußen bhaira
drinnen bittra
Essen, Mahlzeit khana
    das Essen schmeckt gut kand
    mito tsa
etwas alligatti
Feuer ago
Fisch mahtsha
Fleisch mahssu
Flugzeug haua sahts
Freund, Gefährte sahti

gehen dsane
    ich gehe mo dsantsu
    wo gehen Sie hin? dabei khan
    dsane ho?
Gemüse tarkari
genug buktsa
gestern hjiso
groß tullo
gut ramro
Haus ghar
    wo wohnen Sie? dabeiko ghar
    khan ho?
heiß dato
heute adsu
Holz dhaura

Hund kukur
kalt tschisso
Kartoffel alu
kaufen kitne
  ich kaufe mo kitsu
klein sano
kommen annu
  ich komme mo auntsu
krank birami
langsam bistare
Licht bhati
Mahlzeit (mit Reis) bhat
  Reismahlzeit essen bhat kane
Medizin aussati
Milch dhud
morgen boli
Nacht rathi
naß bidsjo
nicht tseina
Platz, Ort taon
rasten bishaune
  ich raste mo bishauntsu
richtig tiktsa
  nicht richtig tikbeina
sauer amilo
schlafen sutne
  ich schlafe mo sutsu
schlecht na ramro
schnell tschitto
Schwester (große) didi
Schwester (kleine) bhaini
sitzen, bleiben basne
  sitz! bleib! bsanu hos
Sprache Kura
steil (bergauf) okalu
steil (bergab) oralu
süß mito
Tag din
Tee tschia

Teppich galeintso
tragen bukne
  ich trage mo buktsu
Vorsicht hos gara!
wann kaile?
warm gharam
was Kje?
Wasser pani
  heißes Wasser dato pani
  kaltes Wasser tschisso pani
Weg bato
wissen ta tsa
  nicht wissen ta tseina
Zigarette tsurot
Zitrone kagati
Zucker tschini

Zahlen:

eins ekh
zwei dui
drei din
vier tshar
fünf pansch
sechs zaah
sieben saaht
acht aht
neun nou
zehn doss
zwanzig bis
dreißig tis
vierzig zalis
fünfzig patschas
sechzig sahaat
siebzig sattari
achtzig aschi
neunzig noppe
hundert sei oder sou

Glossar

Akshobhya transzendenter
Buddha des Ostens

Amitabha transzendenter Buddha
des Westens

Amoghasiddhi transzendenter
Buddha des Nordens

Annapurna Göttin der Fülle und
des Überflusses

Astabhairavas Aspekte des Bhairava (Shiva in dämonischer
Gestalt)

Astamatrikas die acht Muttergottheiten

Avalokiteshvara Bodhisattva des
allumfassenden Erbarmens

Bahal buddh. Klosteranlage mit
Tempel

Balkumari tantrische Göttin
(Aspekt Parvatis)

Ban Wald

Bhadrakali tantrische Göttin als
Gemahlin Bhairavas

Bhagvati nepalische Schutzgöttin

Bhairava hinduist. Schutzgott
(Dämonenaspekt Shivas)

Bhatti Gästehaus der Thakalis

Bhavachakra Rad der Wiedergeburten oder Lebensrad

Bhimsen Gott der Kaufleute

Bodhicitta Verlangen, Erleuchtung zu erreichen (buddh.)

Bodhisattva Erleuchtungswesen,
das auf die eigentl. Erlösung
verzichtet, um zur Befreiung
aller anderen Lebewesen beizu-
tragen (buddh.)

Bön alte tibetisch-himalayanische
Religion mit vorbuddhistischen, animistischen Wurzeln

Bönpo Anhänger der Bön-Religion

Brahma hinduist. Hauptgott, der
Erschaffer

Brahmanen hinduist. Priesterkaste

Buddha-Shakti ergänzende, weibliche Schöpferkraft (Energie)
eines Buddha

Chaitya kleiner Votivstupa oder
Kleinstupa

Chamunda Gottheit des Totenreichs (Astamatrika)

Chandra hinduist. Mondgott

Chautara Rastmauer zum
Abstellen von Traglasten

Chowk Hof in öffentlichem
Gebäude (z. B. Palast)

Degutale mit unbehauenen
Natursteinen verbundener
Newar-Kult

Deo Brahmanen hinduist. Newar-
Priester

Devanagari-Schrift auf Sanskrit
basierende Schriftengruppe

Devavatara tantrische, buddh.
Gottheit

Devi Bezeichnung für hinduist.
Göttin, Gemahlin Shivas

Dharma Lehre Buddhas

Dhigur System des zinslosen
Darlehens bei den Thakalis

Dhyani-Buddhas transzendente
Meditationsbuddhas

Djakri nepalisches Wort für
Schamane

Dolma tibetisches Wort für Tara (weibl. Bodhisattva)

Dorje oder *Vajra* Diamantszepter zum Bannen dämonischer Kräfte

Durbar Königliche Palastanlage

Durga oder *Kali* Schreckensaspekt der Gemahlin Shivas, vernichtende Göttin des Todes

Ekadasi elfter Tag einer halben Mondperiode (zweimal im Monat)

Emtschi tibetischer Heilkundiger

Fedangma Priester der Limbus in Ostnepal

Gajura glockenförmiges Dachtürmchen

Ganesh elefantenköpfiger Gott, Sohn Shivas und Parvatis

Ganga Flußgöttin, auf einem Makara stehend

Garuda Träger Vishnus, menschenköpfiger Göttervogel

Gautama Shakyamuni historischer Buddha

Gelukpa buddh. ›Gelbmützenschule‹ (reformierte Richtung des tibet. Buddhismus)

Ghantakarna Dämonenkönig

Ghat Toten-Verbrennungsplatz

Ghurkas nepalische Söldner-Soldaten (ursprünglich aus Gorkha stammend)

Gompa buddhistisches Kloster mit Tempel (tibetisch)

Gopala göttlicher Kuhhirte

Goraknath nepalischer Gott, der zugleich als Erscheinungsform Shivas und Buddhas angesehen wird

Guthis städtische Genossenschaften zur Erhaltung religiöser Bauten

Guyeshvari Aspekt der Parvati

Hanuman hinduist. Affengott aus dem Epos Ramayana

Harihara halb Vishnu, halb Shiva

Harisiddhi hinduistisch-tantrische Göttin

Harishankar Gottheit, die Aspekte Vishnus und Shivas vereint

Hariti Schutzgöttin der Kinder

Himal Gebirge

Hinayana ›Kleines Fahrzeug‹; älteste Glaubensrichtung des Buddhismus

Hom buddhist. Opfergottesdienst

Indra hinduist. Gewitter- oder Regengott, Götterkönig

Jatra Feier

Jaya Riese

Hanuman der Affengott.

Jetstream winterlicher Höhen-
sturm
Joni Attribut der Parvati,
mit Shiva-Lingam verbunden
(Vulvasymbol)
Jyapus Stadtbauern der Newars

Kailash heiliger Berg in Tibet
Kali siehe *Durga*
Kanjur Heilige Schrift des tibeti-
schen Buddhismus (108 Bände)
Kargyüpa tibet.-buddhist. Orden
der Rotmützenschule
Karma Bilanz der guten und
schlechten Taten (buddhist.)
Khamang Hausgott der Rais
(wird in einem Tontopf ver-
ehrt)
Khangbungba Gott der Erde
(Limbus)
Kola Tal mit kleinem Bach
Koshi großer Fluß
Krishna hinduist. Frühlingsgott
Kukri nepalisches Haumesser,
Waffe der Ghurkas
Kumar hinduist. Kriegsgott
Kumari lebende Kindgöttin der
Newars
Kund See

La Paß
Lakshmi Gemahlin Vishnus
Lama tibet.-buddhist. Mönch;
verehrungswürdiger Lehrer
Latho Votivsteinhaufen
Lingam Attribut Shivas (Phallus-
symbol)
Lokeshvara Aspekt des Bodhi-
sattva Avalokiteshvara
Lungbungba Gott der Steine
(Limbus)

Mahabharata berühmtes hinduist.
Volksepos, heiliges Buch
Maharaja Großkönig

Mahakala Toten-Gottheit
Mahalakshmi Große Lakshmi
(Gemahlin Vishnus)
Mahayana ›Großes Fahrzeug‹;
spätere volkstüml. Glaubens-
richtung des Buddhismus
(mit Bodhisattva-Ideal)
Mahisamardini Beiname der
Göttin Durga oder Kali
Makara Fabelwesen mit
Krokodilsrachen
Mandala kosmisches Diagramm
Mandir Tempel
Manjushri Bodhisattva des Wis-
sens und der Weisheit; bud-
dhist. Schutzpatron des Kath-
mandu-Tals
Mantra aus magischen Buchsta-
ben gebildetes Symbolwort
Matchhendranath Erscheinungs-
form des Bodhisattva Avaloki-
teshvara
Matrikas siehe *Astamatrikas*
Minanath Erscheinungsform des
Bodhisattva Avalokiteshvara in
seinem Lokeshvara-Aspekt
Monsun Windsystem mit halb-
jährlich wechselnder Richtung
subtropisch feuchtes Sommer-
klima verursachend
Mudra religiöse Handhaltung,
Attribut von Göttern, Buddhas
und Bodhisattvas

Naga mystische Schlangengott-
heit, Symbol des Wassers
Nandibulle oder -*stier* Shivas
Reittier
Narasimha Mannlöwe (Erschei-
nungsform Vishnus)
Narayana Name für Vishnu
(Aspekt göttlicher Zuflucht für
den gläubigen Hindu)
Newari-Schrift eigene Devana-
gari-Schrift der Newars

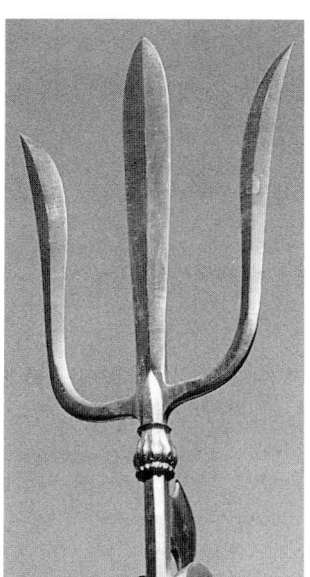

Der Dreizack ist das Symbol des Gottes Shiva.

Nirwana endgültig befreiende Erlösung (hind.-buddh.)
Nyingmapa tibet.-buddh. Rot-mützenschule

Om Mani Padme Hum Mantra-Gebetsformel der Buddhisten

Pa-ye Beerdigungssystem der Gurungs
Padmasambhava buddhist. Heiliger des frühen tibetischen Mittelalters
Pagode mehrstöckiger Tempelturm

Panchayat-System Gemeinde- und Distriktverwaltung ohne Parteien
Parvati Gemahlin Shivas in ihrer sanftmütigen Erscheinung
Path Straße
Patta Riese
Pokhari See
Puja religiöse Zeremonie

Radha Gespielin Krishnas
Rajputen nordindische Fürstengeschlechter
Ratnasambhava transzendenter Buddha des Südens
Reinkarnation ewige Wiederkehr oder Wiedergeburt (hind. u. buddh.)
Rodi nach Geschlechtern getrennte Jugendbetreuung bei den Gurungs

Saddhu hinduistischer Asket
Sanga Gemeinschaft der Anhänger Buddhas
Sankha Meeresschnecke, Attribut Vishnus
Sarasvati hinduist. Göttin der Gelehrsamkeit und der Künste (Gattin Brahmas)
Sati Witwe, die sich mit dem Leichnam ihres Mannes verbrennen läßt (ursprünglich Gattin Shivas, die sich selbst verbrannte)
Shakyamuni ›aus dem Geschlecht der Shakyas stammend‹, Buddhas Geschlechtername
Shakyapa tibet.-buddhist. Orden
Shangrila legendäres, grünes Tal am Rand Zentralasiens, in dem die Menschen in friedlicher Harmonie miteinander leben

Sherpas tibetstämmige Volksgruppe in Nepal

Shikhara-Tempel turmartiger Steintempel im nordindischen Stil

Shiva hinduist. Hauptgott; der Vernichter und zugleich Erneuerer

Siddharta Prinzenname Gautama Buddhas

Singbungba Gott des Waldes (Limbus)

Singhini Löwengöttin

Sirdar Leiter der einheimischen Begleitgruppe beim Trekking

Stupa buddhistisches Verehrungs-Bauwerk; ursprünglich Reliquienschrein

Sundari Mai Muttergottheit

Surya hinduist. Sonnengott

Taleju hinduist. Schutzgöttin des Kathmandu-Tals und der Malla-Dynastie

Tantrismus metaphysischreligiöse Meditations-Philosophie, die für Hindus und Buddhisten einen direkten Weg der Erlösung sucht

Tara weiblicher Bodhisattva

Thanka Tempel- oder Meditations-Rollbild

Tika Zeichen religiöser Pflichterfüllung; roter Fleck, der auf die Stirn aufgedrückt wird

Tòl Platz, auch Stadtviertel um einen Platz

Tsampa grob geschrotetes und geröstetes Mehl

Tschang Most aus Reis, Weizen, Mais, Gerste oder Hirse; schwach alkoholisch

Tschörten tib. Stupa

Tschuwa ärmelloses Mantelkleid

Vairochana transzendenter Buddha der Mitte

Vajra siehe *Dorje*

Vajra Acharya buddhist. Newar-Priester

Vajravarahi hinduist. Muttergottheit mit dem Eberkopf (zu Vishnu gehörig)

Vajrayana oder *Tantrayana* Diamant-Fahrzeug; jüngste, auf die Tantras gestützte Glaubensrichtung des Buddhismus

Vajrayogini dämonische Feengottheit

Vatsala Erscheinungsform der Göttin Durga

Vishnu hinduist. Hauptgott, der Erhalter

Yamuna Flußgöttin, auf einer Schildkröte stehend

Yarsa Gumba ›halb Pflanze – halb Tier‹; von einem Pilz befallene Schmetterlingsraupe, getrocknet als Heilmittel benutzt

Zemindar Geldverleiher der Tharus

Zyklon Sturmtief mit heftigen Regenfällen

Literatur

Geschichte, Kunst,
Religion, Kultur

Anderson, M.M., The Festivals of Nepal, London 1971.

Arya Maitreya Mandala, Eine Einführung in den Buddhismus in sechs Lehrbriefen, Kasar-Devi-Publications, Almora, Indien 1980.

Aryal, M.R., Changu Narayan's pillar riddle. – The Rising Nepal, Kathmandu 28.1.1983.

Bangdel, L.S., Nepal, 2500 Jahre nepalesischer Kunst, München 1987.

Gail, A.J., Tempel in Nepal, Band 1: Ikonographie hinduistischer Pagoden in Patan, Graz 1984.

Gutschow, N., Stadtraum und Ritual der newarischen Städte im Kathmandu-Tal, Stuttgart–Berlin 1982.

Hasrat, B.J., History of Nepal. – Hoshiapur (Punjab) 1970.

Heunemann, A., Der Schlangenkönig, Märchen aus Nepal, Kassel 1980.

Jah, H.N., The Licchavis of Vaisali, Varanasi 1970.

Koch, P. & H. Stegmüller, Geheimnisvolles Nepal; buddhistische und hinduistische Feste, München 1983.

Lall, K. & M. Lutterjohann, Märchen, Sagen und Legenden aus Nepal, Lahnau-Atzbach 1980.

Pal, P., The Arts of Nepal, Part 1: Sculpture, Leiden–Köln 1974.

Petech, L., Medieval History of Nepal, Rom 1958.

Pruscha, C., Kathmandu Valley; Vol. 1 und 2, the preservation of physical environment and cultural heritage, a protective inventory, Wien 1975.

Ram, R., A History of Buddhism in Nepal, A.D. 704-1396. Patna 1977.

Regmi, D.R., Ancient Nepal, Calcutta 1960.

Rijal, D.K., Archaeological remains of Kapilavastu, Lumbini and Devadaha, Kathmandu 1979.

Schick, J., Die Götter verlassen das Land; Kunstraub in Nepal, Graz 1989.

Schumann, H.W., Buddhistische Bilderwelt, ein ikonographisches Handbuch des Mahayana- und Tantrayana-Buddhismus, Köln 1986.

Schumann, H.W., Der historische Buddha, Köln 1982.

Suyin, Han, Wo die Berge jung sind, München 1987.

Unbescheid, G., Märchen aus Nepal, Köln 1987.

Länderkunde, Bergsteigen,
Bildbände

Donner, W., Nepal; Beck'sche Reihe 833, Aktuelle Länderkunden, München 1990.

Donner, W., Nepal; Raum, Mensch und Wirtschaft, Wiesbaden 1972.

Gruber, U., In den Tälern des Nepal Himalaya, München 1985.

Hagen, T., Nepal, Königreich am Himalaya, Bern 1960.

Hagen, T.; G. O. Dyrenfurth; C. Fürer-Heimendorf & E. Schneider, Mount Everest, Zürich 1959.

Hauser, G., Eisgipfel und Goldpagoden, München 1966.

Herzog, M., Annapurna; erster Achttausender, Wien 1952.

Hillary E. & D. Doig, Schneemenschen und Gipfelstürmer, Wiesbaden 1963.

Lehmann, P. H. (Hrsg.): Himalaya, Hamburg 1988.

Matthiessen, P., Auf der Spur des Schneeleoparden, München 1985.

Messner, R., Die Göttin des Türkis; der Weg zum Cho Oyu, München 1988.

Seemann, H., Nepal 2029, gestern noch verbotenes Land, Stuttgart 1973.

Tichy, H., Cho Oyu, Berlin–Frankfurt–Wien 1955.

Warth, D., Der lange Abschied, 2000 Kilometer zu Fuß durch Nepal, Rosenheim 1987.

Warth, H., Tiefe überall; Menschen, Schluchten und Achttausender, Rosenheim 1986.

Weber, H. & G. Bonn, Nepal; Bilder aus dem Kathmandutal, Köln 1983.

Winkler, J., Himalaya und Karakorum, München 1989.

Trekkingführer

Bezruchka, S.: Nepal 1 (Trekking-Routen); Nepal 2 (Trekking-Handbuch). – Conrad Stein Verlag, Kiel 1988.

Kleinert, C.: Nepal-Trekking; BV-Tourenblätter Mappe 12. – Bergverlag Rudolf Rother, München 1975.

Raj, P. A.: Kathmandu Nepal, Travel-Infos für Abenteurer. – Schettler Publikationen, Hattorf 1987.

Tüting, L.: Nepal für Globetrotter. – Verlag Ludmilla Tüting, Hagen 1980/81.

Voßmann, H. (Swami Bodhi Gayaka): Nepali für Globetrotter. – Kauderwelsch Band 9, Peter Rump Verlag, Bielefeld 1986.

Völkerkunde, Natur, Umwelt, Entwicklungshilfe

Berger, F., Erde, Menschen, Bäume (Entwicklungshilfe in Nepal), Wald 1983.

Bista, D. B., People of Nepal, Kathmandu 1967/1972.

Brauen, M., Nepal, Leben und Überleben. – Völkerkundemuseum der Universität, Ethnologische Schriften, Zürich 1984.

Essen, G.-W.; T. T. Thingo, Die Götter des Himalaya. Buddhistische Kunst Tibets, München 1989.

Fisher, J. A., Trans-Himalayan Traders (economy, society and culture in northwest Nepal), Berkeley–Los Angeles–London 1986.

Fleming, R. L. & R. L. jr., Birds of Nepal, Kathmandu 1976.

Funke, F. W., Die Sherpa und ihre Nachbarvölker im Himalaya, Frankfurt a. M. 1978.

Führer-Heimendorf, C. v., Himalayan Traders; life in highland Nepal, London 1975.

Hara, H., Photo-Album of Plants of Eastern Himalaya, Tokyo 1968.

Israel, S. & T. Sinclair, Indian Wildlife, with Sri Lanka and Nepal, Singapur 1987.

Majupuria, T. C., Wild is beautiful; introduction to the Fauna and Wildlife of Nepal, Lashkar (Gwalior) 1981/82.

Nepali, G. S., The Newars, Bombay 1965.

Oppitz, M., Geschichte und Sozialordnung der Sherpas, Khumbu Himal 8, Innsbruck–München 1968.

Oppitz, M., Schamanen im Blinden Land, Frankfurt a. M. 1981.

Polunin, O. & A. Stainton, Flowers of the Himalaya, London–Delhi 1984.

Schaller, G. B., Mountain Monarchs; wild sheep and goats of the Himalayas, Chicago–London 1977.

Seeland, K., Ein nicht zu entwickelndes Tal; traditionelle Bambustechnologie und Subsistenzwirtschaft in Ost-Nepal, Diessenhofen 1980.

Shackley, M., Und sie leben doch (Bigfoot, Almas, Yeti und andere geheimnisvolle Wildmenschen), München 1983.

Shrestha, D. B.; C. B. Singh & B. M. Pradhan: Ethnic groups of Nepal and their ways of living, Kathmandu 1972.

Stainton, J. D. A., Forests of Nepal, London 1972.

Tüting, L., Nepal verstehen, Starnberg 1985.

Warth, H., Wer hat dich, du armer Wald ...?; die Krise in Nepal, Deutsche Stiftung f. internat. Entwicklung, Zentralstelle f. Auslandskunde, Heft 7, Bad Honnef 1987.

Götter- und Personenregister

Kursive Seitenzahlen verweisen auf Bildlegenden

ABHAYA MALLA (13. Jh.), König
25
Adi-Buddha 14
Adinatha Lokeshwara 243
Aishwarya *37*
Akshobhya (Buddha) 64, 65
Amitabha (Buddha) 64, 65
Amoghasiddhi (Buddha) 65
Amshuvarman (6. Jh.-621/625),
König 21, 22, 23, 93
Ananta Malla (9. Jh.), König 195
Aniko (13. Jh.), Baumeister 61
Aryatara, Buddha-Shakti 209
Ashoka (Priyadarsin) (3. Jh.
v. Chr.), Kaiser 18, 21, 192, 256
Atisa, Religionslehrer 275
Avalokiteshvara, Bodhisattva
179, 184, 191, 212, 243, 297, 300

BALKUMARI 228
Bhadrakali 80, 206
Bhagini 200
Bhagvati 73, 247
Bhairava 40, 42, 70, 73, 80, 82,
83, *112,* 172, 176, 188, 196, 200,
206, 223, 226, 228, 246, 247,
250
Bhimsen 188, 203
Bhupatindra Malla (1696-1722),
König 28, *29,* 72, 196, 200
Birendra Bir Bikram Shah (geb.
1972), König 36, 37, *37,* 93, 204
Brahma 41, 204, 229
Brikuti 23
Buddha Gautama Shakyamuni
21, 23, 40, 44-46, *47, 57,* 64, 65,
69, 70, 73, 74, 84, 85, 86, 104,
191, 192, 209, 210, 212, 213,
227, 242, 243, 251, 255, 256,
257, 261, 268, 297, 300

CHAKRAVARTINDRA MALLA
(17. Jh.), König 177
Chamunda 73
Chandra 42
Chandra Shamsher Rana (1901-
1929), König 34, *35,* 169
Charumati 21

DALAI LAMA, Oberhaupt der
tibetischen Buddhisten 49, 85,
214
Degutale 172
Devavatara 174
Dharmadeva (5. Jh.), König 21
Dipankara, Buddha 179
Dipendra, Kronprinz *37*
Draupadi 188
Durga 83, 196, 197, 200, 206, 218;
siehe auch Parvati

FÜHRER, Alois, Archäologe 256

GANESH 40, 42, Abb. 43, 70, 73,
83, 85, 173, 190, 196, 206, 223,
228, 229, 232, 244, 246, 251
Ganga 186
Gauri = Parvati
Ghanta Karna 81
Goraknath 244
Gunakamadeva (10./11. Jh.),
König 18, 25, 93, 177
Guyeshvari 218

HANUMAN 70, 166, 198, 206, *341*
Harishankar 186
Harisiddhi 229
Harisimhadeva (14. Jh.),
Herrscher 25, 196
Hariti 210

Hillary, Sir Edmund Percival (geb. 1919), Bergsteiger und Forscher 307, *307*
Hodgson, Brian H. (1829-1843), britischer Resident 32
Howard-Bury, C. K., Bergsteiger 163

INDRA 42, 82, 83

JAGATPRAKASHA MALLA (17.Jh.), König 197, 206, 250
Jaya, Riese 200, 204
Jayadeva II. (7./8.Jh.), König 23
Jayasthiti Malla (1372-1395), König 26, 27, 44, 190, 195, 204
Juddha Shamsher Rana (1932-1945), Premierminister 34, 35, 192
Jung Bahadur Rana (1846-1877), Premierminister 33, 34

KADGA SHUMSHER RANA, Fürst 256
Kali 70, 83, 246, 247; siehe auch Parvati
Kamalashila (8.Jh.), Religionsgelehrter 48
Kausalyabati (18.Jh.), Königin von Gorkha 31
Kipling, Rudyard (1865-1936), Schriftsteller 148, 149
Koirala, B.P., Politiker 36
Krishna 77, 186, 198
Kubilai Khan (1215-1294), Kaiser 61
Kumar 73, 246
Kumari 82, 83, 169, 174, 192, 203, 230

LAKSHMI 186
Lama Yeshe, Abt 214
Langdharma, König 213
Lochana, Buddha-Shakti 209
Lokeshvara 206, 228

MAHAKALA 73, 188, 228, 232
Mahalakshmi 18, 230
Mahendra Bir Bikram Shah (1955-1972), König 36, 255, 260
Mahendra Malla (1560-1574), König 30, 166
Mahisamardini 200
Mamaki, Buddha-Shakti 209
Manadeva I. (464-491), König 21, 22, 23, 213, 220, 223
Manjushri, Bodhisattva 14, 18, 20, 191, 241, 243
Marpa, Religionslehrer 275

MATCHHENDRANATH 16, 28, 42, 77, 80, 176, 189, 191, 228
Matthiessen, Peter, Schriftsteller 265
Maya, Mutter Buddhas 255
Milarepa, Dichterheiliger 125, 275
Minanath 80
Mohan Shamsher Rana (1948-1951), Premierminister 35

NARA BHUPAL SHAH (18.Jh.), König von Gorkha 31
Narasimha 169, 198
Nawang Jimba, Sherpa-Lama 300

OCHTERLONY, General 32
Oppitz, Michael, Wissenschaftler 103

PADMAPANI, Bodhisattva 176, 250
Padmasambhava (8.Jh.), Religionsgelehrter 48, 86, 267, 268, 297, 300
Pandara, Buddha-Shakti 209
Parvati 42, 70, 77, 172, *173,* 184, 206, 218, 226, 229, 247, *317*
Patta, Riese 200, 204
Pratapa Malla (1641-1674), König 30, 72, 169, 172, 177, 209, 210

Prithvi Narayan Shah (1722-1774), König 30, 31, 83, 103, 179
Priyadarsin siehe Ashoka
Purandarasimha (16.Jh.), Fürst 188

RADHA, Gespielin Krishnas 186
Rajrajeshvari 218
Rajya Lakshmi (19.Jh.), Königin 33
Rajyavati (5.Jh.), Königin 21, 22
Ranajita Malla (1722-1768), König 203
Ratna Malla (1484-1520), König 28
Ratnasambhava, Buddha 64
Raya Malla (1482-1505), König 203
Ripu Malla (13.Jh.), König 256

SANTARAKSHITA (8.Jh.), Religionsgelehrter 48
Sarasvati 77, 229
Shams ud-din Ilyas (14.Jh.), König 26, 209
Shankar = Shiva
Shankaracharya (788-820), Religionsgelehrter 24, 42, 44
Sherab Gyaldsen, Patriarch 58, 265, 269
Shipton, Eric, Bergsteiger 163, 164
Shiva 16, 19, 24, 25, 40, 41, 42, 69, 70, 77, 78/79, 81, 82, 121, 169, 172, 173, 176, 177, 184, 186, 188, 190, 197, 198, 204, 206, 215, 218, 220, 225, 226, 229, 241, 247, 250, 278, 292, 294, 297, 300, 317, 343
Siddharta siehe Buddha
Siddhikali 228
Siddhinarasimha Malla (1620-1661), König 28, 184, 186, 188

Singhini 200
Sirinivasa Malla (17.Jh.), König 188
Sitala Devi 210
Sivadeva (588-606), König 22
Someshvaradeva (1178-1182), König 25
Srinivasa Malla (1661-1684), König 186
Srongtsen Gampo, König Tibets 23
Surya 42, 70, 246, 247, 251
Swayambhu 14

TALEJU 25, 26, 42, 48, 72, 166, 172, 174, 184, 196
Tara, weiblicher Bodhisattva 179, 191
Tensing Norkay, Sherpaführer 307, 307
Tribhuwan (1911-1955), König 35, 36
Tulgu, Tamang-Ahnherr 98
Tulshig Rimpoche 299, 300

UDIP SINGH RANA (1877-1885), König 34

VAIROCHANA, Buddha 65
Vajravarahi 229, 230
Vajrayogini 241, 244
Vishnu 19, 22, 25, 30, 39, 40, 41, 68, 70, 80, 84, 96, 112, 169, 174, 186, 190, 197, 204, 206, 218, 220, 221, 223, 224, 225, 229, 232, 246, 251
Vishnu Malla (1729-1745), König 184

YAKSHA MALLA (1428-1482), König 27, 195
Yama 88
Yamuna 186
Yoganarendra Malla (1684-1705), König 28, 72, 184

Orts- und Sachregister

Kursive Seitenzahlen verweisen auf Bildlegenden

ÄRZTLICHE BEHANDLUNG 314
Amadablam (6856 m) 301, 307, 308
Annapurna (8091 m) (Plan 271/ 272) 101, 125, 141, 155, 158, 161, 271-280, 292, 301
Annapurna-Nationalpark 161
Anreise 314
Arun-Fluß 21, 107, 124, 133
Auskunft 315
Ausrüstung 315
Autofahren 315 f.

BABILA-TAL 261
Bagmati-Fluß 14, 18, 41, 81, 82, *121*, 130, 190, 215, 218, 241, 243, *245*
Bagmati-Schlucht 241
  Gokarneshwar-Tempel 214
Bahundanda 274
Balaju 225
Balambu 57
Banepa 19, 27, 195, 229, 247
Banken 316
Barbung-Kola-Tal 269
Bardang 274
Bardia-Karnali-Reservat 145, 257
Barun-Tal 124
Basia-Paß (5400 m) 265
Baudenkmäler 316 f.
Begnas-See 133, 274
Bergsteigen 318 f.
Bhadgaon siehe Bhaktapur
Bhairavkund 294
Bhairawa 90, 255
Bhaktapur (Plan 194, 197) 15, 18, 26, 27, 28, 60, 77, 78, 81, 90, 94, 137, 195-207, *199, 326*
  Altes Palasttor 198

Bhaktapur
  Bhagvati-Mandir 198
  Bhairava-Tempel 200, *202*, 203, 207
  Bhimsen-Tempel 63, 203
  Bhupatindra-Säule *29*, 197, 198
  Chaturavarna Mahavihara 203
  Cyasilim-Mandir 198
  Dattatraya-Tempel 63, 204
  Durbar-Platz 195, 196-198, 203
  Durga-Mandir 197
  Dvarikanath-Mandir 197, 199
  Hanuman Ghat 206
  Kasi Vishvanath siehe Bhairava-Tempel
  Matchhendranath-Tempel 206
  Nag-Pokhri-Teich 206
  Nationale Kunstgalerie 198
  Nava-Durga-Mandir 206
  Nyatapola-Pagode Frontispiz, 28, 59, 62, 190, 200, *201*, 204, 207
  Palast *48*, 72, 73, 196, 198
    Eta Chowk 196
    Goldenes Tor *48*, 196, 197, 198
    Königliche Badeanlage 198
    Mul Chowk 196, 198
    Sadashiva Chowk 196
  Palast der 55 Fenster 28, 72, 73, 198
  Phasi-Dega-Pagode 198
  Pujari Math 68, 204, *205*
  Tachapaltol-Platz 203, 206
  Taleju-Glocke 197
  Taumadhitol-Platz 195, 198, 200-203, *202*
  Vakapati-Narayana-Tempel 206

Bhaktapur
  Vatsala-Tempel 63, 197
  Yaksheshvara-Pagode 197
Bhandar 299, 302
Bharabise 257, 295
Bigpherago Shar (6930 m) 306
Bigu, Kloster 88, 111, 122, 295,
  297
Bijaypur 107
Biratnagar 257
Birdim 289
Birethani 279
Birganj 90
Bishanku Narayan 19
Bodnath 15, 19, 48, 57, 58,
  212-214
  Stupa *13, 48,* 64, 65, 85,
  212-214
Botschaften 319
Bragha 88, 125, 274
Brahmanen 42, 44, 91, 92, 103,
  271, 297
Brikuthi Himal (6724 m) 271, 278
Budhanilkantha 19, 30, 41, 42, 84,
  112, 214, 224, 225
Bulbule-Paß (3350 m) 260
Bungamati 19, 80, *112,* 228, *280*
  Hayagrivabhairava-Tempel 228
  Kuranamaya-Tempel 228
  Matchhendranath-Tempel 63
Buri-Gandaki-Fluß 97, 125, 133
Butwal 90, 255

Chabahil, Stupa 19, 64, 212
Chame 274
Chandeshvari-Tempelbezirk 247
Chandrakhot 279
Changma-Deodorali-Paß
  (2705 m) 298, 302
Changu Narayan (Plan 221) 19,
  22, 28, 220-224, *222,* 242
Chapagaon 19, 229
  Vajravarahi-Heiligtum 229
Charikot 107
Charka 127, 269
Charka-Paß (5500 m) 268
Chaudabise-Tal 261

Chaunrikharka 303
Chaurikhot 263
Chetris 42, 91-93, 103, 260, 261,
  264, 274, 279, 302
Chitre 279
Chitwan-Nationalpark *232,* 254,
  255
Cho Oyu (8153m) 302, 303, 308
Chobar 243, *280*
  Adinath-Pagode 243
  Jalvinayaka-Pagode 244
Chobar-Schlucht 14, 243, 244,
  245
Chomolongma siehe Mount
  Everest
Chongang 291
Chukhung Ri (5546 m) 311
Chukhung-Alm 310

Dakshinkali 42, 246
Dakshinkaliko Ama 247
Danuwars 97
Daphe-Banyang-Paß (3500 m) 260
Debuche, Kloster 310
Deopatan 69, 215
Dhangars 97
Dharan 90, 107, 109, 257
Dhaulagiri (8167 m) 157, 158,
  265, 269, 270, 278, 279, 292
Dhigur-System 104
Dhorpatan-Reservat 161
Dhud-Koshi-Fluß (Plan 296) 107,
  110, 295, 303
Dhud-Kund-See 300, 301
Dhulikhel 59, 195, 250
Dhunche 98, 289, 294
Dingboche 310, 311
Djamba Gompa 267
Djimu-Paß (5050 m) 268
Do 268
  Ripumba Gompa 268
Dobi-Khola-Fluß 14
Dolpo-Gebiet 88, 126-128, 140,
  160, 161, 261-271
Dolpopas 126-128
Drogen 319 f.
Dumre 271

EINKAUFEN 320 f.
Essen und Trinken 321 f.

FAHRRADFAHREN 322
Fauna 145-162, *232*, 322 f.
Feste 75-88; siehe auch Veran-
staltungskalender
Flora 134-144, *236*, 323

GANDRUNG 101
Ganesh Himal (7406 m) 284, 292
Gangchenpo (6397 m) *280*
Ganja-Paß (5100 m) 292
Ganpokhara 101
Garuda-Naga-Makara-Stil 65,
68, 73
Gaurishankar (7145 m) 41, 242,
295, 297, 301
Gelbmützen-Schule siehe
Gelukpas
Geld 323 f.
Gelukpas (Gelbmützen) 57, 58,
122, 214
Geschichte 20-38, 336, 337
Ghasa 278
Ghat 303
Ghorepani-Paß 279
Ghurkas 31-35, 102, 103
Glossar 340-347
Godavri 229, 242
Botanischer Garten 242
Godavrikund 242
Naudhara (Neun Quellen) 242
Phulchoki-Mai-Heiligtum 243
Gokarna 20
Gokarna Ban, Wildreservat 15
Gokarneshwar, Shiva-Tempel 16,
81, 82
Gokyo Peak (5483 m) 308
Gokyo-Alm 306, 308
Goli Gyapso 302
Gopalas, Herrscherdynastie 20
Gorakshep-Alm 310
Gorkha 27, 30-32
Gosainkund-Seen (Plan 290) 190,
289, 292, 294
Guhyeshwari, Heiligtum 14

Gumghari 260
Gurungs 44, 101-103, 271, 274
Gyachu Kang (7922 m) 308

HANUMANTE (3060 m) 297
Hanumante-Fluß 14, 206, 207
Harisiddhi 19, 229
Helambu (Plan 290) 88, 111, *232*,
293
Hetauda 90
Himalchuli (7893 m) 101, 292,
301
Humla Karnali 128, 160
Hurikot 263
Hyenja-Camp 280

ICHANGU NARAYAN 19
Imja Kola 310
Imja-Drangka-Tal 311
Indrawati-Fluß 249
Island Peak (Imja Tse) (6189 m)
311

JAGAT 274
Jagdula-Fluß 263
Janakpur 90
Jaulakhel 80
Jhari 260
Jharkot 278
Jirels 107
Jiri 107, 297, 298, 302, 303, 311
Jomosom 269, 270, 271, 278
Jorsale 303
Jumla 93, 137, 257, 261, 263
Junbesi 84, 86, 122, 299, 300

KAGBENI 103, 160, 271, 278
Kagmara-Paß (5110 m) 263
Kala Pattar (5545 m) 310
Kalender 324
Kali-Gandaki-Fluß 22, 86, 103,
104, 106, 126, 133, 141, 160,
161, 255, 269, 271, 279
Kali-Gandaki-Tal 88, 155, 158,
269, 270, 271, 278
Kalopani 278
Kang-Paß (5030 m) 268

Kangchendzönga (8598 m) 21,
    157, 257, 301
Kangtaiga (6809 m) 308, *309*
Kanjiroba Himal (6883 m) 140,
    257, 261, 263
Kantipur 25; siehe Kathmandu
Kapilavastu 255, 256
Kargyüpa-Orden 58, 214, 297
Kariolung 295, 301
Karnali-Fluß 130, 145, 147, 257
Karten und Pläne 324 f.
    Bhaktapur 194, 197
    Changu Narayan 221
    Kathmandu 168, 170/171
    Kathmandu-Tal 12/13
    Langtang-Tal, Gosainkund-
        Seen und Helambu 290
    Nepals ferner Westen 258/259
    Patan 182, 183
    Rund um die Annapurna
        272/273
    Swayambunath 208
    Zwischen Sun Koshi und Dhud
        Koshi 296
Kastensystem 24, 26, 42, 44, 46,
    92
Kathmandu (Plan 168, 170/171)
    15, 16, 18, 25, 27-30, 38, 77, 82,
    83, 90, 94, 166-179, *167, 175, 326*
    Bahadur Bhawan 177
    Bahals
        Bhagaban 178
        Itum 178, 179
        Jana 176
        Kwa *57,* 178
        Mahakala Bhairava 177, 178
        Mussya 178
        Shushya 178
        Tharumula 73, 174, 179
        Tukan 179
        Yatakha 178
    Basantur Durbar 77
    Basar 174-176
    Bhimsen-Turm 177
    Gaddi Baithak 172
    Hanumandhoka-Palast siehe
        Palast, Alter

Kathmandu
    Haus der Kumari 174
    Hinduistische Tempel
        Akashu Bhairava 176
        Annapurna 177
        Degutale *48,* 72, 169, 172
        Hanuman 166
        Jagannath 169, 172
        Kathesimbu 178
        Krishna 172
        Mahakala Bhairava 177, 178
        Mahendreshvara 176
        Narayogini 172, 173, *173*
        Shiva 172
        Taleju 30, *48,* 60, 62, 68, 166,
            167, 169
        Trailoka Mohan 174
    Indra Chowk 176
    Kasthamandapa 62, *175*
    Kavindrapur-Bau 173
    Narayanhiti siehe Palast,
        Neuer
    Palast, Alter (Hanumandhoka-
        Palast) 30, *48, 66/67,* 82, 83,
        166, 169, 225
        Audienzhalle 169
        Basantapur Durbar 169
        Bhandarkhal-Park 169
        Gaddi Baithak (Thronhalle) 169
        Hanumandhoka-Tor 166
        Lon Chowk 169
        Mohan Chowk 166
        Mul Chowk 169
        Nasal Chowk 169
        Sundara Chowk 166
    Palast, Neuer (Narayanhiti)
        177
    Rani-Pokhri-Teich 30, 177
    Ratna-Park 177
    Singa Durbar 178
    Straßen und Plätze
        Asantol 176, 177
        Durbar Marg 178
        Durbar-Platz (Plan 170/171)
            60, *112,* 166, 169-171, *173,*
            179
        Kanti Path 177

Kathmandu
  Kot-Platz 83
  Makantol 74, 174, 176
  Ram Shah Path 17
  Tundikhel 177, 178
  Thamel 176
  Tundikhel 149
Khaptad-Nationalpark 160
Khokana 19, 228
  Rudrayani-Pagode 228
Khombos 124, 125
Khudi 274
Khumbu Yüllha (5761 m) 307
Khumbu-Gebiet (Plan 296) 110,
  122, 164, 295, 302-311, *304/305*
Khumjung 307, 308, 311
Kiratis, Herrscherdynastie 20, 21,
  107
Kirtipur 18, 19, 27, 60, 226-228
  Bhagbhairava-Tempel 226
  Buddha-Dharma-Sangha-
    Tempel 227
  Buddha-Mandir 227
  Chilanchu Vihara 226
  Kvathalayaku-Pagode 226
  Kve Bahal 227
  Lokeshvara-Tempel 227
  Narayan-Mandir 227
Klima 134-137, 325
Kopan, Kloster 214
Koshi-Fluß 22
Koshi-Tappu-Reservat 147, 257
Kot-Massaker 33
Kshatryias 42, 92, 102; siehe auch
  Chetris
Kunde 307
Kyanjin 291, 292

LAKPA-PAß (6500 m) 163
Lamjung 33
Lamjung Himal (6986 m) 101
Lamjura-Banyang-Paß (3550 m)
  299
Langsisa-Alm 292
Langtang (Ort) 291
Langtang-Fluß 289
Langtang-Gebirge *280,* 291, 292

Langtang-Nationalpark 161, 289,
  291
Langtang-Tal (Plan 290) 147, 289,
  291, 292
Langur-Fluß 161
Larkya Basar 125
Larkya-Paß 274
Larkyapas 125
Laurebina-Paß (4600 m) 294
Lazimpath 77
Lethe 278
Lhomi 124
Lhotse (8501 m) 301, 302, 308,
  310, *318*
Lhubu 19, 230
Licchavi-Dynastie 21-25, 178,
  190, 191, 192, 209, 210, 213,
  215, 220, 223
Likhu Kola 299, 302
Limbus 21, 40, 44, 107, 109, 110
Limbuwan 109
Literatur 345-347
Lobuche-Alm 310
Lopas 126
Lukla 311
Lumbini 21, 44, 255, 256
  Ashoka-Säule 256
  Geburtshaus Buddhas 255
  Klosterbauten 255
  Mahendra-Bir-Bikram-Shah-
    Gedenkstätte 255
Lumle 279
Lumsa 260

MÄRKTE 326, *326, 327*
Magars 44, 102, 103, 107, 279
Mahabharat-Gebirge 97, 132,
  138, 147, 257
Mahtsapuchare (6999 m) *17,* 280
Makalu (8475 m) 100, 124, 257,
  301, 308
Malla-Dynastie 25-30, 166, 172,
  190, 196, 223, 260
Manang 88, 125, 274
Manangbhot 125, 274
Manaslu (8156 m) 125, 274, 292,
  301

Mangri 260
Manohara-Fluß 14, 220
Manthang = Mustang
Marpha 86, 88, 104, 106, 278
Marsyandi-Fluß 133, 271, 274, 275
Marsyandi-Tal 88, 125, 126, 140
Medien 327
Medizinische Vorsorge 328
Melamchigaon 294
Mingbo *304/305*
Mobung 122, 299, 300
Modi Kola 279
Monjo 303
Mount Everest (8848 m) (Plan 296) 161, 163, 242, 247, 295, 298, 300, 301, 302, 307, *307*, 308, 310, *318*
Mugu Karnali 128, 140, 260
Mugu-Gebiet 88
Mugupas 128, 260
Muktinath 104, 160, 278
Mula-Paß (5050 m) 268, 269
Museen 328
Mustang 126, 140, 269

NA 308
Nagarjuna-Forst 15
Nagarkot 59, 242
Nakhu Kola 80
Nala 229, 247, 250
    Bhagvati-Pagode 247, 250
    Karunamaya-Tempel 250
Namche Basar 303, 306, 311
Namgung 126
Namobuddha, Heiligtum 250
Nanga-Paß (5716 m) 303, 306
Nangpa Tsangpo 303, 306
Naphkund siehe Tshottar
Narayani-Fluß 130, 145, *232*, 255
Nationalparks
    Annapurna-Nationalpark 161
    Bardia-Karnali-Reservat 145, 257
    Chitwan-Nationalpark 145, *232, 254*, 255
    Dhorpatan-Reservat 161

Nationalparks
    Khaptad-Nationalpark 160
    Koshi-Tappu-Reservat 147, 257
    Langtang-Nationalpark 161, 289, 291
    Rara-Nationalpark 161, 260
    Sagarmatha-Nationalpark 161, 162, 303, 306 f.
    Shey-Phoksumdo-National-park 161, 264, 265
    Shukla-Phanta-Reservat 145, 257
Naudana 279
Navagaon 124
Neha 124
Nepalganj 90, 145, 257
Newars 18, 21, 44, 57, 86, 94-96, 111, 169, 172, 179, 187, 190, 196, 198, 199, 203, *207*, 214, *232*, 250, 279, 297
Nilgiri (7061 m) 271, 278
Notruf 329
Numa-Paß (5150 m) 265
Numbur (6960 m) 156, 157, 295, 300, 301
Nuptse (7879 m) 303, 308, 310
Nuwakot, Festung 31
Nyaur-Tal 260
Nyingmapas (Rotmützen) 48, 49, 98, 122, 127, 214, 246, 267

OKHALDUNGA 107
Öffnungszeiten 329

PAGODEN-STIL 61-63
Pahar-Bergland 132, 138, 147, 149
Panauti 195, 250-252, *251*
    Brahmayani-Mandir 252
    Indreshvara-Mahadeva-Pagode *248/249*, 250
    Krishna-Mandir 250, 252
Panch Pokhari (Fünf Seen) 133
Panchayat-System 36, 37
Panchkal 294
Pangpoche 310, 311
Panzang 126

Pashupatinath 14, 19, 20, 21, 41,
69, 77, 78/79, 82, 85, 121, 147,
215-220, 216/217
  Arya Ghats 215
  Goraknath-Tempel 218
  Guyeshvari-Mandir 218
  Hügel von Mrigasthali 85
  Pagode 215, 216/217, 218, 219,
  250
  Panchadeva 218
  Rajrajeshvari-Tempel 218
  Shiva-Pagode 82, 197
  Surya Ghats 215
  Vishvarupa-Mandir 218
Patal Hiunchuli (6336 m) 279
Patan (Plan 182, 183) 16, 18, 21,
27, 28, 44, 48, 60, 62, 69, 72, 81,
83, 90, 94, 179-193
  Ashoka-Stupas 179, 190, 192
  Bhimsen-Tempel 48, 188
  Camp der Exiltibeter 193
  Charnarayan-Pagode 188
  Cyasilim-Deval-Tempel 48,
  186
  Degutale-Tempel 28, 184
  Dharmakirta Mahavihara siehe
  Ta Bahal
  Durbar-Platz 18, 48, 74,
  179-190, 180/181
  Harishankar-Pagode 48, 186,
  188
  Hiranyavarna Mahavihara
  siehe Kwa Bahal 190, 191
  Jaulakhel 80
  Krishna-Mandir 28, 63, 187
  Kumbeshvar-Tempel 190
  Kwa Bahal 190
  Mahabodhi-Tempel 191, 192
  Mangal Basar 179, 186
  Mani-Ganesh-Mandir 190
  Manidhara-Becken 188
  Matchhendranath-Tempel 80
  Minanath-Mandir siehe
  Tamgah Bahal
  Om Bahal 192
  Palast 28, 48, 71, 179, 184-186,
  185, 317

Patan
  Manikeshar Chowk 184
  Mul Chowk 184
  Sundhara Chowk 186
  Palastgarten 186
  Pulchok 80
  Rudravarna Mahavihara siehe
  Uku Bahal
  Ta Bahal 78, 191
  Taleju-Glocke 186
  Tamgah Bahal 191
  Uku Bahal 192
  Vishvanath-Tempel (Vishvesh-
  vara) 48, 188, 189
  Yatilibi Chaitya 192
  Yoganarendra-Säule 184, 186
  Zoologischer Garten 193
Pewa Tal (See) 133
Phalesangu 274
Phallak 271
Phaphlu 84, 86, 301
Pharak 110, 303
Pharping 19, 244
  Goraknath-Höhlenheiligtum
  244
  Nyingmapa-Gompa 246
  Padmasambhava-Höhle 246
  Shakya-Kloster 246
  Shesh-Narayan-Tempel 246
  Vajrayogini-Pagode 244
Phedi-Alm 274
Pheriche-Alm 310
Phoksumdo-See 133, 161, 264,
265
Phortse 308
Phulchoki (2762 m) 12, 242, 243
Phungmo 264
Phungmoche 300
Pike (4070 m) 298, 301, 302
Pisang 125, 274
Pläne siehe Karten und Pläne
Pokhara 38, 90, 93, 133, 135,
280
Poonhill (3000 m) 279
Post und Telefon 329
Pumori (7145 m) 308, 310
Punyamata-Khola-Fluß 250

RAFTING 255, 329
Rais 21, 44, 107-109
Rajputen 24, 30, 91
Ramayana 28
Ramche 289
Ramechap 107
Rana-Dynastie 33-35, 93, 169
Rapti-Fluß 254, 255
Rara-Nationalpark 161
Rara-See 93, 133, 161, 257, 260
Rasua Garhi 289
Ringmo 264, 265, 300, 301
Rodi 102
Rolwaling-Tal 111, 164, 306
Rongphuk, Kloster 300, 308
Rotmützen-Schule siehe
  Nyingmapas
Rupakot-See 133, 274

SADDHUS *121, 219*
Sagarmatha = Mount Everest
Sagarmatha-Nationalpark
  (Khumbu) 161, 303, 306f.
Saipal (7050 m) 161
Salleri 301, *327*
Samling 126
Sanagaon 19, 229, 230
  Bhairava-Mandir 229
  Ganesh-Pagode 229
  Kumari-Tempel 229
Sangda 270
Sankhu 19, 241, 242
  Swayambhu-Stupa 241
  Vajrayogini-Heiligtum 241
Sapt-Koshi-Fluß 130
Saraswatikund 294
Satars 97
Sauraha 254
Schamanen 254
Segauli, Frieden von S. 32
Sete 299
Shah-Dynastie 30-32, 83, 107
Shakyapas 58, 214
Shermatang 294
Sherpas 44, 84, 86, 110-113, *111,
  121-126, 123,* 162, 214, *232,* 294,
  297, 298, 300-303, 306-309

Shesh Narayan 19
Shey Gompa, Kloster 161, 265
Shey-Phoksumdo-Nationalpark
  161, 264, 265
Shikhara-Stil 63, *187*
Shing Gompa 161, 292
Shishapangma 301
Shukla-Phanta-Reservat 145, 357
Shyabru 289, 292
Shyangpoche (Aussichtsplatz)
  307
Simraongarh 198
Singhati Basar 297
Sisne Himal (6596 m) 261
Siwalik-Berge (ca. 1000 m) 130,
  132, 145, 257
Sokung 104, 278
Solu 110, 303
Solu Khumbu *327*; siehe
  Khumbu
Solu Kola 301
Sprache 338, 339
Stupa-Stil 63-65
Suikhet-Ebene 280
Sun Koshi (Plan 296) 97, 106, 147,
  247, 295
Sundarijal, Sundari Mai 241
Sunwars 44, 107
Surjakund 294
Swayambunath (Plan 208) 14, 15,
  19, 21, 30, 38, 39, *47,* 57, 58, 77,
  147, 209-212, 218
  Naturkunde-Museum 212
  Shantipur-Tempel 210, 212
  Sitala-Devi-Hariti-Pagode 210
  Stupa 14, 64, 65, 85, 86, 178,
    209, *211, 333*
  Tibetisches Kloster 211

TABOCHE-MASSIV *304/305*
Takyu 267
  Kahar Gompa 267
Tal 274
Tamangs 44, 97-101, 102, 107,
  214, 287, 289, 294, 298
Tamba-Koshi-Fluß 133, 297
Tansen 255

Tarap-Tal 126, 265-267, 268
Tarkeghyang 294
Tashi-Labtsa-Paß (5755 m) 306
Tashigaon 124
Tatopani 279
Taudaha-See 244
Taxindu 300, 301
Tehrathum 107
Telefon siehe Post
Tengi Ragi Tau (6940 m) 306
Terai-Ebene 21, 33, 38, 90, 96, 97,
    130, *131*, 135, 137, 145-147,
    254-257
Thaibo 19, 229
    Sanataneshvara Mahadeva 229
Thakalis 44, 103, 104, *105*, 278
Thakkola-Gebiet 104, 106
Thakuri-Dynastie 24, 25, 93, 190
Thami 122, 306
Thamis 106, 107, 297
Thamo 306
Thankot 231, 232
    Mahalakshmi-Tempel 231, 232
    Satyanarayan-Mandir 232
Thare 289, 308
Tharepati 294
Tharus 96, 97
Thecho 19, 228, 229
    Balkumari-Pagode 228
    Brahmayani-Mandir 228, 229
Thengpoche, Kloster 65, 122,
    308, *309*, 311
Thimi 18, 19, 230, 231, *231*
    Balkumari-Pagode 230
    Dakshinvarahi-Tempel 230,
    231
    Digu Bahal (Gunakirti
        Mahavihara) 230
    Jisvan Bahal (Purnachaitya
        Mahavihara) 230
    Lokeshvara-Pagode 230
    Siddhikali-Pagode 230

Thodung 298
Thoka 19
Thonje 274, 302
Those 298, 302
Tika Puja 83
Tilaurakot 256
Tinsang-Paß (3300 m) 295
Torong Peak (6480 m) 271,
    278
Torong-Paß (5416 m) 271, 278
Tramserku (6608 m) 308
Trekking 330 f.
Tribhuwan-Flughafen 19, 215
Tribhuwan-Universität 226, 228
Trinkgeld 332
Trisuli Basar 289, 294
Trisuli-Fluß 31, 98, 141, 255, *280*,
    294
Tschiwong 122, 301
Tshottar (Naphkund) 261
Tso-Lugka-Seen 269
Tuje-Paß (5120 m) 269, 270
Tukuche 86, 88, 104, 278

UHRZEIT 332
Ulleri 279
Umweltproblematik 332
Unterkunft 332 f.

VAISHALI, mythische Stadt 21
Vamsavalis 20
Veranstaltungskalender 333 f.
Verkehrsmittel 334 f.
Visalnagar, mythische Stadt 19
Vishnumati-Fluß 14, 18

YAKHAS 107
Yala Peak *280*, 292
Yala-Alm 292
Yangri-Danda 294

ZOLL 335

Danksagung

All denen, die mir bei meinen Erfahrungen geholfen haben, möchte ich Dank sagen: meiner Familie, den Freunden in Nepal, der Schweiz und in Deutschland, den vielen einheimischen Helfern vom Sirdar bis zum Träger, den wohlmeinenden Beamten der nepalischen Regierung und den gastfreien Menschen im Bergland, denen ich begegnete.

Vor allem aber danke ich meiner lieben Frau Margarete, die mit Geduld und Toleranz so viel Verständnis für meine Nepal-Aktivitäten aufbrachte, die auf mehreren Reisen mein vertrauter Partner war und die mit ihrer wertvollen Unterstützung großen Anteil an diesem Buch genommen hat.

Abbildungsnachweis

Heidi Altmann, Starnberg: S. 163, 262

Dieter Fuchs, München: Farbtafeln 21, 22

Ulrich Gruber, Dietramszell: Umschlag-Vorderseite,
Farbtafeln 18, 19, 20, 23, S. 17, 87, 105, 131, 135, 139, 143,
151, 153, 222, 266, 276f., 304f., 323, 330

Frank M. Mächler, Grandau-Wörnsmühl: S. 329

Manfred Schreiner, München: Umschlag-Rücken,
Farbtafel 29, S. 293, 318

Süddeutscher Verlag (Bilderdienst), München: S. 37, 307

Hans Weber, Lenzburg/Schweiz: Farbtafeln 1, 2, 3, 4, 5, 6,
7, 8, 9, 10, 11, 12, 13, 14, 15, 16, 17, 24, 25, 26, 27, 28,
Frontispiz, S. 9, 11, 29, 39, 43, 47, 66f., 69, 71, 76, 78f., 89,
95, 99, 111, 123, 129, 146, 167, 173, 175, 180f., 185, 187,
189, 193, 199, 201, 202, 205, 207, 211, 216f., 219, 225, 227,
231, 245, 248f., 251, 253, 309, 311, 312, 316, 317 (2), 320 (2),
321, 326 (2), 327, 333, 334, 335, 341, 343

Kartographie: Astrid Fischer, München

OST-NEPAL

West-Nepal:
vordere
Einband-Innenseite

Mustang

Mustang

Manaslu
8156 m ▲

▲ 7893 m
Himalchuli

Ganpokhara

Pahar-

Pokhara

Begnas-
See

Marsyandi

Buri Gandaki

Ganesh I
7406 m

Ganesh Himal

Shisha Pangma
▲ 8016 m

Langtang Lirung
▲ 7246 m

LANGTANG

Langtang

Dhunche

NATIONALPARK

● Gosainkund

3514 m ▲

Kodari

Bigu

Barabis

Gorkha

Bergland

Trisuli Basar

Trisuli Kola

Dumre

Mugling

KATHMANDU

Bhaktapur

Patan

Dolalghat

Sun Koshi

Tamba K

M

Bharatpur

a

h

a

b

Narayani

Rapti

ROYAL-
CHITWAN-
S NATIONALPARK

Hetauda

h

NEPAL

Bagmati

a

Ramechha

i

Amleganj

w

T

e

r

a

Birganj

▲ 99 m

l

a

t

k

s

i

Raxaul

Sitamarhi

N

50 km

🛫 Internationaler Flughafen

🛩 größerer Inland-Flugplatz

✈ Landepiste